基于知识元的非物质文化遗产知识抽取与组织研究

JIYU ZHISHIYUAN DE
FEIWUZHI WENHUA YICHAN
ZHISHI CHOUQU YU ZUZHI YANJIU

董　坤◎著

湘潭大学出版社
XIANGTAN UNIVERSITY PRESS

本书为中南民族大学中华优秀传统文化数字人文研究中心、南方少数民族研究中心、国家民委人文社科重点研究基地民族地区数字化发展与治理研究中心资助成果

目　录

第1章 绪 论

联合国教科文组织在 2003 年通过的《保护非物质文化遗产公约》[①] 中将“非物质文化遗产”定义为“被各群体、团体、有时为个人视为其文化遗产的各种社会实践、观念表述、知识、技能以及相关的工具、实物、手工艺品和文化场所”，该公约首次对非物质文化遗产的概念及其类别进行了较为科学的定义，同时对非物质文化遗产的保护措施、宣传的手段做了较为详细的阐述。非物质文化遗产（以下简称“非遗”）标志和彰显着人类社会在其漫长的历史发展过程中所产生的伟大成就，是反映人类文明发展的活化石，开展非遗的保护与研究工作对于研究人类文明的演进与发展过程，保护与弘扬民族精神、民族历史、民族气质，增强民族凝聚力与向心力都具有十分重要的价值，对于展现世界文化的多样性也具有十分重要的意义。我国是世界上历史最为悠久的国家之一，也是非物质文化遗产数量、种类最多的国家。随着联合国《保护非物质文化遗产公约》的颁布实施，如何对我国境内的非物质文化遗产进行有效的保护成为了我国一项重要的历史任务。

自《保护非物质文化遗产公约》颁布以后，各国政府部门、文化管理机构正式将非物质文化遗产作为其文化保护对象之一，出台了一系列保护法规与保护性措施。截至 2021 年 7 月，已经累计有 131 个国家的 584 个项目被联合国评为世界级非物质文化遗产和最佳保护实践案例[②]，而我国作为世界上拥有非遗项目数量最多的国家，对濒临消失的非遗进行抢救性保护一直是我国文化保

① Text of the Convention for the Safeguarding of the Intangible Cultural Heritage［EB/OL］. https：//ich. unesco. org/en/convention.

② UNESCO［EB/OL］. https：//en. unesco. org.

护与传承工作的重要内容之一。中国国务院早在2005年就发布了《关于加强我国非物质文化遗产保护工作的意见》[①]，在该意见中将非物质文化遗产表述为“我国各族人民世代相承、与群众生活密切相关的各种传统文化形式（如民俗、表演艺术、传统知识和技能以及与之相关的器具、实物、手工制品等）和文化空间”。2006年，国务院正式启动国家级非物质文化遗产代表性名录的认定工作；2011年，《中华人民共和国非物质文化遗产法》正式颁布实施，从法律层面对我国境内非遗项目的定义、非遗保护的权责机构、非遗的调查方法、非遗代表性名录的制定以及非遗的保护与传播等事项进行了明确的法律层面上的规定，从此我国非遗保护工作正式成为了国家意志，非遗保护正式成为了我国各级政府的重要工作内容，有力推动了我国非遗保护工作的全面开展。目前，我国已有39个项目被评为世界级非物质文化遗产，自2006年以来，国务院相继确定并发布了5个批次共计1 557项国家级非遗项目。除了国务院所认定的国家级非物质文化遗产名录外，我国还拥有着海量的省、市、县等不同级别政府所认定的非遗项目，大量具有珍贵社会、历史、文化、科学价值的濒临消亡且分散于各地的非遗项目被逐步统一纳入了国家法定保护范围，各级政府与管理机构通过拨付专项保护资金、出台制度与政策进行我国非遗生态环境的保护与还原，建立并完善非遗的活态传承人制度，开展各类非遗档案资源的挖掘、生产与存档，通过多种形式进行非遗的保护与传承工作。自非遗保护工作开展以来，我国各级政府认定并纳入保护的非遗代表性项目数量得到了迅速增长，各类非遗资源也快速增加，非遗项目保护工作取得了显著的阶段性成果。

随着我国非遗保护工作的深入开展，非遗保护工作中的一些弊端与不足也开始逐步显现，主要体现在以下两个方面：一是我国从事非遗保护与研究工作的不同地域、层级的部门与研究机构之间仍然处于条块分割、各自为战的状态，缺乏有效的交流、共享机制，在非遗保护过程中所挖掘、产出的各类非遗资源缺乏系统性的科学、有效的组织与整合；非遗资源的组织与管理采用传统的以文档管理为主的方法，缺乏有效的非遗知识组织与集成手段；二是非遗保护仍然停留在粗粒度的非遗项目整体层面，在保护与研究的深度上仍然存在着较大缺陷。现有保护工作在对非遗非物质形态下所蕴含的具有极高社会价值、

① 中华人民共和国国务院办公厅．国务院办公厅关于加强我国非物质文化遗产保护工作的意见［EB/OL］．http：//www. gov. cn/zhengce/concent/2008-03/28/content _ 5937. htm.

历史价值、科学价值的细粒度知识内涵的深度挖掘与有序组织方面还存在着明显不足，非遗资源的知识内涵难以被有效挖掘、共享和利用，制约了我国非遗保护与传承工作未来可持续的高效、科学开展。

2021年8月，中共中央办公厅、国务院办公厅联合印发的《关于进一步加强非物质文化遗产保护工作的意见》中明确指出："加强对全国非物质文化遗产资源的整合共享，进一步促进非物质文化遗产数据依法向社会开放，进一步加强档案和记录成果的社会利用"。利用现代信息组织理论与技术，实现非遗资源的深度知识挖掘与序化组织，在此基础上实现非遗知识的开放获取与有效利用已经成为未来非遗保护工作的重要内容。AI人工智能、大数据、现代自然语言处理等现代信息理论与技术的出现与飞速发展，为基于海量文献的知识挖掘、知识的序化组织与个性化知识服务的实现提供了有力的理论与技术支撑，也为中国传统文化资源的现代化传承、保护和发展提供了一条新的实施路径。非遗是以活态形式存在的文化遗产，其核心知识不依赖于具体的物质形态而存在、记录，而是以人的头脑与思维为其唯一寄存载体①，它强调的是以人为核心的技艺、经验、精神，特点是活态流变性与非物质性。非物质文化遗产的固有特性对非遗知识内涵的挖掘、记录与传播、利用带来了较大难度，大量非遗相关的形式、技艺与方法随着非遗传承人的去世而濒临失传。非物质文化遗产的保护与传承迫切需要建立一套基于现代信息理论与技术的非物质文化遗产知识抽取、组织与服务体系，以实现非遗领域深层次知识的识别与利用，推动非遗研究工作的不断深化以及非遗保护工作的科学、有效开展。

1.1　选题背景

1.1.1　非遗资源的挖掘、整理与数字化保护工作的开展

随着我国非遗保护与研究工作的深入开展，各类非遗资源得到了系统性的收集、整理与保护，围绕着非遗资源的挖掘、研究与利用，产出了大量的理论成果与产品，非遗的社会价值、科学价值、经济价值日益彰显。

---

①　管丹平．对非物质文化遗产保护与展示的思考——以安徽博物院系列实践为例［J］．中国民族博览，2018（1）：30-32.

2011年2月，《中华人民共和国非物质文化遗产法》①正式颁布实施，作为我国非遗资源保护的最高纲领性文件，该部法律第二条中将我国非物质文化遗产划分为：①传统口头文学以及作为其载体的语言；②传统美术、书法、音乐、舞蹈、戏剧、曲艺和杂技；③传统技艺、医药和历法；④传统礼仪、节庆等民俗；⑤传统体育和游艺；⑥其他非物质文化遗产等6个大类，该部法规的第三条明确规定“国家对所有非物质文化遗产采取认定、记录、建档等措施进行保存”，第十二条还规定“文化主管部门和其他有关部门应当对非物质文化遗产予以认定、记录、建档，建立健全调查信息共享机制”。由该部法律可知，非遗资源的挖掘、整理与共享对非遗保护工作的重要性得到了国家层面的高度认可并以法律条文的形式作为国家意志而颁布实施。

依据《中华人民共和国非物质文化遗产法》的相关规定，地方各级政府部门也纷纷出台了一系列地方性的法律、法规对所在地区非物质文化遗产资源的挖掘、整理与组织做出了具体规定：《湖南省实施〈中华人民共和国非物质文化遗产法〉办法》中规定“妥善保存相关实物和资料，建立、完善调查档案及相关数据库，及时组织专家对调查信息进行甄别、整理”；《福建省非物质文化遗产条例》中规定非物质文化遗产保护单位要“收集、整理代表性项目的资料、实物，对有关资料、实物和场所等予以保护，并记录、分类、编目，建立档案”。同时规定“进行非物质文化遗产调查，应当进行真实、系统和全面的记录，建立非物质文化遗产档案和相关数据库，开展数字化管理”。《广西壮族自治区非物质文化遗产保护条例》中规定“非物质文化遗产调查应当运用图片、文字、录音、录像、数字化多媒体等方式，对非物质文化遗产进行真实、系统和全面的认定、记录、建档，建立非物质文化遗产数据库”。各级政府管理部门、专家学者依据相关法律法规开展了大量非物质文化遗产的调查、记录与数字化存储工作，产出了大量的非遗数字资源，包括各类非遗数字文档、图片、音视频文件、HTML网页等，开发了一批具有代表性的非遗数据库，如文化和旅游部所建设的中国非物质遗产网②数据库对进入了国家级非物质文化遗产项目名录的1 557个大项、3 610个子项的非遗项目信息进行了详细著录，著录项包括了非遗项目的管理类信息、项目概述信息、传承人信息等。

---

① 中华人民共和国非物质文化遗产法［EB/OL］. https：//baike. baidu. com.

② 中国非物质文化遗产网［EB/OL］. http：//www. ihchina. cn.

非物质文化遗产保护工作在国外实践方面，20 世纪 90 年代开始的“美国记忆（American Memory)”项目旨在通过档案记录、照片、录音等数字文献的收集与整理实现对美国历史文化资源的全方位存档[①]，也是国外数字技术应用于文化领域大规模数字文献存档的先行者。此后，美国民俗中心建立了众多数字化专藏，日本主导建设了亚太非遗数据库、澳大利亚悉尼大学等机构为保护澳大利亚北部地区的土著语言 Murrinhpatha 舞蹈歌曲所建设的数据库都是以数字化形式来保存和传播非遗项目的典型案例[②]，也是世界非遗数字化保护工作的有益典范。

综上可见，非遗保护工作的重要价值与紧迫性已经得到包括我国在内的世界各国的高度认同，并已经开展了大量非遗资源的挖掘、整理与数字化保护的实践探索。对非遗保护过程中所产生的大量非遗资源、非遗研究成果进行数字化存档，并在其基础上实现资源的序化、组织与共享是当前非遗研究与数字化工作的重要内容，也是让非遗逐渐被广大普通民众所了解、掌握，让非遗项目真正融入大众生活并得到有效传承的基础性工作。非遗保护工作的深入开展以及非遗的社会价值、经济价值、科学价值的日益彰显使得选题具备了较好的现实意义和理论价值，国内外围绕非遗资源的采集、整理与数字化的一系列实践探索也为本书研究内容的顺利开展提供了研究基础与前期经验。

1.1.2　知识管理理论与技术的发展

知识是人类从各个途径中获得的经过提升总结与凝练的系统的认识，是人类在实践中认识客观世界的成果[③]。随着知识经济时代的到来，作为信息与人的经验、见解与智慧的结合体的知识作为人类社会的一系列创新性活动的重要基础与活动创新成果的基本组件，其重要性日益凸显。知识管理以知识以及作为其载体的人作为管理对象，通过对知识挖掘、知识存储、知识传播过程的有效管理以达到促进知识创新，获取竞争优势的目的[④]。与传统的信息管理相比较，知识管理理论将管理对象从粗粒度、静态的信息资源延伸到对非显性、细

① 游毅．“美国记忆”与我国历史文化资源建设的比较与启示［J］．情报资料工作，2008（5）：56-59.

② 赵跃，周耀林．国际非物质文化遗产数字化保护研究综述［J］．图书馆，2017（8）：59-68.

③ 胡昌平，陈传夫，邱均平，等．信息资源管理研究进展［M］．武汉：武汉大学出版社，2008.

④ 李思经．从信息管理到知识管理的发展［J］．情报学报，2001（6）：744-749.

粒度、动态变化的知识本体的管理，将知识与组织、个人的发展以及创新过程相融合，通过机器自动挖掘技术、人工智能技术、模式识别技术从不同类型的信息资源对象中进行知识的挖掘；通过大数据技术、智能检索技术、云储存技术实现知识的存贮和传播，保证知识的充分共享①，以此促进新知识与创新成果的诞生。基于知识管理的过程视角，可以把知识管理划分为知识的挖掘与获取、知识的序化与组织、知识的整合与服务等关联一体的 3 个组成部分。知识的挖掘与获取是知识管理功能得以实现的前提，知识的序化与组织是知识管理的基础与依托手段，知识的整合与服务是知识管理的目标。

按照知识挖掘所采取技术实现路径的差异可以将其划分为基于统计的知识挖掘、基于人工智能的知识挖掘和基于语义关联的知识挖掘等方法。基于统计的知识挖掘方法包括常用的分类、聚类方法，基于关联规则的知识挖掘方法，基于时空分布序列的知识挖掘方法等；基于人工智能的知识挖掘方法包括遗传算法、神经网络算法、决策树算法等；等于语义关联的知识挖掘方法有面向自然语言处理的基于依存句法分析的知识挖掘算法等。按知识挖掘对象的不同可以将知识挖掘划分为面向文献的知识挖掘以及面向 web 页面、数据库、各类领域专有数据的知识挖掘等。依据挖掘出知识的类型差异可以划分自然科学知识挖掘、社会学科知识挖掘、心理及情感知识挖掘以及各类专业知识挖掘等。

知识的有序组织是知识管理目标得以最终实现的基础。近年来国内外学者对知识组织理论以及知识组织的相关技术开展了大量研究工作，可将其划分为概念研究、理论体系研究和理论基础研究②等不同的研究视角。陈树年指出知识组织就是文献整序工作由文献单元深入到知识单元的过程。李锐、王泰森认为知识的组织是指对事物的本质及事物的关系进行揭示的有序结构③。滕广青、毕强认为知识组织结构体系是按照“线形→树形→盒状→链式→网状”的路径演变的过程④。在具体组织理论上有以分类法、主题法、本体论等以系统论为基础的知识组织理论，有以逻辑学为主要依据的主题系统、分析系统和专家系统等知

① 曹意．信息管理与知识管理的比较［J］．情报探索，2015（6）：19-21.

② 张文亮，郭金婷．近 5 年我国知识组织研究综述［J］．图书馆学研究，2012（2）：2-5，11.

③ 李锐，王泰森．基于知识元的知识组织与知识服务［J］．图书馆学研究，2008（8）：84-86，23.

④ 滕广青，毕强．知识组织体系的演进路径及相关研究的发展趋势探析［J］．中国图书馆学报，2010（5）：49-53.

识组织理论。在知识组织技术上主要有以语义网为代表的知识组织技术体系[①]，包括各类元数据构建技术、基于 XML、RDF、OWL 语言的知识描述框架语言、基于关联数据的知识组织技术以及基于搜索引擎的知识组织技术[②]。

知识组织的目标是实现知识的关联聚合从而推动新知识的产生，通过知识创新以提升企业、组织的核心能效。DSpace 项目由惠普实验室和麻省理工学院联合开发，提供了企业资源从元数据著录到基于工作流的资源管理、资源发布、资源检索的全部功能，实现了企业知识资源的汇聚与整合[③]。欧盟于 2005 年正式启动了面向公共文化服务的数字资源聚合平台建设项目——European[④]，该项目通过统一、规范化的知识描述模型实现对分布于欧盟各国不同机构的文化遗产知识元的汇聚式管理、关联发现与检索。在图书馆领域，专家、学者基于图书馆海量文献及服务数据通过深度学习[⑤]、关联发现[⑥]开展读者阅读特征知识的挖掘，并在此基础上实现知识的个性化推送[⑦]；在政府，通过对其所拥有的海量文献资源、各类生产管理数据构建知识地图[⑧]，以此优化政府决策，提升服务能效[⑨]。知识管理还被应用于专业领域的知识发现，预测未知事件等[⑩]。

综上所述，知识管理理论与技术的发展为选题以及研究内容的顺利开展提供了丰富的前期理论基础与技术实践经验，确保了选题与研究内容的科学性与可行性。

---

① 周义刚，姜赢．语义网下动态知识组织模型构建研究［J］．图书馆理论与实践，2019（9）：84-90.

② Shenoi Samuel J，Ly Vi，Soni Sarvesh，Roberts Kirk. Developing a Search Engine for Precision Medicine［C］//AMIA Joint Summits on Translational Science proceedings，2020.

③ DSpace 6. X Documentation［EB/OL］. https：//wiki. lyrasis. org/display/DSDOC6x/Introduction.

④ Europeana Pro［EB/OL］. https：//pro. europeana. eu/what-we-do/cultural-heritage-institutions.

⑤ 王勋．基于深度学习的数字图书馆网络知识发现研究［J］．图书馆学刊，2018，40（7）：116-120.

⑥ 陈晓华．基于关联聚合与关联分析的数字图书馆知识发现服务研究［J］．图书馆学刊，2017，39（12）：77-80.

⑦ 杜君．学术大数据环境下高校图书馆馆藏资源的知识发现研究［J］．图书馆学刊，2019，41（3）：63-66.

⑧ 盛明科．中国政府绩效管理的研究热点与前沿解析——基于科学知识图谱的方法［J］．行政论坛，2017，24（2）：47-55.

⑨ 王幸福．国内外关于政府知识管理的电子政务研究综述［J］．办公自动化，2019，24（6）：56-59，55.

⑩ 夏登友，胡人元，朱毅，辛晶，李丞曜．基于知识三元组的危化品储罐区火灾情景构建［J］．安全与环境学报，2020，20（3）：938-945.

1.1.3 数字人文视域下技术与文化的深度融合

数字人文是人文学科和计算机科学交叉研究所衍生的一个新领域，围绕人文社会科学领域研究对象、知识本体的数字化保存和应用进行信息资源的采集、加工、组织、服务、研究、教育等活动的总称[①]，本质内容是实现各类人文资源的数字化重构以提升其可访问性、开放性、共享性和共建性[②]。数字人文借助现代信息技术和数字技术创新人文社会学科的研究内容、研究方法、研究工具和平台，推动人文社会学科研究范式的变革，通过技术与文化的跨学科深度融合带来人文社会科学研究领域新的突破与发展。数字人文视域下技术与文化的深度融合根据知识序化的基本流程与步骤可划分为以下 3 个主要的研究领域：人文知识抽取与著录、人文知识资源的组织与序化、人文知识的数字化服务。

在人文社会学科领域存在着大量的记录领域知识的文献资源，包括各类领域专业图书、期刊、图片、音视频等文献类型，传统的人文社会科学研究方法在对领域文献中所蕴含知识进行识别、抽取的过程中存在专业知识门槛高，知识识别与抽取效率低、人工识别工作量大的问题。通过引入现代信息技术与自然语言处理技术，基于专业领域文献的知识抽取与著录能够基于人文社会学科领域知识特征，构建出对应的机器抽取模型并实现细粒度人文社会学科知识内容的自动抽取与揭示，实现人文社会学科领域新知识发现的目标。曾子明[③]等学者从馆藏数字化图像、专业数据库以及视觉资源的上下文中采用内容相似度计算、上下文相似度计算等方法进行视觉资源所承载知识的抽取，并以敦煌学中“鸠摩罗天”形象为主题的神道画像为例进行了实证研究。赵浩亦[④]基于数字图像处理技术与 K-means 聚类算法和关联规则算法完成了唐代敦煌壁画女性服饰色彩的提取以及整体服饰配色规律的挖掘，实现了唐代女性服饰的用

---

① 张玲．“图书馆与数字人文”国际研讨会综述［J］．大学图书馆学报，2018，36（2）：5-10.

② 赵宇翔，练靖雯．数字人文视域下文化遗产众包研究综述［J］．数据分析与知识发现，2021，5（1）：36-55.

③ 曾子明，周知，蒋琳．基于关联数据的数字人文视觉资源知识组织研究［J］．情报资料工作，2018（6）：6-12.

④ 赵浩亦．基于数字图像处理技术的唐代敦煌壁画女性服饰色彩研究［D］．杭州：浙江理工大学，2020.

色知识的抽取。Pradani 和 Hasibuan① 针对印度尼西亚丰富的文化遗产构建了一个基于多源渠道的文化遗产数据采集系统，实现了印度尼西亚文化遗产知识的收集。

人文社会科学领域的大量领域资源，如田野调查所采集到的家谱、碑拓、民间文书、图片、音视频文件等通常都是非结构化的且没有经过二次加工和有序组织的，而该类文献通常又是人文学科开展科学研究最为倚重的知识资源来源。因此对其进行标准化的加工、组织以实现领域资源的有效管理就显得尤为重要。人文知识资源的语义化组织与序化就是利用现代信息组织理论与技术将各类人文社会科学领域的非结构化知识资源进行结构化的转化与建模，并在对其语义内涵进行描述的基础上实现基于关联关系的资源有序组织，为人文社会科学领域知识资源的利用提供逻辑组织框架。王晓光②等学者提出了一个针对敦煌壁画的语义描述模型，该模型通过对图像中情感、行为、场景、对象等语义层次知识的分层描述方法模型实现对敦煌壁画知识的序化组织。夏翠娟③利用关联数据技术实现了我国历史地理数据基于语义的关联组织。姚天泓④等学者利用 CIDOC-CRM 本体框架模型构建了一个史料数据资源的语义化知识组织模型。语义技术和关联数据使得各种人文数据、知识通过语义关联而形成了关系紧密的人文数据集、知识库，实现了人文数据的有效组织、聚合以及与外部数据的关联，通过构建了一个深层次、细粒度、全局性的领域知识网络，将“碎片化”的人文数据组织成为了一个有机整体使其易于被学者所掌握和使用。

人文知识的数字化服务是在人文知识抽取与著录、人文知识资源的组织与序化的基础上所实现的应用层面以用户具体需求为导向的知识服务过程，包括知识的语义检索与个性化推荐，构建领域知识图谱实现知识的可视化展示⑤以

---

① Pradani W, Hasibuan Z A. A Proposed Crowdsourcing Engine for Indonesian Cultural Heritage [C] //Proceedings of the 3rd International Conference on Informatics and Computing (ICIC), Palembang, Indonesia. 2018: 1-6.

② 王晓光，徐雷，李纲．敦煌壁画数字图像语义描述方法研究［J］．中国图书馆学报，2014，40（1）：50-59.

③ 夏翠娟．中国历史地理数据在图书馆数字人文项目中的开放应用研究［J］．中国图书馆学报，2017，43（2）：40-53.

④ 姚天泓，陈艳梅，刘革，鲁超．基于 CIDOC-CRM 的数字人文史料资源语义化知识组织研究——以张学良史料资源为例［J］．图书馆学刊，2019，41（7）：35-43.

⑤ 孙鸣蕾，房小可，陈忻．图书情报档案领域数字人文研究综述［J］．兰台世界，2021（4）：117-121，125.

及构建学科类知识的一站式检索与服务平台等。周莉娜[①]等学者基于本体理论，采用知识挖掘、关联与集成技术构建了唐诗的知识图谱。周知、曾子明[②]构建了面向数字人文领域视觉资源的知识组织框架。

数字人文视域下技术与文化的深度融合所带来的人文社会学科领域研究内容、研究工具与平台、研究范式的创新为研究方法和研究内容的确立奠定了基础。笔者将在国内外现有数字人文理论研究与实践经验基础之上，通过计算机技术、信息技术、自然语言处理技术与非遗领域知识研究的深度融合，进行数字人文视域下非遗领域知识抽取与组织的相关理论、技术与实现方法研究，探索信息技术与非遗领域知识深度融合视域下新的非遗研究范式。

1.2 研究意义

1.2.1 理论意义

信息资源的有效组织与服务是图书馆学、情报学研究工作的根本职责与重点内容。随着泛在化信息时代的到来，信息环境已经发生了极大的改变，知识组织对象也随之发生了巨大的变化，大量信息资源实现了数字化呈现，并被组织、分解为细粒度的知识碎片，基于互联网向公众提供开放获取服务。信息资源的知识碎片化分解与组织为人们迅速定位并实时获取所需知识内容提供了可能，同时也对传统的面向资源整体的知识标引、组织方法提出了挑战。深入资源的知识内容层面，基于信息资源所包含的细粒度知识单元实现面向知识对象的控制与组织将成为信息资源组织的发展趋势与必然要求。非物质文化遗产作为世界文化遗产的重要载体，非物质文化遗产的保护与传承对人类历史文明的保护与传承的重要性已经得到国际社会的广泛认可。本书以非物质文化领域信息资源为研究对象，深入知识元层面开展非物质文化遗产相关知识元的特征与属性分析，进行基于知识元的非遗知识挖掘与组织研究，研究内容对丰富信息资源组织与服务理论、探索非遗领域知识组织与服务模式创新具有一定的现实价值与意义：

---

① 周莉娜，洪亮，高子阳．唐诗知识图谱的构建及其智能知识服务设计［J］．图书情报工作，2019，63（2）：24-33.

② 周知，曾子明．数字人文视觉资源语义知识层次化聚合服务研究［J］．情报资料工作，2018（6）：13-20.

(1) 丰富基于细粒度知识单元的信息组织与服务理论。在数字信息环境下，面向用户需求的信息资源的科学组织与智能化、个性化服务体系的构建是信息管理学科理论研究的重点内容。通过对数字化、异构、异质资源中的知识挖掘、标引以及关联知识的链接、组织推动新知识的发现，以提供更为智能化、知识化、个性化的信息服务，最终达到促进知识利用与实现知识创新的目的。通过研究现代信息环境下非物质文化遗产领域知识元的挖掘、组织与服务的原理与机制，丰富用户需求导向下知识元的抽取、组织与聚合的理论内容，完善、充实现代信息管理理论，探索现代信息环境下基于知识元的信息资源组织与服务新的理论研究范式。

(2) 拓展现代信息环境下知识组织与服务理论的研究视角。现代信息环境下，信息控制与组织的对象已经发生改变，从传统的以图书、期刊等文献整体为代表的信息资源转变为大数据时代海量、异构、快速更新且呈碎片化分布趋势的数字化、细粒度知识单元。将传统的知识识别与标引从手工向半自动、自动转变，通过构建一个统一的数据模型实现知识的统一描述，提供关联知识以提升知识发现能力，成为新的信息环境下所必须解决的问题①。本书研究非物质文化遗产领域知识元的建模、抽取、组织以及用户需求导向下知识元的聚合模式，不仅适应了数字时代知识组织与服务理论与实践发展新的趋势，亦是信息管理理论新的研究方向与研究视角。

1.2.2 现实意义

非物质文化遗产是产生于人类社会发展某一特定时空，以人为载体而进行的一种世代传承的活态艺术形式。其“活态性”是指非物质文化遗产是一种以人为本的活态文化形式，是依靠人体的肢体机能来存储、演绎与表达的技能和知识的传承，这种“活态性”给非遗的保护与传承增加了复杂度和难度，也使数字化保护成为非物质文化遗产记录、传承、传播的重要手段。笔者研究现代信息环境下非物质文化遗产的知识元挖掘、组织与服务，具有以下现实意义：

(1) 推动非物质文化遗产保护工作的数字化开展。信息技术的发展以及文献信息生产、传播形态的变化给我国非物质文化遗产的数字化保护工作提供了

① 安楠，祝忠明. 智库信息组织策略及其在大数据环境下的挑战 [J]. 智库理论与实践，2017，2 (3)：25-35，50.

新的机遇与解决方案。非物质文化遗产的保护工作必须与现代信息理论与技术相结合才能更好地促进非物质文化遗产保护工作有效、科学、可持续开展。本书在语义网、数据挖掘、知识服务等现代信息管理理论与实践技术发展基础上，开展非物质文化遗产数字化保护的理论与实践研究，进而促进非遗的数字化保护与传承，对推动非遗保护与研究工作的科学开展具有现实意义。

（2）实现非物质文化遗产多元知识的系统性揭示。当前数字人文相关理论与技术主要应用于物质文化遗产资源的数字化采集、存储、复原、再现、展示与传播，但对于具有非物质性与活态传承特性的非物质文化遗产所蕴含的知识内容的识别、挖掘的研究成果却较为匮乏①。本书开展非物质文化遗产知识元挖掘理论与技术实践方法研究，通过对非物质文化遗产各类显性与隐性知识的统一建模以及在非遗知识元定义的基础上构建非遗知识元的抽取模型，实现对非物质文化遗产知识内容的系统性完整揭示。

（3）实现非物质文化遗产知识的序化组织与共享利用。目前，非物质文化遗产资源的组织基本按照分类组织方法进行，分类法具有操作简单、系统性好等优点，但存在组织对象颗粒度过大、知识著录项少、揭示内容有限的缺点，且分类组织法忽略了非遗信息资源之间的多元有机关联关系②，造成资源之间难以多维有机集成与聚合，无法满足公众快速、有效一站式获取所需目标知识的需求，给非物质文化遗产相关资源的深度利用造成了困难。通过研究基于多维关联关系和知识链交互作用机制的非遗领域知识元组织与聚合模式，围绕用户需求构建基于知识元关联的非遗领域知识组织和聚合模型，实现非遗领域知识的深度挖掘、语义组织与共享利用。

1.3 国内外研究现状

自联合国《保护非物质文化遗产公约》颁布以来，非遗巨大的文化、科学、社会、经济价值逐步被社会各界所广泛认同，非物质文化遗产资源的挖掘、整理、存档与保护工作也受到世界各国文化管理机构与研究机构的高度重视，国内

① 谈国新，张立龙．非物质文化遗产文化空间的时空数据模型构建［J］．图书情报工作，2018，62（15）：102-111.

② 程齐凯，周耀林，戴旸．论基于本体的非物质文化遗产分类组织方法［J］．信息资源管理学报，2011，1（3）：78-83.

外机构、学者基于不同的理论视角与研究方法开展了大量非物质文化遗产保护相关的理论与实践研究工作。笔者从非物质文化遗产资源的知识挖掘、非物质文化遗产的知识组织与非物质文化遗产的知识服务等3个方面对非遗研究与实践发展现状进行梳理和总结，在此基础上探索非遗知识管理与服务未来发展趋势。

1.3.1 非遗的知识挖掘研究

近年来专家学者围绕非物质文化遗产活态表现形式下所蕴含的内涵知识，基于不同的学科与研究视角开展了一系列的研究工作。苗靖坤①采用文献研究、访谈和田野调查等研究方法，对“苗族芦笙舞”的起源与发展过程、表演特征等知识内容进行了梳理与总结。陈恩维②对与广东非遗项目“扒龙舟”紧密关联的地方性知识与地方文化生态知识进行了整理与研究。柳茵③对“秦腔”剧本的形态、传承方式以及剧本的记录方式进行了研究，提出了“秦腔”剧本的整理与发掘思路。敖森④综合利用田野调查法、问卷调查法、口述史研究等方法对非物质文化遗产“铜梁火龙”的历史传承、功能价值、技术与技艺、实物器物等知识内容开展了挖掘与研究。万翔、江赟⑤对音乐类非遗“锣鼓十八番”的历史、曲调、使用物件及表现形式进行梳理与总结。马威、邓燕珍⑥以“湘西苗族鼓舞”为例对非物质文化遗产知识生产的场域、知识的生产方式等知识内容进行了总结与分析。孙发成⑦对民间传统手工艺类非物质文化遗产项目所蕴含隐性知识的特征属性、隐性知识体系的构建原则等问题进行了探讨。Patru⑧

① 苗靖坤．“鼓龙鼓虎”长衫龙非遗民族文化的挖掘与传承研究［J］．体育科技文献通报，2020，28（6）：129-130，158.

② 陈恩维 地方性知识与非遗的整体件保护——基于广东勒流“扒龙舟”的考察［J］．民族艺术，2020（3）：114-121.

③ 柳茵．“非遗”背景下秦腔民间口述剧本的整理与挖掘［J］．中国艺术时空，2018（4）：114-120.

④ 敖森．铜梁“火龙”非物质文化遗产挖掘与整理研究［D］．成都：四川师范大学，2019.

⑤ 万翔，江赟．非物质文化遗产传南昌县锣鼓十八番民间文化价值的挖掘实践思考［J］．北方音乐，2018，38（21）：34-35.

⑥ 马威，邓燕珍．表演者语境下“非物质文化遗产”的知识生产——以湘西苗族鼓舞为例［J］．中南民族大学学报（人文社会科学版），2015，35（1）：41-45.

⑦ 孙发成．非遗保护背景下民间传统手工艺知识体系的构建［J］．非物质文化遗产研究集刊，2014（0）：267-276.

⑧ Patru S I，PascuM，Burgi M. Exploring Tangible and Intangible Heritage and its Resilience as a Basis to Understand the Cultural Landscapes of Saxon Communities in Southern Transylvania（Romania）［J］．FN Clarivate Analytics Web of Science，2019，11（11）：1-18.

等学者对居住在罗马尼亚南部撒克逊人社区的非物质文化遗产的知识特征进行了梳理并就其现状与发展趋势开展了一系列调查工作。Cang① 对日本非遗项目"Washoku"的发展历程及其与国家饮食文化的关系进行研究。Da② 等学者通过文献分析、面对面访谈等方法挖掘巴西 Amapa 省非物质文化遗产项目与历史、文化、宗教信仰之间的多维知识关联关系。

部分学者基于现代信息理论与技术对非物质文化遗产所蕴含知识的特征属性进行分析，在此基础上实现非遗知识的挖掘与数字仿真。马思根③等学者基于贵州省非物质文化遗产保护中心数据，采用词云分析、聚类分析和可视化技术对贵州省非物质文化遗产的主题知识进行抽取与展示。程秀峰④等学者通过社会网络分析方法挖掘舞蹈类非遗项目之间的关联关系。韦波⑤运用 Cite Space 软件绘制了非遗研究文献的作者共现网络、作者共引网络、文献共引网络、期刊共引网络以及关键词共现网络，进而挖掘非遗研究的特征与规律。吴群⑥等学者收集并分析了近十年 Web of Science 数据库中的非遗研究文献，从时空分布、学科研究方向、研究主题、知识基础以及前沿趋势等 5 个方面梳理、分析并总结出非遗研究领域的 5 个热点主题。方兴林⑦通过构建高频共词矩阵研究徽州地区的非物质文化遗产知识的热点分布。Cozzani⑧ 等学者将欧洲非物质文化遗产知识划分为罕见传统歌唱、罕见舞蹈知识、传统手工、当代音乐创作等 4 大类知识，依据知识属性与特征构建了非遗知识的数字化存储与

---

① Cang V. Japan's Washoku as Intangible Heritage: The Role of National Food Traditions in UNESCO's Cultural Heritage Scheme [J]. International Journal of Cultural Property, 2018, 25 (4): 491-513.

② Da S, Alene C, Custodio, E S, Silva F, Eugenia da L. Intangible cultural heritage and religiosity: Celebrations in the Mazagao Velho, in the state of Amapa [J]. Estudos Teologicos, 2015 (2).

③ 马思根，赵小明，吴勇. 贵州非物质文化遗产的数据挖掘与分析 [J]. 计算机时代，2020 (5)：41-45，49.

④ 程秀峰，毕崇武，李成龙. 基于 SNA 的舞蹈类非物质文化遗产隐性知识关联研究 [J]. 图书情报工作，2016，60 (2)：30-36.

⑤ 韦波. 我国非遗研究的知识图谱构建与分析 [D]. 上海：上海师范大学，2020.

⑥ 吴群，沈珂琦，吕波芳，况宇翔. 基于知识图谱的非遗研究热点和前沿演进分析 [J]. 浙江理工大学学报（社会科学版），2020，44 (1)：42-51.

⑦ 方兴林. 徽州非物质文化遗产研究热点与发展趋势的知识图谱研究 [J]. 淮南师范学院学报，2019，21 (4)：63-69.

⑧ Cozzani G, Pozzi F, Dagnino F M, et al. Innovative technologies for intangible cultural heritage education and preservation: the case of i-Treasures [J]. Personal and Ubiquitous Computing, 2017, 21 (2): 253-265.

虚拟仿真体验平台。Bakalos[①] 等学者采用基于长短期记忆（LSTM）网络的深度学习算法对体育类非遗项目的肢体、骨骼动作知识进行捕获与数字建模。Belabbes[②] 等学者构建了一个马来西亚传统舞蹈“Zapin”知识的本体描述模型，基于该模型实现对 Zapin 舞蹈视频中每帧知识的语义标引。Isa[③] 等学者通过构建领域本体实现对传统手工艺“Terengganu Brassware Craft”的知识描述与语义检索。

1.3.2　非遗的知识组织研究

通过对非遗资源显、隐性知识的有序组织可以展现非遗知识内容全貌，构建非遗知识体系，为应用层的非遗知识服务体系的构建提供底层组织架构支持，为非遗资源的有序管理与知识服务奠定基础。

联合国《保护非物质文化遗产公约》中构建了一个面向非遗资源的分类体系以对全球非遗资源进行有序的组织与管理，并对世界各国的非物质文化遗产保护工作提供分类管理指导。该分类体系依据非物质文化遗产表演形式与特征将其划分为 oral traditions and expressions，performing arts，social practices、rituals and festive events，knowledge and practices concerning nature and the universe，traditional craftsmanship 等 5 个大类。依据《保护非物质文化遗产公约》中相关条例，各国也根据本国国情制定了本土化的非遗资源分类组织体系，日本政府制定的《文化财保护法》将日本国内的非遗资源划分为演剧、音乐、工艺技术以及其他文化产品的产出品等 4 个大类[④]。韩国将该国非遗资源划分为音乐、歌曲、舞蹈、喜剧、文学、仪式、节庆、手工艺和口述史等 9 个类别[⑤]。美国将国内非

---

① Bakalos N，Rallis N，Doulamis A，Voulodimos V V. Motion Primitives Classification Using Deep Learning Models for Serious Game Platforms［J］. IEEE Computer Graphics and Applications，2020，4（40）：26-38.

② Belabbes S，et al. Query Answering from Traditional Dance Videos：Case Study of Zapin Dances［C］//2019 IEEE 31st International Conference on Tools with Artificial Intelligence（ICTAI），Portland，OR，USA，2019：1638-1642.

③ Isa W M W，Zin N A M，Rosdi F，Sarim H M，Saad S. Ontology Modeling of Intangible Cultural Heritage Terengganu Brassware Craft［C］//2019 International Conference on Electrical Engineering and Informatics（ICEEI），Bandung，Indonesia，2019：1-6.

④ 文化庁．文化財の保護［EB/OL］. http：//www. bunka. go. ja/bunkazai/.

⑤ Korea. net：The official website of the Republic of Korea［EB/OL］. http：//www. korea. net/detail. do? guid=28247.

遗资源划分为民俗、语言、文学、音乐、舞蹈、游戏、神话、礼仪、习惯、手工艺品、建筑艺术及其他等 12 个大类。澳大利亚则将非遗资源划分为语言、口头传承、手工技艺和表演技术等 4 个大类①。2011 年，我国正式颁布《中华人民共和国非物质文遗产法》，在该法案中规定将我国非物质文化遗产资源划分为 6 个类别：① 传统口头文学以及作为其载体的语言；② 传统美术、书法、音乐、舞蹈、戏剧、曲艺和杂技；③ 传统技艺、医药和历法；④ 传统礼仪、节庆等民俗；⑤ 传统体育和游艺；⑥ 其他非物质文化遗产②。为便于非遗项目的申报与管理，国务院在六分法的基础上又进一步将其细化为民间文学、传统音乐、传统舞蹈、传统戏剧、曲艺、传统体育游艺与杂技、传统美术、传统技艺、传统医药、民俗等 10 个大类。

对于不同类别的非遗项目，学者们提出了不同的分类方法。王燕妮③设计了一个由 8 个二级类目，30 个三级类目组成的民俗类非遗分类体系。詹一虹、周雨城④构建了一个由民间歌曲、民间器乐、民间宗教音乐、综合性民间乐种等 4 个二级大类以及 13 个三级类构成的中国民间音乐类非物质文化遗产分类体系。姚伟钧、于洪铃⑤两位学者将传统工艺类非遗划分为服饰工艺、饮食技艺、建筑技艺、出行与交通工具制作工艺和传统器物制作工艺等 5 个类别。王伟杰⑥根据中国传统医药类非遗名录中复合型项目与单一型项目并存的现状，构建了一个包含中医药传统知识、少数民族传统医药、中医药文化等 3 个一级大类的 4 层分类体系。

非物质文化遗产分类体系具有简单便捷、易于扩展、系统性好等优点，但传统的分类组织方法对非物质文化遗产深层知识没有触及，难以实现对非物质文化

① Department of Sustainability, Environment, Water, Population and Communities, Australian Government: State of the Environment 2011 (SoE 2011) [DB/OL]. http://www.environment.gov.au/soe/2011/report/heritage/index.html.

② 中国人大网. 非物质文化遗产保护 [EB/OL]. http://www.npc.gov.cn/huiyi/lfzt/fwzwhycbhf/node_7734.htm.

③ 王燕妮. 中国民俗类非物质文化遗产分类研究 [J]. 湖北民族学院学报（哲学社会科学版），2017，35（2）：115-120.

④ 詹一虹，周雨城. 中国民间音乐类非物质文化遗产分类研究 [J]. 湖北民族学院学报（哲学社会科学版），2014，32（3）：24-27，57.

⑤ 姚伟钧，于洪铃. 中国传统技艺类非物质文化遗产的分类研究 [J]. 三峡论坛（三峡文学．理论版），2013（6）：69-72.

⑥ 王伟杰. 中国传统医药类非物质文化遗产分类研究 [J]. 江西社会科学，2013，33（11）：206-211.

遗产知识内容的深入、全面、细粒度的揭示与组织。为有效解决这一问题，国内外机构与学者提出一系列解决方案。CIDOC（international committee for documentation）发布了文化遗产领域知识本体 CRM（conceptual reference model）①，该本体包含了 84 个类和 141 个属性，为文化遗产领域细粒度知识及其关联关系的定义与描述提供了一套完整的著录标引与组织体系。美国盖茨基金会推动构建了 AAT（the art & architecture thesaurus）艺术和建筑类词表，该词表提供文物主题概念、艺术家名称、文物名称和在艺术、建筑和文化领域重要的地名术语和相关信息②。AITF（the art information task force）艺术信息工作组设计了艺术作品描述类目 CDWA（categories for the description of works of art）③ 用于满足学术研究者记录、保存、检索艺术信息的需求，它确定了能够兼容各种信息系统的内容描述框架，制定了与其他元数据标准实现数据交换的映射规则，实现不同著录标准信息数据的共享。

禹梅④基于 DC（dublin core）元数据标准并进行适度扩展构建了宁夏非物质文化遗产数字资源的描述框架。许鑫、张悦悦⑤以 DC 元数据标准为基础构建了一个包含人、机构、非遗项目、实体内容及属性、网络资源、文献资源、管理信息等核心描述项的元数据规范。蔡璐、熊拥军、刘灿姣⑥基于非遗项目、人物、机构、事物、事件和文献等 6 个核心概念，复用 DC 元数据 15 个核心元素构建了非物质文化遗产领域的知识组织体系。余飞扬⑦论述了元数据理论在非遗中的应用并编制出了包含核心元数据及特征元数据的非物质文化遗产元数据描述标准。翟姗姗⑧以中国传统戏剧为例，探讨了非物质文化遗产本

---

① Crofts N，Doerr M，Gill T，Stead S，Stiff M. Definition of the CIDOC Conceptual Reference Model [M] . ICOM/CIDOC CRM Special Interest Group，2003.

② Art&Architecture Thesaurus Online [EB/OL] . http：//www. getty. edu/research/tools/vocabularies/aat/about. html.

③ Categories for Description of Works of Art [EB/OL] . http：//www. getty. edu/research/publications/electronic _ publications/cdwa.

④ 禹梅．基于 DC 元数据的宁夏非物质文化遗产数字资源描述研究［J］．图书馆理论与实践，2019（12）：109-112.

⑤ 许鑫，张悦悦．非遗数字资源的元数据规范与应用研究［J］．图书情报工作，2014，58（21）：13-20，34.

⑥ 蔡璐，熊拥军，刘灿姣．基于本体和元数据的非遗资源知识组织体系构建［J］．图书馆理论与实践，2016（3）：39-43.

⑦ 余飞扬．非物质文化遗产中的元数据应用研究［D］．武汉：湖北美术学院，2017.

⑧ 翟姗姗．基于关联数据的非物质文化遗产资源聚合研究［M］．北京：科学出版社，2015.

体构建的基本原则、方法、流程以及构建工具，设计了一个由资源类、项目类、机构类、人员类、数据库类、事件类组成的非物质文化遗产语义关联著录模型。黄永①等学者以“锅庄”“堆谐”为例，设计了面向领域文本与多媒体数据的非遗知识本体并进行了可视化呈现。董坤②基于 CIDOC CRM 本体并结合 vCard、GeoNames 等本体词汇库，通过适度扩展构建了一个由非遗项目、任务、位置、事件、事件段、类型及事物等 6 个核心类所组成的非遗本体元数据模型。郝挺雷③从活动、时间、地点、行为主体、物品 5 个方面进行非遗知识分类，建立了非遗知识的层次结构体系，在此基础上构建了一个传统节日知识本体。胡骏④以广东乞巧节为例，分别从活动、时间、主体、地点和物品 5 个方面对非遗知识内容进行分析，完成了乞巧节的本体知识库构建。

Reimo 认为数字化的文化遗产资源是物质与非物质文化遗产的重要组成部分，并按其存储格式与特征将数字化的文化遗产资源划为“textual documents”“non-textual documents”“audiovisual documents”“electronic data of all type in analogue or digital form”等 4 种类型，并提出由管理元数据、技术元数据、权限控制元数据、描述元数据等 4 个部分组成的数字化非物质文化遗产元数据描述框架。Amin⑤ 等学者构建了一个马来西亚非物质文化遗产元数据描述模型 IR-BUDAYA，该模型包含 Human Factor、Governance Factor、Legal/policy Factor、Geography Factor、Belief Factor、Culture Factor、Champion Factor 等 7 个核心概念，同时定义了 ristriction、support、guide、refer、buy 等 12 个概念属性，基于该描述模型实现对马来西亚非物质文化遗产资源的知识内容揭示与组织。Stanley 和 Astudillo⑥ 两位学者结合语义网常用词汇集 FOAF、SKOS、DC、GEO WSG84、REL Relationship 构建了一个非遗知识描述库，实现了对非遗项目知识的序化管理及检索查询功能。Kam-

---

① 黄永，陆伟，程齐凯，邓胜利．非物质文化遗产知识本体构建系统的设计与实现——以西藏“锅庄”“堆谐”为例［J］．西藏民族大学学报（哲学社会科学版），2016，37（1）：20-26，154.

② 董坤．非物质文化遗产本体构建与语义化组织研究［J］．数字图书馆论坛，2014（10）：40-45.

③ 郝挺雷．传统节日知识本体的构建及表示方法研究［D］．武汉：华中师范大学，2011.

④ 胡骏．语义网环境下非物质文化遗产本体设计及应用研究［D］．广州：暨南大学，2016.

⑤ Amin R，et al. Transforming Model to Meta Model for Knowledge Repository of Malay Intangible Culture Heritage of Malaysia［J］. International Journal of Electrical and Computer Engineering（IJECE），2011，2（2）.

⑥ Stanley R，Astudillo H. Ontology and semantic wiki for an Intangible Cultural Heritage inventory［C］//Computing Conference. IEEE，2013：16-25.

bau和Hasibuan[①]基于CIDOC-CRM和MPEG-7标准并参考联合国非物质文化遗产分类体系构建了马来西亚非物质文化遗产本体，基于该本体实现了对马来西亚非物质文化遗产及其多媒体资源的揭示与聚合组织。Mallik[②]等学者以印度传统舞蹈为例提出了一种非遗本体的构建方法。

1.3.3 非遗的知识服务研究

基于国家、社会与用户需求开展非遗领域的知识服务工作，是非遗传承与推广的重要途径。非遗知识服务理论与实践研究工作主要以非遗领域知识聚合与集成、非遗项目的数字化虚拟仿真为重点。

2005年，法国组织欧洲的19个国家正式启动了欧洲文化领域数字资源聚合平台建设项目——European[③]，该项目致力于欧洲图书馆、档案馆、博物馆等文化机构数字文化资源的汇聚与整合，基于这一目的设计了EDM（Europeana data modal）[④]数据描述模型，将所有文化资源数字载体及其关联知识聚合成一个语义关联数据集，以实现欧洲文化资源的数字集成。联合国教科文组织2018年正式启动“Dive into ICH”项目，旨在对世界级非物质文化遗产相关资源实现基于主题、概念、国家、区域的聚类与语义关联，目前已经完成了1 000个概念和15 000个关系的搭建[⑤]。CultureSampo项目为芬兰国家层面的文化遗产聚合管理系统，基于该系统实现了对芬兰境内的22座博物馆、图书馆、档案馆所收藏的67个类别的物质与非物质文化遗产知识库的构建，该知识库由270万个RDF语义关系三元组所组成，包含了134 000种文化对象信息和285 000个文化源信息[⑥]，在此基础上面向用户提供资源关系视图、知识检索

---

① Kambau R A，Hasibuan Z A. Concept-based Multimedia Information Retrieval System using ontology search in Cultural heritage［C］//2017 Second International Conference on Informatics and Computing（ICIC），Jayapura，2017：1-6.

② Mallik A，Chaudhury S，Ghosh H. Nrityakosha：Preserving theintangible heritage of Indian classical dance［J］. Journal on Com-puting & Cultural Heritage，2011，4（3）：436-440.

③ Europeana Pro［EB/OL］. https：//pro. europeana. eu/what-we-do/cultural-heritage-institutions.

④ Isaac A. Europeana data model primer［EB/OL］. http：//travesia. mcu. es/portalnb/jspui/bitstream/10421/5981/1/EDM _ primer. pdf.

⑤ Launch of “Dive into ICH” project［EB/OL］. https：//ich. unesco. org/en/launch-of-dive-into-ich-project-01032.

⑥ Hyvönen E. et al. CultureSampo：A National Publication System of Cultural Heritage on the Semantic Web 2. 0.［C］//The Semantic Web：Research and Applications. ESWC 2009. Lecture Notes in Computer Science，2009：5554.

等功能。K-Culture Time Machine 项目[①]旨在对韩国境内的异构文化遗产数据库进行关联整合，通过对 CIDOC CRM 本体描述模型进行扩展构建，KCHDM（Korean Cultural Heritage Data Model，韩国文化遗产本体数据模型）已实现对韩国境内 3 个主要文化遗产数据库的整合。Damiano[②] 等学者在 CIDOC-CRM 元数据标准的基础上设计了一个由 ontology server、media repository、web service、visualization module 等子系统构成的文化遗产可视化系统，实现对非遗资源的 3D 可视化展示。Severo 和 Venturini[③] 两位学者利用现代化数字技术以意大利、瑞士、法国等 3 个国家的非物质文化遗产网站为研究对象，对以上三国境内的非遗网站信息进行采集与分析，在此基础上构建了一个由 264 个节点和 885 条边所组成的无向网络图，从网站所属地域、网站拥有者类别等维度绘制了非物质文化遗产网站热力图。

Kolar[④] 等学者构建了一个由移动终端、数据采集器、工作站、数据存储、数据接入设备构成的 2D、3D 非物质文化遗产数字资源存储网络并提供开放获取服务。Hisatomi[⑤] 提出了一个由 capture system，scene-generation system、arbitrary viewpoint 等 3 个子系统构成的非物质文化遗产资源的 3D 存储系统，实现了对日本非物质文化遗产项目“Noh”的 3D 展示。Ott[⑥] 等学者构建了一个非遗资源的学习、传播平台 i-Treasure，基于该平台实现各类非遗文献资源

① Kim S，Ahn，J，Suh J，Kim H，Kim J. Towards a semantic data infrastructure for heterogeneous Cultural Heritage data -challenges of Korean Cultural Heritage Data Model（KCHDM）[C] //2015 Digital Heritage，Granada，2015：275-282.

② Damiano R，Lieto A，Lombardo V. Ontology-Based Visualisation of Cultural Heritage [C] // Proceedings-2014 8th International Conference on Complex，IEEE，2014：558-563.

③ Severo M，Venturini T. Intangible cultural heritage webs：comparing national networks with digital methods [J] . New Media & Society，2016，(8)：1616-1635.

④ Kolar E B，Cobovic M V，Galzina V. Center For Conservation Of The Intangible Cultural Heritage In Slavonia，Baranya And Syrmia [J] . Economy of Eastern Croatia Yesterday，Today，Tomorrow，2016，4：144-152.

⑤ Hisatomi K，Tomiyama K，Katayama M，et al. Method of 3D reconstruction using graph cuts，and its application to preserving intangible cultural heritage [C] //International Conference on Computer Vision Workshops. IEEE，2010：923-930.

⑥ Ott M，Dagnino F M，Pozzi F. Intangible Cultural Heritage：Towards collaborative planning of educational interventions [J] . Computers in Human Behavior，2015，51：1314-1319.

的一站式获取，同时用户可通过音视频的虚拟反馈系统体验各类非遗项目。Hastuti① 等学者构建了一个多媒体非遗资源管理信息系统，用于对马来西亚爪哇岛地区非遗资源进行数字化保存与管理。

我国作为拥有非物质文化遗产数量最多的国家，非物质文化遗产信息服务系统的建设得到了国家层面的高度重视。早在国务院2008年颁布的《关于加强物质文化遗产保护工作的通知》中就明确要求“抓紧征集具有历史、文化和科学价值的非物质文化遗产实物和资料，有条件的地方可以建立非物质文化遗产资料库、博物馆或展示中心。”数据库建设作为我国非物质文化遗产知识服务系统建设的重要手段已经取得了一定的成果，如文化和旅游部下属中国艺术研究院所建设的中国非物质文化遗产网②，省级文化管理部门所建设的浙江省非物质文化遗产网③、云南省非物质文化遗产网④、湖北省非物质文化遗产网⑤等。王蒙、许鑫⑥基于主题图理论和方法，以京剧、昆曲为例实现了非遗资源的知识主题图的绘制。翟姗姗利用关联数据技术实现了非遗资源的关联聚合与以及基于关联语义的知识检索。夏立新⑦等学者以非遗图片资源网站的社会化标签为基础，通过对其进行社会化网络分析挖掘出了图片的主题信息，实现了对非遗图片基于知识语义的检索。姜楠⑧构建了一个通过微信进行非物质文化遗产信息资源推送的非遗资源服务系统。周耀林⑨等学者在非遗本体基础上实现了多源异构非遗知识的集成与聚合。

---

① Hastuti K，Salam A，Handoko L B，et al. Prototype of Information System of Tangible Cultural Heritage Documents Management［J］. International Journal of Advanced Research in Computer Science，2014，5（7）.

② 中国非物质文化遗产网［EB/OL］. http：//www. ihchina. cn/.

③ 浙江非遗网［EB/OL］. http：//www. zjfeiyi. cn/.

④ 云南非物质文化遗产网［EB/OL］. http：//www. ynich. cn/.

⑤ 湖北非物质文化遗产网［EB/OL］. http：//www. ihhubei. com/.

⑥ 王蒙，许鑫. 主题图技术在非物质文化遗产信息资源组织中的应用研究——以京剧、昆曲为例［J］. 图书情报工作，2015（14）：15-21.

⑦ 夏立新，白阳，孙晶琼. 基于关联标签的非遗图片资源主题发现研究［J］. 图书情报工作，2016（2）：22-29.

⑧ 姜楠. 基于SOLOMO的非物质文化遗产信息推送研究［D］. 武汉：华中师范大学，2015.

⑨ 周耀林，赵跃，孙晶琼. 非物质文化遗产信息资源组织与检索研究路径——基于本体方法的考察与设计［J］. 情报杂志，2017，36（8）：166-174.

1.3.4 研究现状述评

综合现有的国内外相关理论研究与实践探索工作，基于现代信息管理理论与技术实现非遗知识的挖掘、整理与数字化存储，通过非遗知识的著录、组织、序化实现非遗知识的共享、利用与传播已经成为当前非遗保护、研究与传承工作的重要内容与实施手段。目前国内外学者的研究对非遗知识的挖掘与著录、非遗资源的组织与聚合模式、非遗知识服务体系的建设等内容都有所涉及，但从整体来看，目前的研究工作还存在深度不够、系统性不强、领域覆盖面不广等问题，造成现有非物质文化遗产知识服务理论与实践研究工作与用户对知识服务的精准化、个性化、知识化服务需求和集成服务要求之间仍然不相适应。对非物质文化遗产内涵知识的深度挖掘、资源的有效组织以及基于资源聚合集成的个性化知识服务体系建设方面尚缺乏有实际应用价值的系统性成果，还没有初步形成一套完整、科学的非物质文化遗产数字化知识挖掘与存档的整体性理论框架与成熟的技术实施路径。具体而言还存在着以下问题：

（1）对非物质文化遗产所包含的知识类型与知识特征缺乏整体性、宏观性且明确、具体的界定。非物质文化遗产的非物质性造成非物质文化遗产知识资源在其存在形态上有物质性与非物质性的两面性，物质性主要指非物质文化遗产的知识概念范畴内包含有物质性的工艺产品、实物载体、使用工具、特定的空间要素等；非物质性指从创作的手段、形式上又具体表现为传承人的经验、技艺、技巧、技术等①。在已有非遗研究成果中，目前主要集中于非遗应用层面的研究，特别是对非遗的保护、开发这一主题的研究与探讨，对非遗本体知识的类型、特征这一本源性问题的研究成果比较少，有限的研究成果主要面向特定的非遗代表性项目或某一类别的非遗项目，从宏观、整体上对非物质文化遗产开展知识结构与特征研究的成果仍然缺乏。

（2）对基于知识属性特征的非遗知识挖掘缺乏实质性研究成果。当前对非遗知识特征的分析、梳理与基于属性特征的非遗知识挖掘的相关成果较为匮乏。有限的成果主要集中于国内的研究者们基于所处的学科研究视角，对某一个类别或某一具体的非遗项目开展特定知识内容的梳理与挖掘。基于知识认知

① 孙发成．非遗保护背景下民间传统手工艺知识体系的构建［J］．非物质文化遗产研究集刊，2014（0）：267-276.

层面的知识挖掘主要集中于重点作者、重点机构、重点期刊、热点主题等浅层非遗知识的梳理与挖掘，对非遗所蕴含的深层次的专业领域知识内容的挖掘，特别是对非遗知识之间的多元语义关联关系的挖掘与抽取的理论以及实践研究尚处于起步阶段，而非物质文化遗产丰富的领域知识内容以及知识之间的多元语义关联关系的抽取与揭示正是非物质文化遗产知识体系得到系统性构建与非遗知识得以高效共享、利用重要的前提与基础。

（3）基于细粒度知识单元的非遗知识组织与服务体系建设尚未实质性开展。当前非遗知识资源的组织与服务仍然处于起步阶段，我国各级文化管理机构、研究机构所建设的非遗知识服务平台主要基于关系型数据库来实现，向用户提供非遗项目层面浅层知识的浏览与检索功能。非遗项目所蕴含的细粒度多元知识内容的挖掘、揭示与组织相关理论与实践研究工作尚未有效开展，造成现有非遗知识服务平台难以满足用户多元化、个性化、精准化的知识服务需求，不能提供面向用户具体知识需求的深层次、细粒度的非遗领域知识内容，造成非遗外在活态形式下所蕴含的大量高价值知识内容的丢失，难以满足当前非遗保护、研究与传承工作的现实需要。

1.4 研究内容、方法和创新点

在前文阐述的研究背景、意义和研究现状的基础上，以知识元相关理论为切入点，进行非物质文化遗产知识的识别、抽取与组织研究。具体研究内容、研究方法和创新点如下所述。

1.4.1 研究内容

从知识元的理论视角出发，进行非遗活态表现形式下所蕴含的多元异构细粒度知识的抽取与组织相关理论和实现方法研究。首先从非遗的特征分析入手，进行非遗资源的类型分布特征、空间分布特征分析，定义非遗的知识体系结构模型与具体的知识要素。为实现对细粒度非遗知识要素的著录、组织与利用，引入了知识元理论，首先对知识元的内涵与特征进行了梳理，阐述了基于知识元的领域知识组织机理，在对领域知识元的分类与描述框架模型进行梳理与归纳的基础上，提出了一个非遗领域知识元语义描述模型，并构建了一个基于知识元的非遗领域知识组织系统框架模型。将基于知识元的非遗领域知识的抽取与组织具体化为基于领域文献的非遗领域术语的抽取与序化、非遗资源中的知识元知识项抽取与内容揭示、非遗知识元语义关系的抽取与关联组织3个分面的具体研究内容。将领域术语作为非遗知识的标识与向导，将知识元知识项作为非遗知识的具体载体与内容描述方法，将知识元间的语义关系作为非遗知识语义化组织的实现手段。最后，对基于知识元的非遗领域知识的多维关联组织与聚合的实现模式与方法进行分析与研究，并以湖北省恩施州非遗知识元库为例，开展非遗领域知识元的多维关联组织与聚合的实证研究。

本书共分为8个具体的研究章节，各章节内容概述如下：

1. 绪论

分析阐述选题背景和研究意义，在归纳总结国内外关于非遗知识挖掘、组织与服务的理论研究和实践发展现状的基础上，提出研究内容、研究方法和研究创新点。

2. 非遗资源的特征分析与面向需求的非遗知识要素构建

首先对我国国家级非遗资源进行了基于类型与空间特征的分析，然后研究现代信息管理理论与技术发展环境下面向非遗领域资源有效利用和共享的资源组织需求，基于该需求提出了一个非遗资源的知识体系结构框架并在该框架下完成了非遗领域知识要素的构建。

3. 基于知识元的非遗知识组织系统模型

对知识元的内涵与特征进行了阐述，在此基础上提出了基于知识元的领域知识组织机理并对目前国内外领域知识元的分类与描述框架模型进行了梳理、归纳与总结。基于非遗知识要素分析并结合国内外研究现状，构建了一个非遗领域知识本体并阐述了非遗本体与非遗知识元之间的融合机理。基于非遗领域本体对非遗领域知识的定义与语义约束，设计了非遗领域知识元语义描述模型，提出了基于领域文献的非遗知识元抽取的实现方法，完成了非遗领域知识元组织系统框架模型的构建。

4. 非遗资源组织中的领域术语抽取与序化

对非遗领域术语对非遗知识元的标识、向导作用机制进行了阐述，对非遗领域术语进行了基于字长与词长的特征分析并梳理、归纳了领域术语抽取的不同实现模式和方法。基于非遗领域术语特征与术语抽取的模式、方法设计了一个面向非遗领域文献的基于 N-gram 模型与混合策略的非遗领域术语抽取系统以实现非遗领域术语的有效抽取，提出了一个基于分类的非遗领域术语组织方法。最后，对所提出的理论、方法进行了实验验证。

5. 非遗资源中的知识元知识项抽取与内容揭示

将描述与表达知识元具体内容的知识项划分为短语类知识项与句子类知识项，基于知识抽取来源对象的差异性进行了基于领域文献的非遗知识元知识项抽取模式与实现方法的分析。根据非遗知识元知识项的分类特征分别提出了非遗知识元短语类知识项与句子类知识项的抽取方法，对所提出的非遗知识元知识项的抽取方法与基于知识元知识项的知识内容揭示进行了实验验证。

6. 非遗知识元语义关系的抽取与关联组织

将非遗知识元语义关系的抽取转化为语义关系的分类问题。首先根据非遗本体的语义约束信息进行了非遗知识元语义关系的梳理，构建了非遗知识元语义关系的分类体系。提出了一个基于远程监督的非遗知识元语义关系抽取模型，该模型基于关系的对偶表示理论从非遗领域文献中构建出非遗知识元语义关系的句法模板空间。基于所构建的关系模板空间抽取出知识元实例对象的关系特征向量，根据关系特征向量计算其分类置信度得分以实现其语义关系分类判断的目标。最后，通过实验对本章内容进行了验证。

7. 基于多维关联的非遗知识元组织与聚合实现

研究了非遗领域知识元关联组织与聚合的实现模式，在非遗知识元多维组织与聚合模式的基础上提出了实现非遗知识元组织与聚合的具体实现方法，并以湖北省恩施州非遗知识元库为例进行了案例实现，阐述了该非遗知识元库的系统架构设计与实现方法。

8. 总结与展望

对全书研究内容进行了总结，指出了研究存在的不足之处。在此基础上对非遗领域知识的抽取、组织未来的研究方向和思路进行了探讨和展望。

本书的研究总体框架如图 1-1 所示。

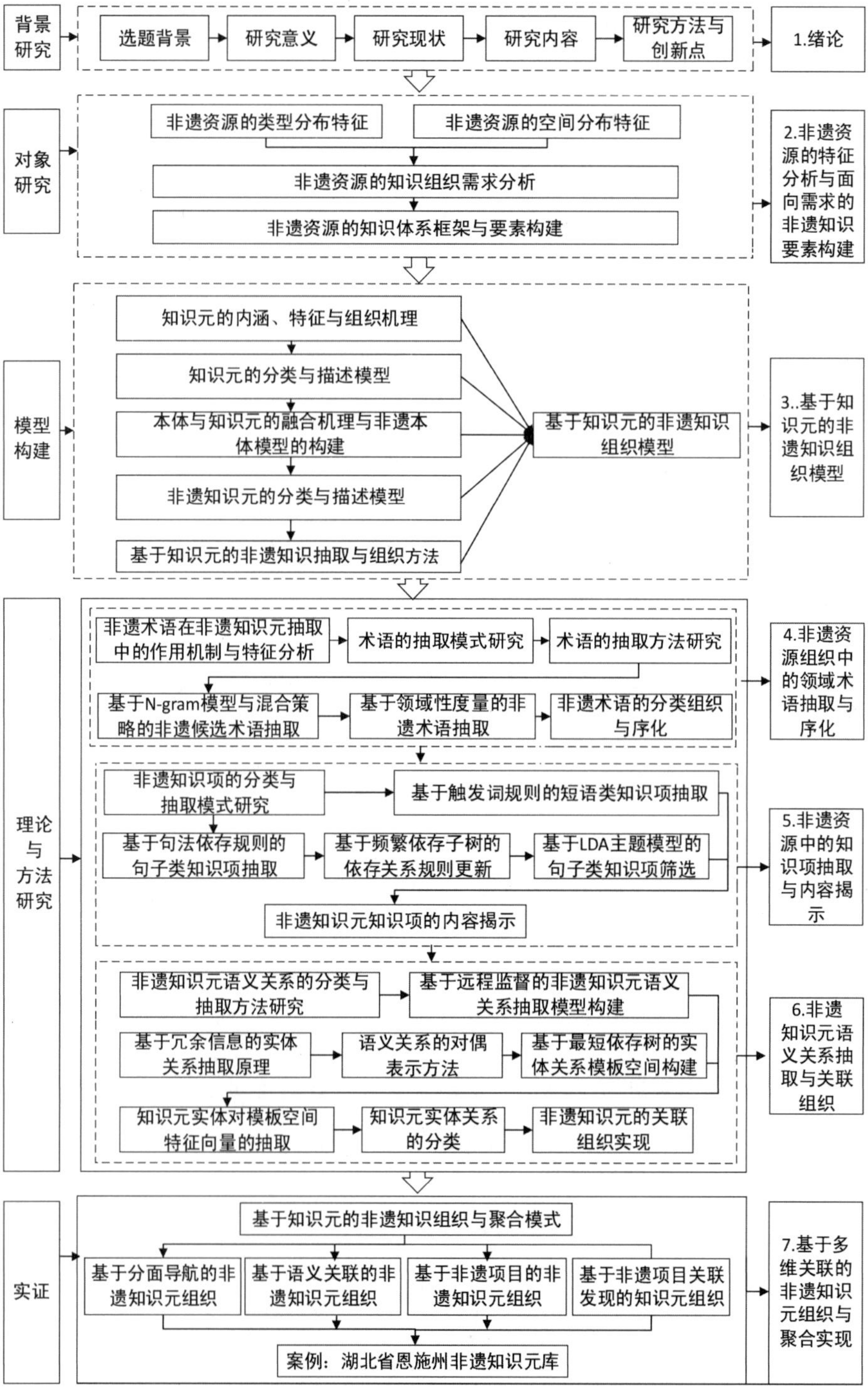

图 1-1　本书的研究总体框架

1.4.2　研究方法

笔者基于知识元的非遗知识抽取与组织研究，主要采用以下研究方法：

（1）田野调查法：通过走访武陵山民族地区，走访相关非遗的保护机构与传承人，了解我国非遗种类与特征，梳理非遗知识元类型及属性特征，为非遗的知识元本体模型构建奠定基础。

（2）文献研究法。一方面，系统收集国内外相关研究文献，对所涉及的文献进行归纳分析，把握相关领域研究的前沿态势、所采用的理论与技术实现方法，以此为背景确立重点研究内容；另一方面，研究中多个内容环节涉及策略、技术路线的确定，通过文献研究法对国内外相关研究的内容过程、技术路线、优势与缺陷进行深入分析与梳理，在此基础上总结出不同方案的优劣和所适用的外部环境，完成研究策略与技术路线的制定。

（3）案例分析与实证方法。选题源于实践，案例分析与实证研究是顺利开展理论与方法研究的基本保障。一方面，在以用户需求为导向的知识元特征分析、知识元抽取与组织理论的研究过程中，均以现有国内外各类案例、解决方案所采用的理论与方法为基础，进行理论与实现方法的分析并开展进一步的研究工作；另一方面，所提出的一系列理论、方法，最终均需通过一系列实证研究进行实验验证。

1.4.3　研究创新点

1. 实现了非物质文化遗产研究的理论创新

笔者在对非物质文化遗产知识体系框架及非物质文化遗产知识要素进行梳理与分析的基础上，开展非物质文化遗产领域细粒度知识的揭示、标引与组织研究。研究内容将传统的人文社会学科的非物质文化遗产研究扩展为数字人文视域下跨学科领域的协同研究，从传统的以粗粒度的非物质文化遗产项目整体为对象的研究模式向以微观的非物质文化遗产所包含的细粒度领域知识元为对象的研究模式进行延伸。研究内容扩展了非物质文化遗产研究的广度与深度，实现了非物质文化遗产研究的理论创新。

2. 提出了一套系统性的非物质文化遗产知识建模与知识抽取的方法体系

本书深入到细粒度的知识元层面，围绕非物质文化遗产不同表现形态、多元异构知识元的识别、抽取开展了实现方法与技术路线的研究。提出了面向非物质文化遗产领域术语、非物质文化遗产知识元知识项与非物质文化遗产语义关系等3个具体分面内容的非物质文化遗产知识抽取的方法体系，实现了非物质文化遗产领域细粒度知识抽取的实践方法创新。

3. 实现了基于多维关联关系的非物质文化遗产知识组织模式的创新

通过挖掘非物质文化遗产细粒度知识元间的多维关联关系，构建了一个与用户个性化知识需求与认知结构相匹配的非物质文化遗产知识元的多维组织与聚合模型。通过基于情景、粒度与语义关系的非物质文化遗产知识元多维关联组织与聚合网络的构建并以模块化方式实现知识元的动态呈现，完成了面向用户个性化知识需求的非物质文化遗产多元知识的聚合与组织，实现了非物质文化遗产领域知识组织模式的创新。

第2章 非遗资源的特征分析与面向需求的非遗知识要素构建

自2005年《国务院关于加强文化遗产保护的通知》下发以来，非遗保护工作正式成为国家文化传承、保护与研究的重要内容。自2006年以来，我国已相继认定并公示了5批国家级非遗代表性项目名录以及非遗代表性传承人，认定了一批国家级非遗生产性保护示范基地、国家级文化生态保护区及文化生态区保护单位。本章将在我国非遗资源分布现状的基础上，对我国非遗的特征与所蕴含的知识要素进行梳理与分析。

2.1 非遗资源的类型分布特征

要实现非遗资源的有效管理就需要根据非遗的基本定义、表现形式与知识内涵在对非遗项目进行精准识别的基础上实现科学的分类管理。作为非遗管理与理论研究工作的前提，构建一个科学、有效的非遗分类体系，是准确描述非遗对象，高效制定管理策略，深入展开非遗保护理论与实践研究的基础。

2.1.1 非遗资源的分类体系构建

将非遗资源划分为一定的类别，这是理论研究深化和系统化的要求，也是非遗保护、展示、利用、管理实践活动的需要①。当前非遗分类体系中最具代表性且具有广泛影响力的分类体系是联合国《保护非物质文化遗产公约》的五

① 张红．非物质文化遗产分类体系研究［J］．佛山科学技术学院学报（社会科学版），2018，36（1）：86-92.

分法与我国的《国家级非物质文化遗产名录》的十分法，分别用于联合国世界级非遗项目与我国国内非遗项目的申报与管理。

《保护非物质文化遗产公约》将非遗资源划分为 5 个具体类别：① 口头传统和表现形式，包括作为非遗媒介的语言；② 表演艺术；③ 社会实践、仪式、节庆活动；④ 有关自然界和宇宙的知识和实践；⑤ 传统手工艺。联合国所制定的非遗“五分法”为了最大程度兼容世界各国不同地域、不同表现形式与特征的非遗资源，便于对世界各国非遗资源的统一管理，其类目的设置较为抽象，对每个分类类目下非遗资源的内涵与外延特征并未给出明确的定义，对非遗资源的划分粒度较粗，基于“五分法”进行非遗资源的组织与管理会出现同一类目下资源数量过多，资源之间相似度低、差异性大的问题。

根据《保护非物质文化遗产公约》中对非遗的基本定义，在联合国“五分法”的基础上，我国对其进行本土化的扩展与细化，在《中华人民共和国非物质文化遗产法》中提出了我国非遗项目划分的“六分法”，将我国的非遗资源划分为 6 个更为细化的类别：① 传统口头文学以及作为其载体的语言；② 传统美术、书法、音乐、舞蹈、戏剧、曲艺和杂技；③ 传统技艺、医药和历法；④ 传统礼仪、节庆等民俗；⑤ 传统体育和游艺；⑥ 其他非遗。

在“六分法”的基础上，为了便于我国非遗项目的申报与管理，《国家级非物质文化遗产名录》对其进行了进一步的细化、扩展与完善，提出了我国非遗项目分类管理的“十分法”。其分类体系的类目设置为：① 民间文学；② 传统音乐；③ 传统舞蹈；④ 传统戏剧；⑤ 曲艺；⑥ 传统体育、游艺与杂技；⑦ 传统美术；⑧ 传统技艺；⑨ 传统医药；⑩ 民俗。“十分法”类目设置较为合理，粒度适中且体系完备，是目前我国非遗资源组织与管理过程中使用最为广泛的分类体系。

非遗资源的“五分法”“六分法”与“十分法”其类目设置为一个逐步细化、完善的过程，不同分类方法所设置的分类类目与映射关系如表 2-1 所示。

表 2-1　非遗资源分类方法的类目设置与映射关系

分类体系	五分法	六分法	十分法
类目名称	① 口头传统和表现形式，包括作为非物质文化遗产媒介的语言	① 口头传统和表现形式，包括作为非物质文化遗产媒介的语言	① 民间文学
	② 表演艺术	② 音乐、舞蹈、戏剧、曲艺和杂技； ④ 传统体育和游艺	② 传统音乐； ③ 传统舞蹈； ④ 传统戏剧； ⑤ 曲艺； ⑥ 传统体育、游艺与杂技
	③ 社会实践、仪式、节庆活动	③ 传统礼仪、节庆等民俗； ④ 传统体育和游艺	⑥ 传统体育、游艺与杂技； ⑦ 传统技艺； ⑧ 民俗
	④ 有关自然界和宇宙的知识和实践	⑤ 传统技艺、医药和历法	⑧ 民俗； ⑨ 传统医药
	⑤ 传统手工艺	② 传统美术、书法	⑩ 传统美术
		⑥ 其他非物质文化遗产	

2.1.2　我国非遗资源的类型分布特征

“十分法”具有类目设置科学、结构合理，同一类目之间相似度高，类目之间重叠度低等优点，具有较强的专业性、系统性与科学性，因此，笔者采用“十分法”对我国国家级非遗项目的类型分布情况进行统计。

作为东方文明古国和世界上历史最为悠久的国家之一，五千年的历史文化源流为我国非遗资源的产生与发展提供了丰富的历史、文化土壤。从非遗项目的总量上来，被我国列入国家层面予以重点保护的国家级非遗项目总量累计已经达到 3 145 项，国家级非遗项目所属类型分布情况如图 2-1 所示。

从我国的非遗资源的类型分布图中可知，我国非遗项目的分布呈现出了明显的不平衡性，大量非遗项目主要集中在几个头部类别中，而部分尾部类别的非遗项目数量则较少。传统技艺、传统戏剧、民俗、传统音乐等项目较为集中的类别拥有国家级非遗项目数量分别占到总量的 16%、14%、13.5%与 12.7%，4 个类别的非遗项目数量占到全部国家级非遗项目总量的 56.2%。曲艺，传统医药，传统体育、游艺与杂技等类别的非遗项目数量占比较少，分别占全部国家级非遗项目总量的6%、4%、4.3%，3个项目总占比仅为14.3%。

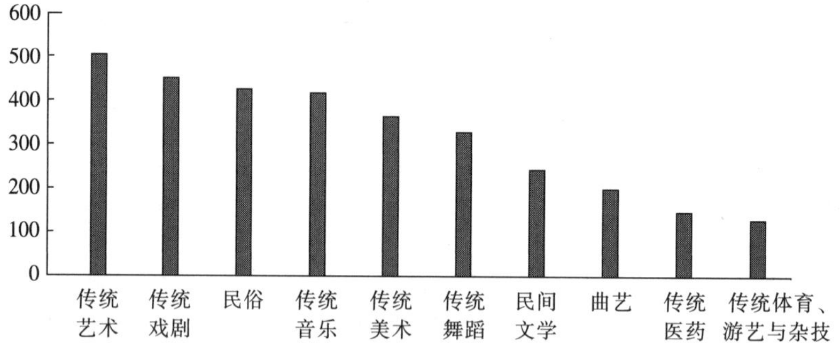

图 2-1　国家级非遗项目的类型分布情况

我国非遗项目类型结构分布的不平衡性受到非遗项目分布地区受众群体的数量、与人类社会生活结合的紧密度以及项目传承与保护的难度等多方面因素所影响。传统技艺、传统戏剧、民俗、传统音乐等类别的非遗项目普遍具有较为广泛的群众基础，传承难度低且与受众群体的日常生活紧密相关，流传影响区域分布广泛而容易得到有效的传承和保护。如民俗类非遗项目“春节”是全世界华人的共同的节日，具有十分广泛的群众基础；传统技艺类非遗“坎儿井开凿技艺”是新疆地区人民取水与灌溉系统的核心知识，对新疆地区人民的生产生活发挥着重要的作用和影响；传统戏剧类非遗“京剧”、传统音乐类非遗“蒙古族长调民歌”均作为其使用群体重要的文化活动形式而得到了广泛的传播、传承与保护。而“曲艺”“传统医药”“传统体育、游艺与杂技”等类别的非遗项目普遍存在受众群体数量较少、专门门槛高、保护与传承难度大的问题，同时该类项目容易受到新的社会生活形态与实践方法所影响和替代，造成其易于自然消失、消亡，难以传承、保护的现状。

2.2　非遗资源的空间分布特征

非遗作为一种以人为依托、世代传承的活态文化活动形式，其起源、发展与传承离不开特定的地理空间环境，不同的地理空间环境中特有的风土人情、民风民俗、地容地貌等对非遗项目自身的发展、演变与传承产生着重要乃至决定性的影响和作用。联合国的《保护非物质文化遗产公约》和我国的《非物质文化遗产法》中都明确将“文化空间”的保护列为非遗保护工作的重要内容。

对我国非物质文化遗产开展空间分布特征分析，能够从全局把握我国非物质文化遗产分布的空间结构特征，有助于全面掌握我国非遗保护工作的现状，为我国下一阶段非遗保护工作的科学开展提供空间数据支撑。

2.2.1 非遗资源整体空间分布特征

我国国务院 2005 年所颁布的《国家级非物质文化遗产代表作申报评定暂行办法》① 中，将文化空间定义为“定期举行传统文化活动或集中展现传统文化表现形式的场所”，并将非遗的文化空间作为非遗的重要内容与组成部分。提出“国家级非物质文化遗产代表作的申报项目，应具有杰出价值的民间传统文化表现形式或文化空间”。文化空间作为非遗的重要内容与承载的外部环境，是非遗资源的组成部分，也是其显著的特征属性。笔者以国务院所公布的前四批国家级非遗项目为数据分析对象，进行我国国家级非物质文化遗产代表性项目的空间分布结构特征分析。

利用 Arc-GIS 软件对我国非物质文化遗产数量空间分布情况做可视化处理，可知我国国家级非遗代表性项目的空间分布呈现出东西部地区密集、中部地区适中、东北地区稀疏的趋势。国家级非遗项目的文化空间主要分布在我国新疆维吾尔自治区、东南部沿海省份以及中部的四川省、贵州省、云南省等省份。其中新疆维吾尔自治区其国家级非遗代表性项目数量达到 133 项，占到全国国家级非遗代表性项目总量的 4%。东部沿海省份浙江省、河北省、山东省、江苏省、广东省、福建省等 6 个省的国家级非物质文化遗产项目总量达到 976 项，占据全国总量的 31%。其他省份中仅四川省、贵州省、云南省、湖北省、湖南省、河南省、山西省的国家级非遗代表性项目数量超过 100 项，其余省份的国家级非遗代表性项目数量均低于 100 项。东北地区的吉林省、辽宁省、黑龙江省 3 个省的国家级非遗代表性项目总量仅达到 145 项。

我国非遗文化空间分布结构的形成与我国的人口结构分布、地形地貌、经济社会发展情况有着直接、紧密的关联关系。我国的非遗文化空间主要分布在民族特色资源丰富或当地社会经济、文化发展较好的省份，厚重且丰富多样的民族文化形态，较好的经济、社会发展环境为非遗的孵化、传播与传承提供了

① 国家级非物质文化遗产代表作申报评定暂行办法 [EB/OL]. http://www.ihchina.cn/zhengce_details/11571.

最佳的生存土壤。

2.2.2 不同类别非遗资源的空间分布特征

本节采用核密度分析方法①来对我国十个不同类别的国家级非遗代表性项目的空间分布密度进行分析，来量化评估不同类别的非遗项目在地理空间上的分散或集聚程度。核密度的具体计算公式如下所示：

$$f(x)=\frac{1}{nh}\sum_{i=1}^{n}k\left(\frac{x-X_i}{h}\right) \tag{2-1}$$

式中：$f(x)$ 为核密度估值，$k\left(\frac{x-X_i}{h}\right)$为核函数，$n$ 为非遗数量，i 为第 i 个非遗项目的空间位置，h（>0）为带宽，$x-X_i$ 是估计点到样本点 X_i 的距离，核密度越大，表示该类型非遗分布的地区越密集。

我国不同类型非遗项目的主要分布空间与我国非遗的整体空间分布情况基本一致，以新疆、东南沿海地区与部分中部省份为主，但不同类型非遗项目在具体的空间位置分布的密度与广度上仍然存在着一定的差异性。

“传统体育、游艺与杂技”类非遗以河北省南部为中心形成唯一的高密度区，并向周边山东省、山西省扩展。

“传统戏剧”类非遗以河北省西部与山西省东部交界区域为中心形成高密度集聚区。

“传统技艺”类非遗则以安徽省、浙江省、江苏省的三省交界地区形成高密度集聚区并在京津冀地区、新疆维吾尔自治区形成次密集区。

“传统美术”类非遗则在珠三角地区形成高密度区，在京津冀地区形成次密度区。同时在新疆、西藏、东北、中部地区分散分布。

“传统舞蹈”类非遗则以西藏自治区的拉萨市、南部的云南省中部地区、广东省广州市、中东部的京津冀地区为中心形成多个密集分布区，总体离散分布、区域集中分布的趋势较为明显。

“传统医药”类非遗项目有京津冀地区、长三角地区等两个高密度集聚区，以拉萨、乌鲁木齐、贵阳、广州、兰州、长春等城市为中心形成次密集区。

“民间文学”类非遗项目以山东省、山西省交界区域，长三角地区为中心形成两个高密度区。

---

① 曼弗雷德 M，费希尔．空间数据分析模型、方法与技术［M］．北京：中国人民大学出版社，2018.

“民俗”类非遗项目则围绕贵州省、浙江省、山西省与河北省交界区域形成 3 个高密度区。

“曲艺”类非遗项目则围绕长三角地区形成高密度集聚区。

从总体来看，不同类别的非遗项目具有其独特的空间分布结构，在空间分布的高度密集区、次密集区和离散分布区域上具有明显的差异性，这也需要我们在非遗知识挖掘、组织与服务过程中重视文化空间所造成的非遗知识内涵的同一性、关联性和差异性，将非遗的文化空间作为非遗知识组织与服务的重要参考维度与线索知识。

2.3　非遗资源的知识组织需求

非遗外在活态表演形式下蕴含着复杂的知识结构与多元、异构的知识内容，非遗知识之间通过复杂的语义关系而相互关联、链接，形成了包含海量知识节点的非遗知识网络。非遗知识内涵需要一种有效的符合用户知识利用习惯和非遗知识资源分布特征的知识组织方式以实现非遗知识的有效利用。国内外在非遗知识组织上普遍采用的单线索分类组织方法通常使用非遗项目的单一特征作为资源类别划分的标准，如非遗的表现形式、申报地区、评定级别等，而对非遗项目丰富的知识内涵以及知识之间多元的语义关系却无法有效揭示、标引与组织，造成了大量高价值的非遗知识内涵无法得到有效的传承与利用。当前，非遗在弘扬我国优秀传统文化，实现中华民族“文化自信”中的重要作用日益凸现，非遗多元、异构的知识内容，物质性与非物质性兼具的独有特征都对非遗的知识组织提出了一系列新的要求。

2.3.1　非遗多分面知识的语义标注需求

非遗所蕴含的大量的不同分面的知识内容，如各类技艺、技巧、工艺、口述文学作品以及独有的领域人物、概念、时空知识，除了具有非显性、多元异构特性外还具有极强的领域专有性、本地性、单义性和系统性特点①。而普通非遗的传习者、爱好者受其自身知识结构与对非遗项目了解的深度与广度限制，通常无法从非遗表现形式、非遗文献或实物中有效识别并获取到相关知识

① 孙水华．中医针灸领域信息抽取关键技术研究［D］．大连：大连理工大学，2019.

内容，造成其与非遗深层次领域知识之间树立了一道天然的知识壁垒，阻碍了普通爱好者、传习者获取其所需的专业性知识内容。要有效解决这一问题，就需要基于现有的非遗领域资源（主要是结构化、半结构化的文本数据），在对不同类型的非遗知识进行准确识别的基础上，开展细粒度的语义标注以帮助人们全面掌握、快速定位并获取非遗领域知识内容。

通过对多元异构非遗资源中非遗知识的细粒度语义标注，非遗的研究者、传习者、爱好者能更加快速、直观地获取非遗资源所包含的非遗知识，准确地掌握包含非遗人物、概念、相关事件、行为、时空环境等各类非遗知识内容。同时，通过对非遗资源中所标注知识内容的量化分析与统计，能够全面揭示非遗知识内涵，实现非遗知识图谱的绘制，对非遗知识的深度挖掘与全面保护提供统计与计量数据指导。

面向非遗资源的非遗知识语义标注包含知识抽取和标注两个步骤①，知识抽取是从各类非遗资源，如文档中获取待标注的知识对象，这些知识对象代表着非遗具体的知识内容。非遗知识的抽取通常采取人工抽取方法、基于规则匹配的抽取方法以及基于机器学习的抽取方法。人工抽取的方法主要由专家根据其自身的知识结构与专业能力实现对领域知识内容的识别、抽取；基于规则匹配的抽取方法则通过设置规则库，如词性规则、上下文规则等，实现对目标知识的抽取；基于机器学习的抽取方法则通过统计模型、归纳、深度学习等方法实现对目标知识的抽取，统计模型方法通常利用统计学模型如 TF-IDF、支持向量机、最大熵、条件随机场（CRF）、马尔可夫模型等来预测文本资源中知识实体的位置，归纳的方法则从一组训练样例中归纳出目标知识的分布特征与规律以此实现文本中目标信息的抽取，深度学习通过引入神经网络强大的特征学习能力，利用一定数量的神经元计算节点和多层运算结构模仿大脑的神经元之间传递、处理信息的模式进行目标知识表达特征的学习，建立起输入到输出的函数关系以实现知识的识别与抽取。

标注是将所抽取出的对象知识与所构建的领域语义系统描述框架中所定义的概念或类进行语义映射与链接的过程，用概念和对应概念属性值建立起的语义向量对文档中的对象知识进行标注，然后以 XML、RDF、OWL 等格式的

① 傅柱．语义标注研究综述［J］．图书馆学研究，2016（4）：10-17.

文档或关系数据库等形式进行存储，建立文档与领域概念模型之间的映射关系[①]。标注过程的核心是领域本体的构建，领域本体通过领域知识结构的建模实现对领域内概念的定义和领域概念之间关系的说明，实现领域内知识标准化共享的目标[②]。国内外学者在非遗领域本体构建领域已经开展了一系列研究工作，并取得了一定的成果，如 CIDOC 所发布的 CRM 本体[③]定义了 84 个文化遗产领域的实体概念类和 141 个类属性，有力推动了本体在文化遗产领域的应用。周耀林[④]等学者构建了一个包含人物、事件、地理位置、时间、剧种、剧目、舞台表演、音乐和传播等概念类的戏剧本体。郝挺雷[⑤]所构建的传统节日本体包含了民俗活动、时间、地点、行为主体、物品和概念对象等概念类及其关联关系。杨佳颖、许鑫[⑥]基于所构建的民国报纸广告本体实现了对民国报纸广告图像资源的语义标注。

非遗知识的语义标注能够给予非遗领域专有知识明确的标识与界定，实现非遗知识的全面揭示与标准化著录。在此基础上，用户可根据其信息需求快速、准确地获取其目标知识内容，还可基于非遗知识之间的语义关系链接实现资源的导航式浏览与基于语义的知识检索。

2.3.2　细粒度、多线索的非遗知识组织需求

非遗资源组织中最为常见的方法是分类组织法，从联合国所提出的“五分法”到我国的“六分法”，再到我国《国家级非物质文化遗产名录》的“十分法”，无论哪种分类方案都是一种单线索的分类方法，其分类依据或者是基于主题，或者是基于外在表现形式，或者按照地域和保护级别进行划分。这种单线索的非遗资源组织方法忽略了非遗知识体系本质的多元复杂性，仅依据少量

---

① 毕强、牟冬梅、韩毅．下一代图书馆知识组织［M］．长春：吉林教育出版社，2019.

② 侯西龙，谈国新，庄文杰，唐铭．非物质文化遗产视频语义标注方法研究［J］．情报科学，2018，36（11）：88-94.

③ Doerr M. The CIDOC Conceptual Reference Module：An Ontological Approach to Semantic Interoperability ontological Approach to Semantic Interoperability of Metadata［J］．Ai Magazine，2003，24（3）：75-92.

④ 周耀林，赵跃，孙晶琼．非物质文化遗产信息资源组织与检索研究路径——基于本体方法的考察与设计［J］．情报杂志，2017，36（8）：166-174.

⑤ 郝挺雷．传统节日知识本体的构建及表示方法研究［D］．武汉：华中师范大学，2011.

⑥ 杨佳颖，许鑫．民国报纸广告图像资源的语义标注——以《新闻报》所刊的越剧广告为例［J］．图书馆杂志，2021，40（3）：96-102.

的线索知识项实现对非遗资源的整体标引与组织，该组织方法对组织对象所蕴含的丰富的知识内涵描述能力明显不足，造成了大量非遗知识项著录的缺失，严重影响了非遗知识的有效获取与利用。

为有效改善分类组织方法的不足，元数据组织方法被引入到非遗领域。基于元数据的非遗知识组织方法通过对非遗资源特征属性的分析对其构建一套编码描述体系，以实现对非遗知识资源的数字化描述与共享。如对非遗工具、道具、原材料、制成品、文化场所等进行描述的 CDWA① 和 VRA Core② 元数据规范。对知识技能、研究信息、传播信息、法律文件、多媒体等常用的元数据描述方案如 MARC 和 DC 元数据③。非遗资源的元数据标准通常针对非遗某一类或部分物质类资源的外部特征定义其描述特征集合、编码语义规范、著录规则和语法规定，对非遗的活态知识内容，如方法、技艺等核心概念知识缺乏有效的著录规范。非遗资源目前尚未出现一个统一、规范的元数据描述框架，不同的元数据规范之间也难以实现语义共享和互操作。

本体作为领域概念明确的形式化规范说明，是根据领域知识逻辑抽象而构建起来的概念及关系的约定范式，本体可视为一种规范化、标准化的领域知识库，该库所提供的语义知识与语义约束可以为知识组织、知识检索以及知识挖掘与服务等应用的开展提供底层的知识支持④。基于本体的非遗知识组织从资源的外部特征深入到非遗的内容层面，通过对非遗领域内概念以及概念之间关系的规范化描述，实现对非遗领域知识的序化与管理。但本体模型适用于领域概念之间关系类型固定且不复杂的关联结构，如对以树形隶属关系为主体的科学体系的描述，在对不同类别非遗知识间的复杂、多元且动态变化的多元语义关系的揭示能力上仍然存在性能缺陷。

非遗是文化表现形态和外部环境的融合呈现，具有活态性、民间性、生活性、生态性的特点，其本质上是复杂、多元的，有其物质性的一面，还有其非

① Categories for the Description of Works of Art [EB/OL]. http://metadata.teldap.tw/standard/CDWA/Element.List.htm.

② VRA Core 4.0 Element Description [EB/OL]. http://www.loc.gov/standards/vracore/VRA_Core4_Element_Descri ption.pdf.

③ 熊拥军，陈湘，彭维．非物质文化遗产相关资源元数据标准比较研究［J］．图书馆，2016 (2)：33-37.

④ 任飞亮，沈继坤，孙宾宾，朱靖波．从文本中构建领域本体技术综述［J］．计算机学报，2019，42 (3)：654-676.

物质性的一面。因此非遗的知识组织需要一种融合多个线索的知识组织机制，除了非遗的主题、表现形式、评定级别外，还需要融入人物、时间、空间以及非遗所包含的非物质形态的知识概念、技巧与方法、流程等信息，基于融合多线索的非遗知识组织机制，实现对非遗不同分面、不同形态知识内容的系统揭示与著录，实现全面、系统、准确揭示非遗多源异构的知识内容的目标。

非遗知识组织方法还应该是一种适用于细粒度异构知识对象的知识描述模型。非遗领域中大量异构知识内容是具有不同结构与特征属性的单元性知识内容，如非遗项目的传承人、非遗工具、非遗概念等不同类型的非遗知识对象都具有不同的知识单元结构，如人物知识包含姓名、性别、出生年月、生平简介等分面知识属性；工具知识包含材质、制作人等属性；概念知识包含名称、定义、出处等属性。非遗知识组织方法需要具有一个灵活、适配不同领域知识结构与属性特征的描述模型，以实现对非遗知识空间内不同类型知识单元的完整揭示。

2.3.3　基于多元关联模式的非遗知识组织与聚合需求

知识组织与集成的有效方法是通过知识之间的链接关系，将具有关联关系的知识单元组织并聚合为不同粒度的知识集合。非遗所蕴含的多元、异构的知识内容并不是离散、独立分布的，知识单元之间还存在着不同粒度、不同形式、不同语义类型的关联关系，基于多元关联模式的知识组织与聚合可以为用户提供一张完整度高、多粒度、富含语义的非遗知识地图。非遗研究者可根据其需求以及知识之间多元关联关系而形成的关联链接路径灵活地浏览、检索非遗知识，并获取与其认知能力相匹配的资源引导和新知识的推荐与发现功能。

非遗知识资源之间的关联关系可根据其粒度与关联模式的差异将其分为内部知识项的聚合关联与外部知识之间的语义关联两种不同的关联模式。知识项聚合关联是与某一知识相关的知识片段的一种功能性内聚，根据知识单元的分面结构实现知识信息的聚合，如某一个非遗传承人的属性“出生地”与“工作地”所产生的两个不同地点之间的功能性聚合关系；知识之间的语义关联则是在知识之间在语义关系的基础上所形成的一种知识的链接组合结构，如传承人之间的技艺传授关系，非遗项目与概念知识之间的蕴含、表达关系，不同非遗概念知识之间的前继与后续关系，非遗项目与实物之间的使用、产出关系。非遗知识资源之间语义关系包括显性链接关系和隐性链接关系两种。利用知识资源之间语义关系三元组的抽取可以获取显性链接关系，但对于隐性链接关系则需要根据领域知识的体系结构与特征定义相应的关联范式或者根据知识之间共现关系、共被引关系、语义距离等特征进行隐性关系的挖掘。基于细粒度知识单元之间语义链接模式的知识聚合流程如图 2-2 所示。

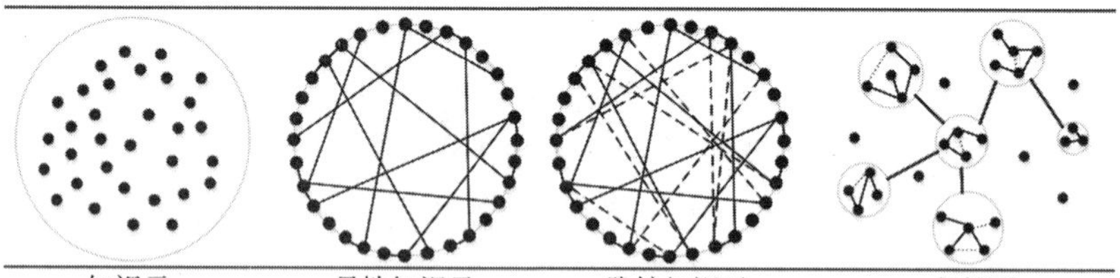

图 2-2　基于语义链接的细粒度知识集成模式

基于多元关联模式的非遗知识聚合，构建了一个知识结构清晰，多粒度、语义丰富的知识集成组织体系，该体系可以有效消除用户在进行信息检索时对目标领域知识结构、知识内容的模糊性与不可知性，通过用户与知识组织系统之间的信息需求与反馈知识的有效迭代传递，用户可沿着知识之间的链接路径进行不断扩展和细化，最终实现有效地获取和利用知识的目标。

2.4　非遗资源的知识要素构建

非遗作为一种活态传承的文化形式，既有其物质性的一面，又有其非物质性的一面，可将非遗看作是由物质类知识与非物质类知识两个不同类型的知识资源所组成的有机整体，对非遗知识的体系结构及其知识要素进行分析是进行非遗知识挖掘、组织的基础与前提。

2.4.1　非遗资源的知识体系框架

基于非物质文化遗产的基本定义可以将其领域知识划分为物质类知识与非物质类知识。物质类知识包括非物质文化遗产相关的人物知识、实物类知识、空间类知识，而非物质类知识则是在其物化载体和表现形式中所呈现的技艺、经验、知识、独到的思维方式以及丰富的精神意蕴。

非物质文化遗产保护是一项系统工程，从系统论的视角来看，对非遗物质类知识与非物质类知识资源的内部成分及其相互作用机制进行进一步的分析与研究，将有助于明确非遗保护对象，也是科学、有效开展非遗研究与保护工作的基石。可将非遗领域知识资源进一步划分为非遗主体、非遗客体、过程、成果、环境等五大基本组成因素①，这些基本知识因素相互作用而形成一个有机、完整的非遗知识资源体系，非遗领域知识体系的各个组成要素及其相互作用机制如图 2-3 所示。

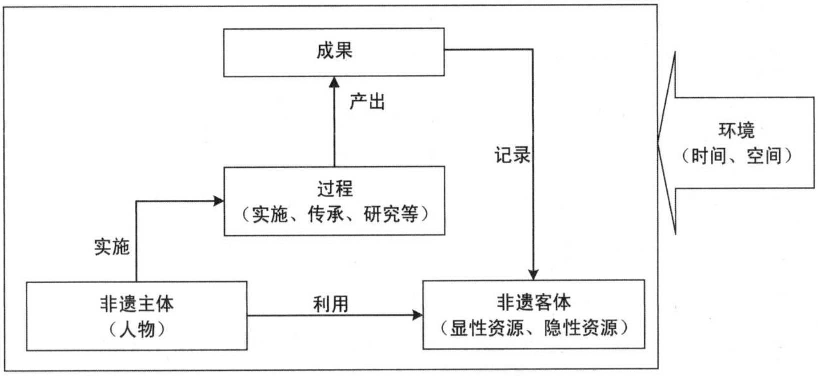

图 2-3　系统论视角下的非遗知识资源体系

非遗主体主要指非遗所关联的人物，属于物质类知识资源。人是非遗得以创造、传播、演化与依附的核心物质载体，是非遗知识体系中最为核心的知识要素。正是人的活态性，人的大脑中知识的内隐性、创造性才塑造了非遗独有的活态文化形式与价值。非遗中的人包括非遗的创造者、表演者、传播者、管理者、研究者、参与者等以不同角色、形式参与到非遗的创造、发展、传播、研究过程中的人物。

非遗客体是指非遗保护的对象，非遗客体包括显性资源和隐性资源两大类。显性资源指向非遗物质性的一面，包括各种形式非遗所依附的"物质"形态的文化景物，各类非遗表演、实施过程中所需要的工具、道具、原材料以及最终的制成品等物质形态的资源。隐性资源指以非物质的形态依附于非遗主体（人物）大脑记忆中的各种技能、技艺、技巧、民风民俗、口头文学等。隐性知识资源也是非遗知识资源体系中最为核心、价值最高，也是保护难度最大的部分，需要通过对非遗知识体系中其余部分的分析、整理与挖掘才能使之显性

① 蔡璐，熊拥军，刘灿姣．基于本体和元数据的非遗资源知识组织体系构建［J］．图书馆理论与实践，2016（3）：39-43.

化并存储、利用。非遗客体中的显性知识资源与隐性知识资源是相互依赖而存在的不可分割的有机整体，隐性知识是非遗最核心的知识特征和价值所在，非遗的隐性知识也需要利用物质类的工具与载体等显性类知识资源实现其功能价值的体现与传承①。

过程是指非遗保护主体在非遗客体的基础上通过一系列人物肢体的活动、行为达到实施、表演、保护、传承、研究非遗项目的具体流程、步骤与方法。非遗是活态传承的文化形式，“活态性”是非遗最为显著的特点之一，非遗项目的开展、传承与保护离不开非遗传承人、社区群体与民众的活态传承过程。

成果是指经过非遗过程而产生的物质类及非物质类信息资源的产出。包括记录非遗的各类物质类文献载体、生产出的实物产品以及各类新的经验、技巧、方法等，还包括为实现非遗的有效保护而产生的各类非遗知识组织体系、非遗管理类知识等。

环境知识是指非遗产生、传承与发展所需要的特定的时空环境因素，主要是指非遗项目所依附的时间、空间等外部环境。

2.4.2 非遗知识要素构建

围绕非物质文化遗产这一领域知识进行知识挖掘、组织与服务，首先需要确定这一领域的知识内容，明确领域知识内容的类别、内涵属性及外延。国内外学者在对非遗知识体系框架进行分析的基础上提出了不同的非遗知识要素分布结构，笔者在非遗共识性知识要素组成结构的基础上融入非物质类的概念知识与非遗项目管理类知识，将非遗知识具体定义为：人物、实物、概念、事件、活动/行为、时段、空间、文献、非遗项目等 9 种不同类型的知识要素。

1. 人物

人物是非物质文化遗产知识体系中最为核心的知识要素，是非遗知识网络的中心节点。非遗是通过人的一系列行为活动，直接或间接地生产、存储非遗领域知识并将不同类别的显性与隐性知识进行关联、链接，最终形成非遗知识网络。非遗的人物包括非遗不同时期的传承人，非遗活动开展时的表演者、参与者，对非遗的产生、发展与传播产生影响的各类人群等，如戏曲类非遗“京

① 郑柳青，陈兴中．物质文化遗产的非物质性与非物质文化遗产的物质性认同［J］．安徽农业科学，2009（18）．

剧”的传承人“梅兰芳”、民俗类非遗“端午节”的祭祀对象“屈原”等。人物的属性有姓名、性别、出生日期、生平简介等。

2. 实物

非遗有其物质性的一面，其产生与发展通常与自然环境中的物质资源有着紧密联系，在其实施过程中需要依靠一系列的实物类工具与原材料，非遗活动也会产出大量的实物资源。因此实物类知识资源包含与非遗相关联的各类实物类资源的集合。如戏剧类非遗“傩戏”的傩面具，各类表演类非遗项目所使用的乐器、乐谱、道具，各类技艺类非遗所产出的实物，医药类非遗所产生的各类药典等。实物类知识资源的主要属性有名称、材质、功用等。

3. 概念

概念是非物质文化遗产领域中各类非物质类的知识、技巧、工艺、技法的概念性表达，是非遗所蕴含的各类以人的大脑为载体的隐性知识的细粒度、概念性表达、整理与描述，如传统技艺中某一具体的工艺流程的定义与描述，传统戏剧、传统音乐、传统美术、曲艺中的各类技巧、技法，非遗独有的知识概念体系，如“京剧”中所包含的“生旦净末丑”等概念。概念知识是非遗知识体系中非物质形态知识资源的集中描述与表达，是非遗独有珍贵价值的集中体现。概念的主要属性有概念名称、别名、概念的定义、概念的出处等。

4. 事件

事件是指对非遗项目的起源、传承与流变产生重要影响的一系列由社会环境、自然环境所施加的影响因素。如乾隆年间清朝政府征调锡伯族官兵西迁新疆这一历史事件对国家级非遗项目“锡伯族西迁节”的起源、发展产生的重要影响。

5. 活动/行为

非遗是以人为载体，由人类肢体行为所主导的人类活动。人的活动与行为是非遗活态性的具体体现，是非遗活动开展的重要前提条件与内容知识，如“画图”“裁剪”“雕刻”等行为是传统技艺类非遗“皮影制作技艺”的核心知识内容。非遗项目“西兰卡普”包括“织锦编制”“翻染”等行为活动。活动/行为知识的属性有名称、相关人物、过程说明等。

6. 时段

时段知识是指非遗相关的时间类知识，主要指在非遗的起源、发展、传承过程中对其产生重要影响，产生重大变化的时间节点或某一具体时间段。时段知识也是非遗项目的重要知识内容和组织线索，如传统舞蹈类非遗“摆手舞”产生于“春秋战国”时期。时段知识的主要有属性有时间名、起始时间、结束时间等。

7. 空间

空间知识是非遗所关联的地理空间类知识的表达，如非遗的起源地区、流传区域、表演场所、非遗相关事件的发生地等地理空间类知识。空间知识的主要属性有空间名、空间描述、所属地区等。

8. 文献

文献主要是指各类记录非遗、传播非遗、研究非遗所产出的文献类成果，是各类非遗领域知识最为重要的载体资源，也是非遗传承、研究与保护的重要物质基础，包括各类记录非遗的图书、期刊、音视频文献等。文献类知识主要属性有文献题名、作者、出处、格式、出版年代等。

9. 非遗项目

非遗项目知识主要指在对具体的非遗项目进行研究、保护、利用过程中所产生的各类管理类知识。非遗项目知识的属性有非遗项目的具体名称、申报地区及保护机构、申报时间、保护级别等知识内容。

第3章　基于知识元的非遗知识组织系统模型

非遗作为文化形式、文化空间和知识内涵的有机结合体，其知识内容本质上是复杂、多元的，涉及众多学科门类、不同属性结构的知识内容。非遗还兼具物质性与非物质性，既包括各类以物质形态存在的非遗主体、客体、物理类时间和空间知识，也包含着大量存在于人的大脑中的知识、技巧、工艺方法等。非遗知识内涵的本质特征要求非遗组织系统具有包容性、普适性的知识著录模型，可实现不同类型非遗知识对象的系统性、规范性知识著录，同时该著录模型还需对知识单元之间丰富的多元关联关系进行准确地抽取与描述，以实现不同粒度、不同类型非遗知识的有机聚合与集成。非遗组织系统还需遵循主流的语义描述框架语言，在实现非遗知识内容著录、序化、集成的同时，能够有效地提供知识复用与语义互联功能。

知识组织是以知识为对象的整理、加工、表示、控制等一系列组织化过程及方法[①]，知识组织的核心是对知识对象多维特征的抽取与揭示以及基于关联特征的知识序化。知识的组织方法决定了知识发现的广度与深度，随着用户信息需求的知识化与精确化发展，知识组织的控制单位从粗粒度的知识载体对象向载体所包含的细粒度知识单元对象进行转化是信息组织的必然发展方向。本书引入“知识元”理论，将知识元作为非遗知识组织最细粒度的知识控制单元，在对非遗知识元的结构模型、非遗知识元本体模型进行深入分析与构建的基础上，实现对细粒度多元非遗知识单元语义标注模型的构建，基于该标注模

---

① 李晓瑛，李军莲，邓盼盼，冀玉静，夏光辉，李丹亚，胡铁军．医学知识组织系统构建研究与应用实践［J］．数字图书馆论坛，2020（7）：30-35.

型实现基于知识元关联模式的非遗知识抽取与组织。

3.1 知识元视角下的知识组织

3.1.1 知识元的内涵与特征

美国情报学家 Slamecka 早在 20 世纪 70 年代就提出，将知识的控制单位从文献深化到文献中的数据、公式、事实、结论等最小的独立的“知识元”①，首次提出了知识元的概念与定义。知识元的内涵可定义为对一个知识进行完整描述的最小知识单元，它能够准确地表达某一特定知识的内涵和外延，是可以自由切分、表达、存取、组织、检索和利用的最小的独立知识单位②。知识元的具体表现形式可以是一个概念、一个事实，也可以是一个具体的过程或结构、结论③。

知识元的本质特征可归纳为其所表述知识的完整性、不可再分性与可集成性。知识元的完整性与不可再分性是指知识元是独立的、具有完备知识表达和利用的最小粒度的语义知识单元，是知识元细粒度、原子性本质特征的体现。知识元的可集成性是指通过知识元属性或知识元之间的关联关系可以实现知识元之间的链接、聚合，从而形成具有一定知识拓扑结构的更高层级、更粗粒度的知识单元④。

3.1.2 基于知识元的知识组织机理

从知识元的定义可知，知识元是知识最为基本的成分组成和控制单元。以知识元为基础，通过对知识元以及其关联语义信息的挖掘与抽取，可以实现领域知识完整、系统、多粒度层级的有效揭示、组织与集成。按照知识元的集成粒度从细到粗，可将自然界的领域知识系统抽象为知识元、知识单元、知识结构与知识空间等 4 个层次，随着聚合层次的提升，知识抽象程度逐步提升、粒

① 戎军涛．学术文献内容知识元语义描述模型研究［J］．情报科学，2019，37（7）：30-35.

② 温有奎，徐国华．知识元链接理论［J］．情报学报，2003，22（6）：665-670.

③ 吴林静，刘清堂，黄景修，等．面向 e-Learning 的概念知识元表征模型研究［J］．电化教育研究，2015，36（4）：44-49.

④ 毕崇武，王忠义，宋红文．基于知识元的数字图书馆多粒度集成知识服务研究［J］．图书情报工作，2017，61（4）：115-122.

度变粗、知识的系统性更强，最终向领域知识用户提供了一个多粒度、立体集成、多分面内容（由知识单元的类型差异决定）的领域知识地图。例如非遗行为知识元“厂丝”“络丝”“成绞”“摇纡”“织造”通过相互关联、链接关系共同构成知识单元“宋锦织造技艺”。知识单元“宋锦织造技艺”、“宋锦艺术”和“宋锦起源与历史”构成了“宋锦”这一知识结构，不同非遗项目的知识结构共同聚合组成了非遗知识空间。基于知识元的知识集成的层次结构如图 3-1 所示。

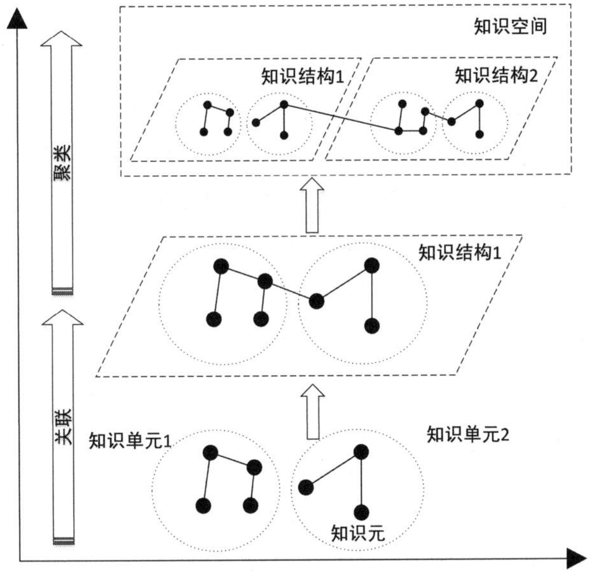

图 3-1 基于知识元的知识集成的层次结构

基于知识元的属性特征，可将非遗知识空间具体化为由非遗领域知识元依据其多元关联关系所形成的知识元聚合网络，根据知识元内部的知识分面属性结构关联不同的知识片段构成知识元实例，实现基于知识元单元粒度的分面知识聚合。基于知识元间的语义关联关系实现知识元的链接与集成，形成粒度不同、知识抽象程度不同、可复用程度不同的知识单元，从而实现面向不同需求层次知识的有效组织、集成与传递，最终完成由不同粒度、多分面知识内容所形成的非遗知识空间的绘制。

基于知识元的知识组织实现了对最小粒度知识的识别、著录与关联组织，实现了领域知识网络的构建，该知识网络在宏观上具有系统性、共享性和稳定性，在微观上具有单元性、多元性和可扩展性，同时整个知识网络还具有丰富的语义关联信息[①]。知识、知识的应用场景、知识载体、知识关联被有机融合在基于知识元的领域知识组织系统之中，有效实现了领域知识的完整揭示、规范著录与语义组织。

3.2 知识元的分类与语义描述模型

3.2.1 知识元的分类

不同领域、不同类别的知识元具有多元化的领域知识结构、属性特征和功能用途，基于知识元的差异性对其进行分类管理是提高知识元组织和利用效率的一种有效方法，但目前对知识元的类别划分还没有达成一致性规约。不同学者基于不同的学科领域与研究视角进行了知识元的分类体系构建研究，温有奎[②]、赵蓉英[③]等基于认知心理学理论将知识元分为描述型知识元与过程型知识元，秦春秀[④]等学者根据知识元的内容将其划分为概念型知识元、数值型知识元、事实型知识元等类型，索传军、盖双双[⑤]根据知识元在领域中的功能用途的不同将其划分为主题知识元、问题知识元、背景知识元等类型。基于学者们对领域知识元的划分依据和研究视角，笔者将领域知识元的分类体系概括为3种不同的类别划分方法，如表3-1所见。

表3-1 知识元的分类方法

方法	具体类别
基于知识形态的划分	陈述型知识元、程序型知识元
基于知识内容的划分	方法型知识元、概念型知识元、事实型知识元、数值型知识元
基于知识功能的划分	主题知识元、背景知识元、问题知识元、理论知识元、领域知识元

① Jordan M, Adam J S. The knowledge construction network of engagement research: Examining scholars' star collaborators, embeddedness, and influence [J]. Public Relations Review, 2020, 46 (3).

② 温有奎，温浩，徐端颐，等. 基于知识元的文本知识标引 [J]. 情报学报，2006，25(3):282-288.

③ 赵蓉英，张心源. 基于知识元抽取的中文智库成果描述规则研究 [J]. 图书与情报，2017 (1)：119-127.

④ 秦春秀，刘杰，刘怀亮，等. 基于知识元的科技文本内容描述框架研究 [J]. 图书情报工作，2017，61 (10)：116-124.

⑤ 索传军，盖双双. 知识元的内涵、结构与描述模型研究 [J]. 中国图书馆学报，2018，44(4)：54-72.

领域知识元的分类方法可划分为基于知识形态的划分方法，基于知识内容的划分方法与基于知识功能的划分方法等 3 种具体的分类方法。根据知识元所表征知识内容在表现形式与形态上的差异性，可将其划分为陈述型知识元与程序型知识元，前者属于静态知识的范畴，是对某一客观世界中现实的概念、事实、方法、实物类知识内容的陈述，没有包含演变、发展、转化等动态过程性知识内涵。后者为动态知识的范畴，知识内容包含了知识的流变、转化等动态过程性内容，程序型知识元通常是在利用、关联静态的陈述型知识元的基础上得以产生和实现的，具有流变性与动态性。

根据知识元所表征的具体知识内容的不同可将其划分为方法型知识元、概念型知识元、事实型知识元和数值型知识元等不同类别，在该分类体系下同一类别的知识元具有相同的知识内涵特征和属性结构，可利用同一个知识描述模型实现对同类知识元的知识著录与标引，有利于实现对领域知识的系统性建模与复用。

根据知识元所表征知识在领域知识体系中所发挥的功能的不同可将其划分为主题知识元、背景知识元、问题知识元、知识元和研究领域知识元等类别，基于功能的知识元划分方法属于对领域知识体系的功能性解构，不同类别知识元在领域知识的功能结构中虽具有相同的特征属性，但同一类目下知识元自身的本体差异性较大。

3.2.2　知识元的语义描述模型

知识元的语义结构是知识元对知识的描述方法与表现形式。作为最小粒度的可供独立使用的知识单位，知识元的语义结构直接决定了知识元所表征单元知识内容的有效性与完整性、知识元检索利用的便捷性与聚类集成的可复用性。基于不同的研究视角与研究方法，学者们对知识元的描述方法给出了不同的结构模型，可将其划分为基于词袋的知识元描述模型、基于句袋的知识元描述模型、基于属性槽结构的知识元描述模型与基于语义三元组的知识元描述模型等 4 种主流的知识元描述方法①。不同知识元描述模型的定义如表 3-2 所示。

---

① 王丽丽，于森．结论型知识元语义描述模型探析［J］．图书情报导刊，2020，5（10）：40-45.

表 3-2　知识元描述模型的定义

方法	模型定义
词袋模型	$K_e=\{w_1, w_2, \cdots, w_n\}$ 其中，K_e为知识元，w_n为术语，$n\geqslant1$
句袋模型	$K_e=\{S_1, S_2, \cdots, S_n\}$ 其中，K_e为知识元，Sn为知识元的描述句，$n\geqslant1$
属性槽结构模型	$K_e=\{A_0, R_0\}$ 其中，K_e为知识元，A_0为知识元的属性状态集，R_0为属性状态的关系、约束集合
三元组模型	$K_e=\{T_0, R_A\}$ 其中，K_e为知识元，T_0表示语义三元组的集合，R_A表示语义三元组之间的关系集合

1. 基于词袋的知识元描述模型

基于词袋模型的知识元描述是将知识元定义为由特征词所组成的词语的集合，把每个知识元看作一个装着特征词的词袋，里面装着的每个词都是对该知识元某个维度、分面知识内容进行概括性说明的标识术语。基于词袋模型的知识元挖掘可通过深度学习①、词法分析②等技术实现对表达知识元内容的特征词的识别与抽取，进而实现对知识元完整语义内容的描述。

词袋模型用术语集的形式来描述知识元的知识内容，在该词袋集合中每个词都是独立的，无须考虑词法和语序的问题。基于词袋的知识元描述模型原理简单，易于实现，但该模型忽略了知识元内部不同分面、维度知识项之间所固有的层次结构和多维关联关系，同时受限于词语在语义知识内容描述与表达上先天性的功能不足，造成词袋模型在知识元的语义著录与描述上存在较大的模糊性与不完整性，使得该模型会丢失大量的语义知识内容。

2. 基于句袋的知识元描述模型

句袋模型与词袋模型类似，将袋子中的词换成了语义描述与表达能力更强的句子。基于句袋的知识元描述模型是将知识元定义为对知识元某一分面、维

① Akshi K. Leveraging crowd knowledge to curate documentation for agile software industry using deep learning and expert ranking [J]. Multimedia Systems, 2021 (2): 1-15.

② Cho S et al. Automated analysis of lexical features in frontotemporal degeneration [J]. Cortex, 2021, 137: 215-231.

度知识进行定义、描述的句子集合。通过一系列知识内容描述、定义句的抽取、集成实现对知识元语义内容的完整揭示。基于句子簇的知识元句袋描述模型中知识元定义句的抽取可依据目标定义句的特征挖掘来实现，如句子的线性结构特征、句子成分之间的语义修饰关系特征等。石义金①等学者基于依存句法分析理论，在对目标句子中词语之间的依存关系进行定义与抽取的基础上构建句子的特征模板，实现了基于句法关系特征的知识元定义描述句的抽取。

基于句袋的知识元描述模型克服了词袋模型在知识元知识内容描述上的不足，能够深入到知识元具体的内容层面对其内涵、外延、功能、语义关系等不同分面、维度的知识内容以及知识之间的语义关系、体系结构进行系统、完整的描述与揭示。但句袋模型中句子与句子之间依然独立分布，句子簇缺乏有效的组织与导航信息，句子之间存在的前继、后续、互为补充等多元关系无法得到揭示，因此造成了知识元语义信息的丢失与信息迷航问题；同时，受句子本身的非结构化文本特征影响，该模型所描述的知识元内容冗余、噪声信息多且难以被机器理解和利用，也进一步降低了该模型的应用价值。

3. 基于属性槽的知识元描述模型

属性槽是知识元的一种结构化的表示方法，它将知识元表示成一种由若干个属性描述所组成的高度模块化的语义结构，每个属性槽由相应的属性、属性值以及约束所构成，属性槽可以根据不同学科、不同类型知识元的实际层次分布结构来设置。谢庆球②等学者根据弗洛伊德的人格结构理论将知识元的知识内容划分为本我层、自我层与超我层 3 个层次的结构体系，其中本我层作为知识元底层知识内容提供知识元的溯源类信息，自我层为知识元所蕴含知识内容的具体表达部分，主要实现对知识元内涵定义的系统性描述，超我层则提供知识元内部与外部的导航信息以实现知识内容的钻取、联动和跳转。每个层次根据其功能特点具体化为不同的属性槽的组合，最终形成了一个包含 6 个属性及其属性值的模块化知识描述结构，如表 3-3 所示。

---

① 石义金，王忠义，沈雪莹，郑鑫．基于序列模式的科技文献中知识元抽取研究［J］．情报理论与实践，2020，43（11）：144-149.

② 谢庆球，秦春秀，杨智娟，杨璐．知识元层次结构表示方法研究［J］．情报理论与实践，2017，40（4）：26-31.

表 3-3　基于层次划分的知识元的属性槽模型实例

层次	属性	属性描述	属性约束
本我层	编号	知识元标识	阿拉伯数字唯一标识
	来源	出处信息	具体的来源文献信息
自我层	特征词	描述信息的主题词表示	描述信息的集中概况，主题词表示
	内容	具体知识内容的句子表达	所需表达的知识信息，主题句表示
超我层	内导航	知识元内部上下文信息	知识元内部的上下文信息
	外导航	知识元间的关联信息	知识元间所存在的关联关系

属性槽结构灵活、可定制，能够根据知识元的固有知识体系和知识结构进行所对应属性结构的设计，以此实现对知识元多元内容的系统性著录。该结构还可根据知识元不同分面知识内容的特征差异设计个性化的属性著录规则与约束，使其对不同类型知识元都具有良好的知识描述能力，具有较强的普适性与可扩展性，其模块化的设计也易于对其进行结构化处理以利于机器理解和使用。

基于属性槽结果的知识元描述模型已经成为非遗知识元描述的主流方法，但属性槽结构侧重于对个体知识元知识内涵的完整揭示与描述，对知识元之间多元复杂的语义关联关系的描述则存在着明显的缺陷，难以通过该模型实现对复杂多元的知识元语义关联网络结构的描述与表达。

4. 三元组模型

资源描述框架 RDF（resource description framework）是 W3C 提出的一种基于 XML 语法的半结构化数据模型，主要用于描述和表达复杂的 Web 资源。在 RDF 中所有被描述的东西被称为资源并以统一资源标识 URI（uniform resource identifiers）来唯一标识，将资源作为数据模型中的主语（subject），将主语的属性称为谓词（predicate），主语的属性值即为宾语（object）①。RDF 中每条陈述即为主题某一分面、维度知识的描述，以三元组的形式进行表达，形式化为（S，P，O）。三元组模型就是利用 RDF 语言所采用的“S-P-O”形式的语义三元组来进行对象知识元内容描述的一种方法。

① 伍伟鑫．支持查询的大规模 RDF 数据压缩方法研究［D］．南京：南京邮电大学，2020.

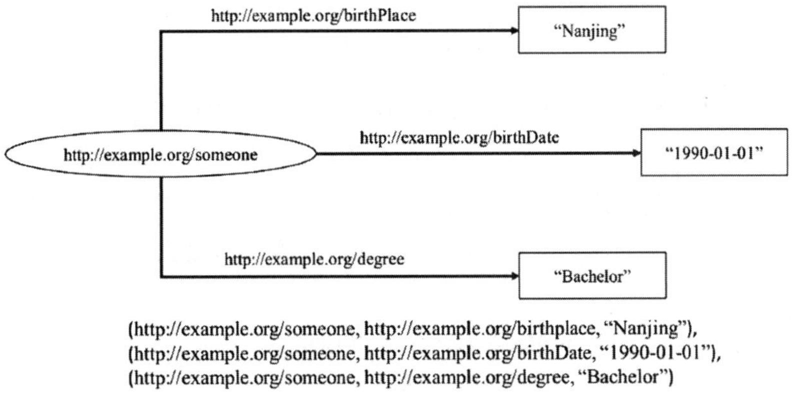

图 3-2　RDF 资源描述模型示例

如图 3-2 所示，对人物资源 someone 的不同分面知识的描述产生了 3 条（S，P，O）形式的语义关系三元组：〈someone，birthplace，"Nanjing"〉〈some，birthdates，"1990-01-01"〉〈someone，degree，"Bachelor"〉，3 条三元组陈述分别对人物资源的出生地、出生日期、学位等相关知识内容进行了语义形式化描述。RDF 三元组模型中主语是被描述的资源，谓语用来描述资源的某个特定方面，宾语是特定方面的取值，可以是资源对象也可以是某一常量[①]。

知识元的三元组模型将知识元形式化表示为一个语义关系三元组或者多个相互关联的语义关系三元组集[②]。知识元三元组结构的表达实例如表 3-4 所示。

表 3-4　知识元的语义三元组描述模型实例

知识元	结构				三元组数量	三元组关系
	三元组	主语	谓语	宾语		
摆手堂是跳摆手舞的场所	T1	摆手堂	是	跳摆手舞的场所	1	
来凤县是摆手舞的发源地，位于湖北省恩施州境内	T1	来凤县	是	摆手舞的发源地	2	T1 与 T2 为并列关系
	T2	来凤县	位于	湖北省恩施州境内		

基于语义三元组的知识元组织方法，具有结构简单、冗余噪声信息少、对

① Ali A，Hamid M，Wajdi D. Data linking over RDF knowledge graphs：A surve［J］. Concurrency and Computation：Practice and Experience，2020，32（19）.

② 索传军，盖双双．知识元的内涵、结构与描述模型研究［J］．中国图书馆学报，2018，44（4）：54-72.

知识元间多元关联关系语义描述能力强、易于机器理解与处理等优势，但在对知识元知识内容描述的完整性、系统性方面仍然存在缺陷。

综上所述，现有的知识元主流描述模型能够在不同程度上实现对知识元语义知识内涵的揭示与表达，每个模型都有其自身的优势和不足。在不同的应用领域，需要根据其具体的任务需求选择最为适合的知识元描述方法或在以上方法的基础上进行适度优化与变革，实现特定领域知识元语义描述模型的构建。

3.3 非遗领域知识本体模型的构建

知识元提供了一种科学、高效的知识资源描述机制与知识组织模型，可以显性表征各类知识资源，实现资源的细粒度揭示与组织。但知识元在领域知识的语义表达能力上还存在着不足之处，首先是在语义表达的一致性方面还存在着缺陷，知识元描述模型定义了知识描述的粒度、机制与方法，但在领域知识表达的语义一致性方面却没有提供有效的约定与界定机制。不同的人可以从不同的角度，基于不同的理解利用知识元描述机制标注相同的领域资源，无疑就会造成资源对象描述的混乱与无序；其次是知识元描述框架的知识描述能力还有待加强，在对非遗领域知识元之间复杂关系的定义、识别与标注上还存在着缺陷，这也会增加知识元组织与聚合的不确定性。因此知识元需要一套有效的领域知识语义申明与约束机制来共同完成对领域知识资源的规范性、一致性、系统性定义。

3.3.1 本体的定义与结构模型

1991 年，Neches 给出了本体的基本定义："构成相关领域词汇的基本术语和关系，以及利用这些术语和关系构成的规定这些词汇外延的规则"。这个简明的定义给出了本体的组成部分（术语、术语间的关系以及组合规则）并提出了建立本体的基本原理：首先是确立出基本的术语以及术语间的关系，然后是制定出准许他们相互组合的规则，最后是确定术语和关系的定义。在知识共享的背景下，Studer 在综合前人研究的基础上提出了本体最为被大众所普遍接受的定义："本体是共享概念模型的明确的形式化规范说明"，其中概念模型（conceptualization）是指通过抽象出客观世界中一些现象的相关概念的抽象模型，可表达为一组概念（如实体、属性、过程）、定义和关系；明确（explicit）

是指概念及其之间的关系都被明确定义，不能有二义性；形式化（formal）指本体不仅能被人理解，还必须要能被计算机所理解；共享（share）是指本体中所体现的是共同认可的知识，反映的是相关领域中公认的概念集，是被所有使用者所共同认可的。

由本体的定义可以看出，本体通过规范领域内一致认可的术语词汇并给出这些词汇间关系的明确声明，实现对领域内知识的规范性约束与共享的目标。在本体所提供的领域知识的共同理解的基础之上开展资源的标引、关联、组织工作，实现资源基于共同理解的有机整合，并在此基础上实现基于语义的知识推理与发现。

本体是在领域概念层次分类的基础上，加入关系、公理、规则来表达、规范概念之间的关系，约束概念的内涵解释。Perez 等人归纳了一个完整的本体应该包含的 5 个基本元素的建模元语，该本体模型包括类/概念、属性、关系、函数、公理、实例等 6 个基本要素，如图 3-3 所示。

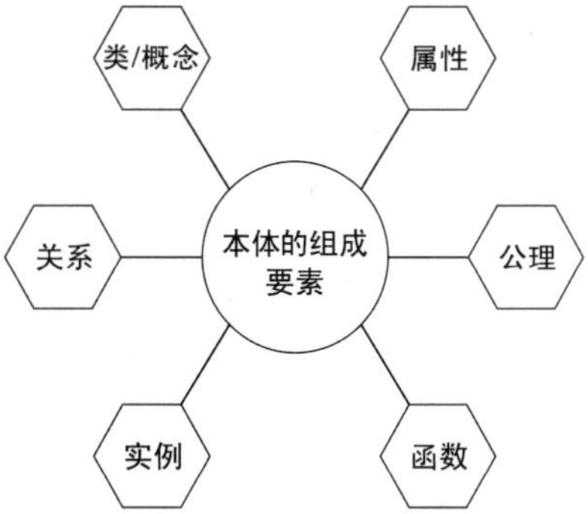

图 3-3　本体的要素结构模型

1. 类（classes）或概念（concepts）

类，是对象的集合；概念是广义的概念，一般构成可继承的分类层次结构，可以指某一个具体的知识单元、实物类型、方法流程、行为动作等。在本体模型中可认为类与概念等价。

2. 关系（relations）

关系是领域中概念之间的交互作用。概念间的关系具有多样性，如表达概念之间部分与整体关系的 part-of 关系和表达概念之间继承关系的 kind-of 关系，表达概念与实例的 instance-of 关系和表达概念与属性的 attribute-of 关系。

可以根据特定领域的具体情况定义相应的关系以满足应用的实际需要。

3. 函数（functions）

函数是一种特殊的关系，关系的前 $n-1$ 个元素可以唯一确定第 n 个元素。一般地，函数采用“F：$C_1 \times C_2 \times \cdots \times C_{n-1} \rightarrow C_n$”的形式表示，如 MotherOf 就是一个函数，MotherOf（x，y）表示 y 是 x 的母亲，即 x 确定 y。

4. 公理（axioms）

公理是一些永真式的描述，如概念乙属于概念甲的范围、概念甲的某一关联对象为概念丙等。公理一般用来描述类之间的关系或属性的定义域、值域以及属性之间的关系等①，包括属性公理（property axiom）、类公理（class axiom）和限制（restriction）。

5. 实例（instances）

实例指的是属于某概念/类的具体实体对象，而概念表示的则是对象的集合。实例的定义一般包括实例标识、实例的语义描述信息、实例间的关系等。

6. 属性（property）

属性是指领域概念具备的特征与性质或者与之相关的参数，用于描述实体对象及其关联。本体的属性分为数值型属性、对象型属性、注释型属性 3 类，用于对概念进行描述、注释并建立起本体概念间的关联关系。

根据本体构成要素的结构分析可知，函数也是一种特殊的关系，同时可通过概念或类的属性定义域、值域的定义实现关系的定义。针对非物质文化遗产知识元的知识结构、分布及其关系特征，我们将非遗领域知识本体模型简化为一个四元组模型，由类（class）、属性（property）、公理（axiom）和个体（individual）组成，其结构描述模型如式（3-1）所示。

$$O_{ICH} = \langle C, P, A, I \rangle \tag{3-1}$$

式中，O_{ICH} 表示非遗领域知识本体，C 表示非遗领域本体中类/概念的集合，P 表示非遗本体中类和概念属性的集合，A 表示非遗本体中公理的集合，包括类和概念间的层次结构、属性的定义域或值域的界定与约束以及一些为真的推理规则等，I 表示非遗本体中个体的集合。

① 汪沛．基于本体的领域知识元构建研究［D］．武汉：华中师范大学，2014.

3.3.2　本体与知识元的融合机理

领域本体与知识元是不同层级、具有不同形式特点与内容侧重的两种领域知识的形式化表达方法，但两种方法并不是完全独立的，而是有着十分紧密的关联关系。二者组织对象与模型结构上的一致性、语义功能上的互补性为领域本体与知识元的深度融合提供了坚实的基础。通过领域本体与知识元的融合，可有效解决基于知识元的领域知识组织系统在语义完整性与一致性、系统功能性上的不足，为基于知识元的领域知识组织提供语义支持与一致性规约保障。

领域本体与知识元在知识组织对象上具有一致性。领域本体是对领域概念模型的明确的形式化规范说明，其描述的内容是该特定领域内概念以及概念之间的关系。知识元是领域不可切分的最小单元知识内容，是知识表达、存取、组织、检索和利用的最小的独立知识单位，基于知识元的领域知识组织的核心工作是知识元以及知识元之间的语义关系的识别与抽取。而领域知识元与领域概念都是细粒度领域知识的不同抽象表达形式，其知识组织对象具有本质上的一致性，都是细粒度的领域单元知识。可将领域概念看作是最小粒度的知识元或者由多个最小粒度知识元所关联链接形成的复合知识结构，也可将知识元理解为领域概念的具体的表达形态，二者在知识组织的粒度与对象上具有一致性，可互相转化。

领域本体与知识元在对领域知识组织的方法上具有一致性。领域本体与知识元都是基于关系与属性实现对细粒度领域知识结构的揭示与组织。本体知识结构中关系、属性、函数、公理其实质都是对不同粒度知识单元之间关联关系的描述与揭示，通过不同粒度知识间的多元语义关联关系实现目标知识领域的概念关联结构体系构建。而知识元的属性槽模型、三元组模型中尽管所描述的知识分面元素不同，但其均可归类为对知识内容、属性和关系的描述，通过对知识元多元关系的揭示实现领域知识的建模。因此，领域本体与知识元在基于关系的领域知识组织方法上具有一致性。

领域本体与知识元在领域知识组织的模型构建上具有互补性。知识元描述模型定义了不同领域知识描述的粒度、方法与模型，但在领域知识以及领域知识之间丰富的语义逻辑关系的规范性表达方面缺乏有效性，没有对其提供有效的约定与相关界定机制。本体系统性、规范性地给出了领域内知识分布结构以及知识之间的语义关系，却无法实现跨学科领域间知识结构的整体性、一致性表达，不利于知识的表示、共享及交换①。而将领域本体与知识元进行融合，构建起二者融合的面向本体的领域知识元模型，可有效解决知识元在领域知识语义描述的一致性、系统性与规范性上的缺陷，同时可实现对多领域知识结构的一致性与单元性表达，为知识的共享、交换与利用提供机制保障。

基于领域本体与知识元的知识组织体系在组织对象、组织方法、模型构建上具有一致性，在知识组织的功能上具有互补性，基于以上分析，笔者提出基于知识元与本体融合的领域知识组织架构，如图 3-4 所示。

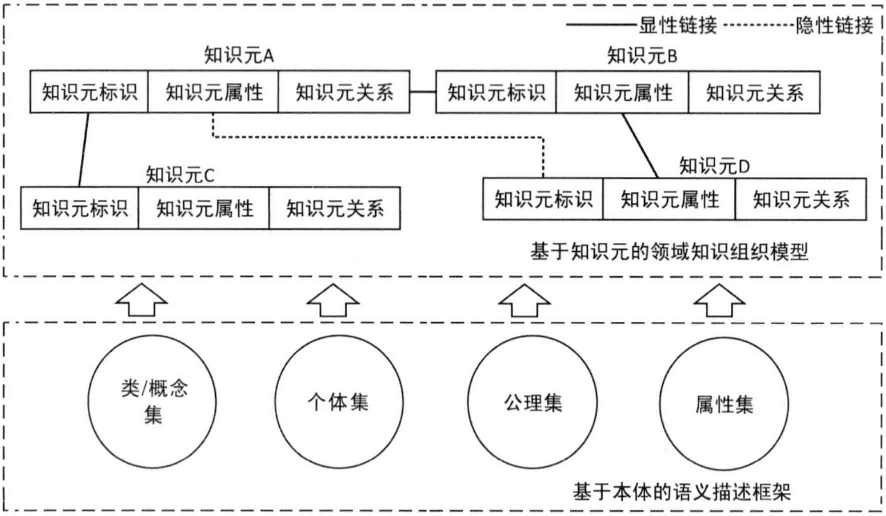

图 3-4　领域本体与知识元融合的领域知识组织框架

本体以类/概念、属性、公理、个体四元组形式系统性地描述了领域知识的内涵和外延、结构分面以及关联关系。通过在本体类的概念集、个体集、公理集以及属性集与知识元结构模型中的知识元标识、知识元属性以及知识元关系之间建立直接或间接的关联映射关系，实现领域本体为知识元模型提供领域知识的一致性语义界定与规范性语义约束的目标，通过本体与知识元的融合实现对领域知识的形式化规范性描述。

3.3.3　非遗领域本体构建的原则及方法

本体的本质是通过类、属性、公理的定义与约束实现对领域知识的规范

① 秦春秀，杨智娟，赵捧未，刘杰．面向科技文献知识表示的知识元本体模型［J］．图书情报工作，2018，62（3）：94-103.

性、一致性表达。本体作为语义网层级模型的关键层，其设计与构建是一个系统性的工程。为保证本体模型的规范性与科学性，在对非遗领域本体设计时要全面考虑非遗知识的固有特征，同时还需要具有良好的可扩展性与灵活性，非遗领域本体设计需要遵循的原则和方法可归纳如下：

1. 非遗领域本体构建的基本原则

构造本体的主要任务就是定义领域概念、概念间的相互关系及其所具备的公理，本体的构建需满足以下基本原则：

（1）明确性和客观性原则。本体必须规范、准确地声明所定义的领域知识对象的知识内涵，定义应该是客观无歧义的。

（2）完整性原则。本体所给出的定义应该是完整的，能够完整地表达出领域概念对象的所有含义。

（3）一致性原则。本体应该是前后一致不矛盾的。假如从一组公理中推导出的结论与本体的定义或者实例矛盾，那么这个本体是不一致的。

（4）可扩展性原则。本体的可扩展性是指本体支持在已有概念体系的基础上定义新的术语以满足不同场景的个性化需求。本体构建者能够在已经存在的本体词汇基础上进行扩展，通过增加新的术语实现本体的扩展与更新。

（5）最小约束原则。本体限定约束条件应该最小，只要提供能够满足最低的领域知识一致性共享需求的公理及词汇即可。本体的使用者可在此基础之上按照他们的具体需要去扩展和实例化这个本体，最大程度提升本体的共享性和可复用性。

2. 非遗本体构建的基本方法

较典型的本体构建方法有 IDEF5 法、骨架法、TOVE 法、七步法等[①]。其中，七步法因其构建方法科学、领域普适性强、可操作性好而得到了最为广泛的认可和实际应用[②]。七步法将本体构建划分为确定本体领域、复用现有本体、列出重要术语、定义类和等级、定义类属性、定义属性分面和创建实例等步骤。

将本体作为非遗领域知识语义一致性、规范性的约束机制，突出本体的领

---

① 岳丽欣，刘文云. 国内外领域本体构建方法的比较研究［J］. 情报理论与实践，2016，39（8）：119-125.

② 侯西龙. 非物质文化遗产视频资源语义组织研究［D］. 武汉：华中师范大学，2018.

域知识语义建模功能，本体的实例构建将基于本体与知识元融合理论通过机器自动抽取的方式构建。因此，笔者在七步法的基础上将非遗领域本体构建划分为需求分析与数据准备、定义本体类及结构、定义关系与属性、定义规则与公理、创建实例等5个核心步骤，如图3-5所示。其中需求分析主要是指领域知识的要素分析与相关本体的分析，创建实例包含本体类实例的挖掘与存储以及语义形式化表达，这也是本书的重点研究内容。

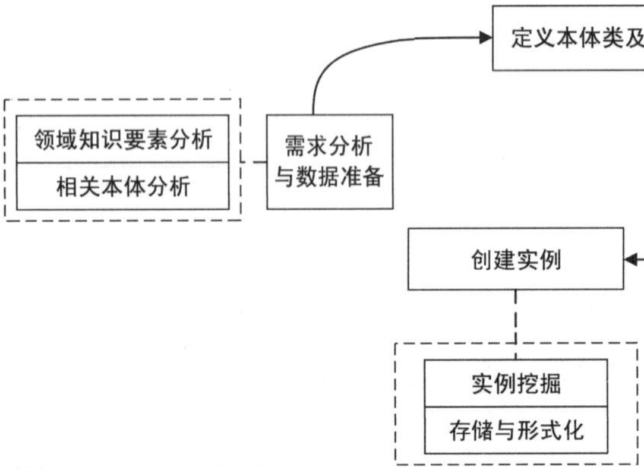

图 3-5　领域本体的构建方法

3.3.4　非遗领域本体模型的构建

1. 复用的相关本体模型

要实现非遗本体模型的科学构建就需要在充分学习、借鉴、复用国内外现有成熟的本体模型的基础上进行适度扩展与创新，才能使非遗本体模型达到领域知识语义规范性、一致性与可复用性的最优。

国际文献工作委员会所发布的CIDOC-CRM（conceptual reference model）本体模型经过20多年的开发和维护已经成为当前在国际文化遗产领域应用最为广泛的标准本体，并已被认定为正式的ISO国际标准，标准号为ISO 21127：2014。在2023年发布的CIDOC-CRM VERSION 7.2.3版本中定义了81个文化遗产领域的实体概念类和159个类属性，涵盖了文化遗产的时间跨度信息、分类学信息、主题描述信息、时空关系信息、复制权及版权信息、采集信息、计划使用信息、所有人信息等34类著录信息。CIDOC-CRM本体中所有概念类均以E开头，如E1 CRM Entity（实体）、E5 Event（时间）、E7 Activity（行为）。类属性以 P 开头，如 P1 is identified by（标识）、P2 is type of（类型）、P3 has note（描述），本体通过类属性实现对概念类的知识多元内涵以及类之间关联关系的定义。CIDOC-CRM 核心概念类及其属性关系如图 3-6 所示：

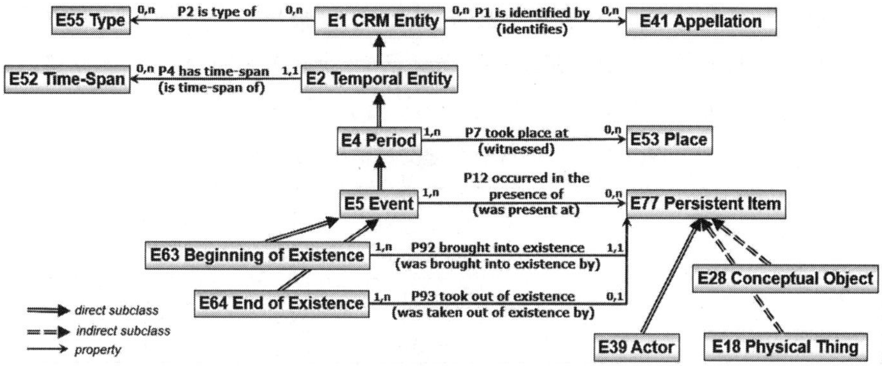

图 3-6　CIDOC-CRM 核心概念、类及其属性关系

FOAF 本体是描述人物、人物关系和人物信息的语义 Web 本体，是一种 XML/RDF 词汇表，该本体提供了对人物个人信息、机构信息、人物社交网络关系的规范化语义描述与组织，通过本体的概念类和属性的定义为人物、团体、机构的语义知识描述提供了一套标准化的专有词汇。FOAF 词汇表以 "foaf:" 为前缀，主要分为 "FOAF 类（Class）" 和 "FOAF 属性（Property）" 两种类型。FOAF 类用以定义某一具体事物，如 "foaf：Organization" "foaf：Agent" 分别用于标识一个组织机构和一个人物类型；FOAF 属性则用来定义 FOAF 类的具体知识内容描述或 FOAF 类之间的语义关联关系。在 FOAF 的最新版本中[①]共包含 13 个核心类和 55 个核心属性，其核心类与属性明细如图 3-7 所示。

Classes: | Agent | Document | Group | Image | LabelProperty | OnlineAccount | OnlineChatAccount | OnlineEcommerceAccount | OnlineGamingAccount | Organization | Person | PersonalProfileDocument | Project |

Properties: | account | accountName | accountServiceHomepage | age | aimChatID | based_near | birthday | currentProject | depiction | depicts | dnaChecksum | familyName | family_name | firstName | focus | fundedBy | geekcode | gender | givenName | givenname | holdsAccount | homepage | icqChatID | img | interest | isPrimaryTopicOf | jabberID | knows | lastName | logo | made | maker | mbox | mbox_sha1sum | member | membershipClass | msnChatID | myersBriggs | name | nick | openid | page | pastProject | phone | plan | primaryTopic | publications | schoolHomepage | sha1 | skypeID | status | surname | theme | thumbnail | tipjar | title | topic | topic_interest | weblog | workInfoHomepage | workplaceHomepage | yahooChatID |

图 3-7　foaf 本体核心类及属性

① FOAF vocabulary specification 0.99［EB/OL］. http：//xmlns.com/foaf/spec/.

SKOS本体[①]是W3C推出的简单知识组织系统，用于对辞典、分类系统、主题词系统或其他任何类型的结构化受控词表的语义规范化表示。SKOS在RDF语义描述框架基础之上，通过对领域概念及语义关系以机器可理解的方式进行语义形式化建模，为领域知识的著录和共享提供了一套简单、有效的知识描述与发布机制[②]。目前，SKOS共定义了32个类和属性名称，部分核心类及属性如表3-5所示。

表3-5 SKOS本体所定义的核心类及属性

概念类	skos：concept	概念
	skos：collection	概念集
概念属性	skos：altlabel	概念名称
	skos：broader	上位概念
	skos：definition	概念定义
	skos：narrower	下位概念
	skos：related	关联概念

2. 非遗本体类结构的定义

笔者在对非遗知识要素进行分析的基础上，复用CIDOC-CRM本体中的E5 Event、E7 Activity、E18 Physical Thing、E21 Person、E28 Conceptual Object、E31 Document、E52 Time-span、E53 Place等8个核心类，并扩展自定义非遗项目类ICH-project以描述各类非遗项目的管理类元数据知识。最终所构建的非遗本体由人物（Person）、实物（Physical Thing）、概念（Conceptual Object）、事件（Event）、行为/活动（Activity）、时段（Time-span）、空间（Space）、文献（Document）以及非遗项目（ICH-project）等9个类所组成，各本体类之间通过多元化的语义关联关系形成一个以类实例为单元节点、语义关联关系为链接纽带的非遗知识网络。非遗领域本体的概念类结构如图3-8所示。

① W3C. SKOS simple knowledge organization system［EB/OL］. https：//www. w3. org/2004/02/skos/.

② 石泽顺，肖明．基于网络叙词表的图情学科SKOS构建与可视化研究［J］．情报学报，2018，37（3）：274-284.

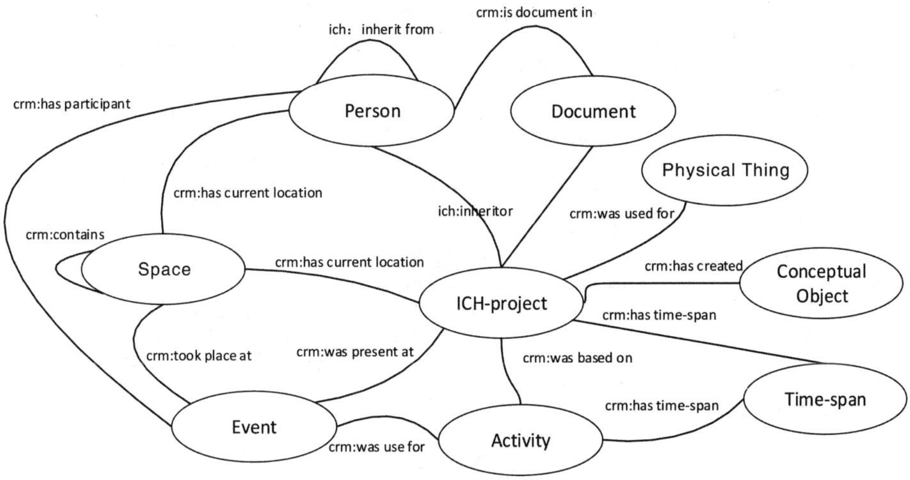

图 3-8　非遗领域本体框架图

如图 3-8 所示，非遗本体类实例之间通过多元语义关系而相互关联、链接，非遗本体类实例之间的语义关联聚合关系由本体类属性所定义。图中命名空间为 crm 前缀的类属性为 CIDOC-CRM 本体所定义的类属性，命名空间为 ich 前缀的类属性为本书所扩展定义的类属性。

3. 非遗本体属性的定义

非遗本体类属性是对不同非遗本体类的分面知识项以及实例之间语义关系的约束性界定，包括非遗类的属性分布结构以及其定义域与值域的约束性定义。

本体中的类属性可划分为对象属性与数据属性两种类别。对象属性是将个体与个体进行关联，其值域为具体的本体类实例；数据属性则是将个体与某一种数据类型的数值相关联，是对概念类分面知识的具体著录。笔者在借鉴 CIDOC-CRM、foaf、SKOS 本体属性定义的基础上复用 Dublin Core 相关元数据字段，进行非遗本体类的属性结构的设计。

（1）ICH-project（非遗项目）

ICH-project 类是非遗项目在本体知识构建层面的抽象表达，包括项目名称、项目类型、申报时间等内容，同时还需要通过对象属性定义非遗项目类与人物类、实物类等其他非遗本体类之间的语义关联关系。ICH-projet 类的核心属性如表 3-6 所示：

表 3-6　ICH-project 类属性定义

属性类型	属性名	值域	属性说明
数据属性	dct：identifier	string	唯一标识符
	dct：title	string	项目名称
	dct：abstract	string	项目简介
	dct：type	string	项目类型
	ich：level	string	项目级别
	ich：application areas	string	申报地区
	ich：protection agency	string	保护机构
	dct：data accepted	String	入选日期
对象属性	ich：has inheritor	E21 person	非遗传承人
	P11 had participant	E21 person	非遗关联人物
	P19 was intended use of	E18 Physical Thing	非遗利用的材料、工具
	P108 has produced	E18 Physical Thing	非遗产出的物质成果
	P70 is documented in	E31 Document	非遗载体文献
	P53 has former or current location	E53 Place	非遗流传的区域
	P4 has time-span	E52 Time-span	非遗关联时期
	P12 was present at	E5 Event	非遗关联事件
	P16 was used for	E7 Activity	非遗项目关联的行为
	P128 carries	E28 Conceptual Object	非遗项目蕴含概念知识内容
	ich：content-related	ICH-project	非遗项目之间的内容关联
	ich：people-related	ICH-project	非遗项目之间的人物关联
	ich：physical thing related	ICH-project	非遗项目之间的实物关联
	ich：place-related	ICH-project	非遗项目之间的空间关联
	ich：ich-related	ICH-project	非遗项目之间的相关关联

（2）Person（人物）

Person 类包括非遗相关的传承人以及在非遗项目起源、发展、保护和研究过程中产生过重要作用和影响的人物类知识。Person 类的核心属性定义如表 3-7 所示：

表 3-7　Person 类属性定义

属性类型	属性名	值域	属性说明
数据属性	dct：identifier	string	唯一标识符
	foaf：name	string	人物姓名
	foaf：gender	string	人物性别
	foaf：birthday	string	人物出生日期
	dct：description	string	人物介绍
对象属性	P152 has parent	E21 Person	父子、母子
	ich：inheritor	E21 Person	非遗传承人
	P11 participated in	E21 Event	人物参与事件
	P14 performed	E7 Activity	人物主导的行为、活动
	P94 has created	E18 Physical Thing	人物制造物质产品
	dct：creator	E31 Document	文献的人物作者
	P70 has current or former residence	E53 Place	人物出生、生活过的地区
	P129 is about	E28 Conceptual Oject	概念所关联的人物

（3）Conceptual Object（概念）

Conceptual Object 类是非物质形态的非遗知识内容的抽象表达，是非遗最为独特和珍贵的价值所在，包括了非遗所蕴含的各类技艺、技巧、工艺流程以及非遗所表达的、蕴含的各类知识内涵的概念化显性表达和著录。Conceptual Object 类的核心属性定义如表 3-8 所示。

表 3-8　Conceptual Object 类属性定义

属性类型	属性名	值域	属性说明
数据属性	dct：identifier	string	唯一标识符
	skos：prelabel	string	概念名称
	skos：defination	string	概念内容
对象属性	skos：related	E28 Conceptual Object	概念之间的关联关系
	skos：broader	E28 Conceptual Object	概念的上位概念
	skos：narrower	E28 Conceptual Object	概念的下位概念
	P106 is composed of	E28 Conceptual Object	概念之间的组分关系
	P70 is documented in	E31 Document	概念的文献出处

（4）Physical Thing（实物）

实物是非遗物质性的集中体现，是指在非遗表演、实施过程中所需使用的工具、材料、道具等物质类实体以及非遗所产出的各类物质成果，其核心类属性的定义如表 3-9 所示。

表 3-9　Physical Thing 类属性定义

属性类型	属性名	值域	属性说明
数据属性	dct：identifier	string	唯一标识符
	skos：prelabel	string	实物名称
	P3 has note	string	实物描述
对象属性	P19 was intended use of	E7 Activity	被行为、活动利用
	P51 has created	E21 Person	实物的制作者
	P53 has former or current location	E53 Place	实物的空间出处
	P128 carries	E28 Conceptual Object	实物蕴含的概念知识

（5）Activity（行为/活动）

非遗是一种活态的文化形式，其实施过程离不开人的参与，需要依附于人的具体行为、活动来表现。Activity 类是对个人或群体在非遗相关活动中以人物肢体为实施主体所开展的具体动作、行为的描述。Activity 类是非遗活态文化形式的记录载体，是在非遗实施过程中传承人及其参与者具体活态行为类知识的著录与描述。Activity 类的核心属性定义如表 3-10 所示。

表 3-10　Activity 类属性定义

属性类型	属性名	值域	属性说明
数据属性	dct：identifier	string	唯一标识符
	skos：prelabel	string	行为的具体名称
	P3 has note	string	行为过程的具体描述
对象属性	P16 used specific object	E18 Physical Thing	行为过程中利用的物质实体
	P14 carried out by	E21 Person	行为、活动的实施者
	P134 continued	E7 Activity	行为之间的接续关系
	P15 was influenced by	E28 Conceptual Object	影响行为的概念知识

（6）Event（事件）

在本体研究领域，事件可定义为在某个特定时空环境下所发生的、具有一定影响的社会领域或自然界所发生的重要变化与演化过程①。非遗事件包含的范围较广，从宏观的非遗相关历史事件、对非遗形成与发展产生重要作用的关键事件，到微观的某项具体的仪式活动、表演实践等。Event 类的核心属性定义如表 3-11 所示。

表 3-11　Event 类属性定义

属性类型	属性名	值域	属性说明
数据属性	dct：identifier	string	唯一标识符
	skos：prelabel	string	事件的名称
	P3 has note	string	事件的过程描述
对象属性	P11 had participant	E21 Person	事件的参与者
	P20 was purpose of	E7 Activity	事件产生的行为、活动
	P4 has time-span	E52 Time-span	事件关联时间
	P7 took place at	E53 Place	时间关联地点

（7）Document（文献）

非遗作为活态、非物质特征的文化形态，记录非遗的文献载体对非遗的研究保护、传播、传承具有十分重要的作用和价值。通过文献记录可以使活态、隐性的非遗知识得以显性表达与记录。通过记录非遗知识的文献的传递与传播实现非遗的有效保护、传承并推动大量新的非遗知识的发现。随着社会的发展，非遗所依附的传统文化生态空间被不断侵蚀，大量非遗项目濒临消亡，非遗文献对非遗研究、保护与传承工作的重要作用与价值也日益凸现。Document 类是非遗文献的著录载体，其核心属性定义如表 3-12 所示。

表 3-12　Document 类属性定义

属性类型	属性名	值域	属性说明
数据属性	dct：identifier	string	唯一标识符
	dct：title	string	文献标题
	dct：creator	string	文献作者
	dct：description	string	文献描述

① 侯西龙．非物质文化遗产视频资源语义组织研究［D］．武汉：华中师范大学，2018.

（8）Space（空间）

非遗与其所流传、分布的物理空间具有紧密的关联关系，地理空间环境所特有的地容地貌、民风民俗、当地的民族语言、民族文化和当地特有的历史流变过程孵化了各类具有鲜明地方特色的非遗项目。在非遗本体模型中定义Space类著录对非遗产生、发展产生了重要孵化、推动作用的地理空间信息。Space类的核心属性定义如表3-13所示。

表3-13　Space类属性定义

属性类型	属性名	值域	属性说明
数据属性	dct：identifier	string	唯一标识符
	skos：prelabel	string	地理空间名称
	P3 has note	string	地理空间的描述
对象属性	P10 falls within	E53 Space	空间的包含关系

（9）Time-span（时段）

时段类用于著录与非遗项目类及其他类实例之间有着紧密关系的时段类知识，如项目的申报时间、事件的发生时间等。时段类的核心属性定义如表3-14所示。

表3-14　Time-span类属性定义

属性类型	属性名	值域	属性说明
数据属性	dct：identifier	string	唯一标识符
	skos：prelabel	string	时间名称，如元、明、清
	P79 beginning is qualified by	string	起始时间
	P80 end is qualified by	string	结束时间
对象属性	P86 falls within	E52 Time-span	时间的包含关系

4．本体公理的定义

公理是本体的基本组成部分。通过对本体公理的定义可实现基于本体的领域知识推理与知识发现，本书用一阶逻辑语言[①]来描述非遗本体的公理定义，如表3-15所示。

① 一阶逻辑［EB/OL］. https：//baike. baidu. com/item/一阶逻辑/8173149？fr＝aladdin.

表 3-15　非遗本体公理的定义

序号	公理	说明
公理 1	has inheritor（z，x）∧ inheritor（x，y）⇒has inheritor（z，y）	人 x 为非遗项目 z 的传承人，y 为 x 的传承人，则 y 为 z 的传承人
公理 2	had participant（x，z）∧ had participant（y，z）⇒people related（x，y）	人 z 为非遗项目 x 的参与者，人 z 为非遗项目 y 的参与者，则非遗项目 x、y 为人物关联关系
公理 3	was intended use of（x，z）∧ was intended use of（y，z）⇒ physical thing related（x，y）	实物 z 被非遗项目 x 使用，实物 z 被非遗项目 y 使用，则非遗项目 x、y 为实物关联关系
公理 4	carries（x，z）∧ carries（y，z）⇒ content related（x，y）	概念知识 z 被非遗项目 x 蕴含，概念知识 z 被非遗项目 y 蕴含则非遗项目 x、y 为内容关联关系
公理 5	has current location（x，z）∧ has current location（y，z）⇒place related（x，y）	空间 z 为非遗项目 x 分布区域，空间 z 为非遗项目 y 分布区域则非遗项目 x、y 为空间关联关系
公理 6	[was intended use of（x，z）∨ has produced（x，z）] ∧ carries（z，y）⇒carries（x，y）	实物 z 被非遗项目 x 所利用或是非遗项目的物质产品，z 蕴含了概念知识 y，则非遗项目 x 蕴含 y
公理 7	is related（x，z）∨ is related（y，m）∨ is related（z，m）⇒ ich-related（x，y）	概念实例 z 被非遗项目 x 关联，概念实例 m 被非遗项目 y 关联，z 和 m 关联，则非遗项目 x 与 y 关联

3.4　基于知识元的非遗知识组织模型构建

知识元是最小粒度的知识单元，是构成知识网络的基本节点。利用知识元可以揭示不同粒度与层级的知识内容，进行知识的加工与处理，实现知识内容的扩充、变更以及知识的共享、复用①，是领域知识揭示与组织的最佳控制对象。在利用非遗本体对非遗领域知识及其语义关系进行规范性定义与约束的基础上，构建非遗知识元语义描述模型以实现非遗领域知识的结构化、模块化表达，通过构建一个基于知识元语义关系链接的非遗知识语义网络，实现非遗领域知识的系统性揭示与语义组织。

① 姜永常．基于知识元语义链接的知识网络构建［J］．情报理论与实践，2011，34（5）：50-53，45.

3.4.1 非遗知识元的类别划分

依据知识的形态对非遗领域知识元进行划分存在分类粒度过粗、忽略了非遗知识固有的差异性与复杂性的缺陷，无法体现出非遗不同类别知识其自身的知识结构和内容特征，不利于非遗知识元的挖掘、著录与利用；依据知识功能进行知识元的划分通常应用于面向某一具体功能性问题求解的关联知识元的分类，具有功能导向的鲜明特征，该分类体系中同一分类类目下的知识元虽具有相同、相似的功能用途，但在知识元本体的知识结构层次与属性上存在着较大的差异性，不利于知识元的有序组织与复用，也不适用于非遗领域知识元的划分，因此，本书采用基于内容的知识元划分方法。

非遗本体是对领域知识语义的一致性规范约束，是领域知识的形式化、结构化的表达。本体中的概念类是对具有相同知识内容分面结构与属性特征的同一类别知识的抽象描述，基于 3.3.2 节中所论述的非遗本体与非遗知识元间的融合映射机理，每个概念类实例以及其分面知识属性在知识的认知层面即是一个细粒度的领域知识单元。因此，可以根据所构建的非遗本体在对非遗领域知识内容进行本体建模的基础上进行基于知识内容的非遗知识元的类别划分，依据非遗本体中概念类的定义将非遗知识元划分为人物知识元、实物知识元、概念知识元、事件知识元、行为知识元、时段知识元、空间知识元、文献知识元以及非遗项目知识元等 9 个类别，如表 3-16 所示。

表 3-16　非遗知识元的分类

序号	知识元类别	映射本体类及其属性结构
1	人物知识元	Person 类及其属性
2	实物知识元	Physical Thing 类及其属性
3	概念知识元	Conceptual Object 类及其属性
4	事件知识元	Event 类及其属性
5	行为知识元	Activity 类及其属性
6	时段知识元	Time-span 类及其属性
7	空间知识元	Space 类及其属性
8	文献知识元	Document 类及其属性
9	非遗项目知识元	ICH-project 类及其属性

基于知识元的分类体系，以国家级非遗项目“端午节”为例可构建出以不

同类别的知识元为节点枢纽，以非遗本体所定义的多元语义关系为链接路径的非遗知识元网络，如图 3-9 所示。

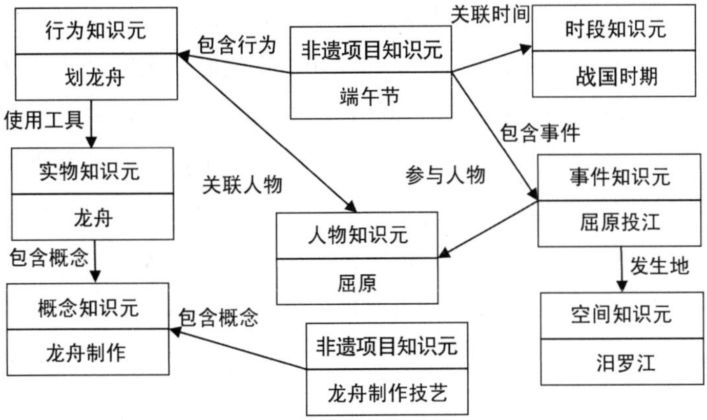

图 3-9　基于语义关联的多类型知识元组织网络

如上图所示，非遗项目知识元“端午节”与不同类型的非遗知识元“划龙舟”“战国时期”“屈原投江”“汨罗江”“屈原”“龙舟”产生着直接或间接的语义关联关系，实现了围绕非遗项目知识元“端午节”的细粒度知识元的语义聚合集成。同时，基于非遗知识元间的显性语义链接关系及非遗本体公理的定义可进一步实现知识推理与新知识的发现，如行为知识元“划龙舟”与实物知识元“龙舟”之间为使用工具关系，“龙舟”与概念知识元“龙舟制作”之间为概念包含关系，而“龙舟制作”为第二批国家非物质文化遗产项目“龙舟制作技艺”所包含的内容知识元。因此，非遗项目知识元“端午节”与“龙舟制作技艺”之间的隐性内容关联关系得以挖掘与显性揭示。

3.4.2　非遗知识元语义描述模型的构建

知识元的词袋模型不考虑文法以及词的顺序，易导致丢失大量的语义知识内容。句袋模型存在冗余、噪声信息多，且难以被机器理解和利用的缺陷。属性槽结构侧重于对知识元内部结构化知识的揭示与描述，对知识元外部多元复杂的语义关联关系的描述能力仍有不足。语义关系三元组的知识元描述模型结构简单、对知识元间的多元关联关系语义描述能力强，但对知识元本体复杂的语义知识描述能力不足。不同的知识元描述模型有其各自的优势与不足，笔者在以上模型的基础上对其进行整体优化，将非遗知识元语义描述模型定义为：

$$K_e = \langle I, K(w,s), P, R \rangle \tag{3-2}$$

式中，K_e 为所提出的非遗知识元描述模型中一个具体的知识元对象，该模型为四元组形式。I 为该知识元在存储、利用与管理过程中具有唯一性和标志性的标识信息，包括该知识元唯一性的编码符及知识元的标识术语。K 表示知识项，知识项是知识元的主体信息，是知识元知识内涵、表现形式、载体来源的具体描述，依据其所表征的不同分面知识的具体表现形式可将其划分为短语型知识项 w 与句子型知识项 s，其中短语型知识项是用短语即可完成著录的知识内容，如人物的性别、出生地等知识项；句子型知识项则是需要通过完整的语句来描述与定义的知识项，如概念的定义、人物的生平等知识项。P 为知识元与知识项之间的关联属性，如控制、导航、说明、定位、描述等关系属性，知识元通过各类与知识项之间关系属性的定义实现不同分面、维度知识项的结构性聚合，形成了该知识元内部的固有知识描述结构。R 指关系，主要描述知识元与知识元之间的语义关联知识，是知识元外部知识结构的语义载体，通过 R 构建知识元间的关系导航以实现知识元之间的语义链接组织与聚合，R 类的知识元语义关联知识通过 RDF 语义关系三元组模型来描述。

基于知识元与非遗本体之间的映射融合机理，不同类别非遗知识元语义描述模型中属性结构的定义及语义约束可从非遗本体中概念类实例、类实例的数据属性、对象属性以及基于公理的推理结果中直接获取。基于所构建的非遗本体模型对非遗人物知识元“梅兰芳”这一知识元实例进行语义著录，如表 3-17 所示。

表 3-17　人物知识元“梅兰芳”的语义描述模型实例

<table>
<tr><td colspan="2">知识元标识</td></tr>
<tr><td>标识符</td><td>ICH/PERSON/2021</td></tr>
<tr><td>标识术语</td><td>梅兰芳</td></tr>
<tr><td>属性</td><td>知识项</td></tr>
<tr><td>姓名</td><td>梅兰芳</td></tr>
<tr><td>别名</td><td>梅鹤鸣</td></tr>
<tr><td>出生日期</td><td>1894 年 10 月 22 日</td></tr>
<tr><td>人物介绍</td><td>中国京剧表演艺术大师。9 岁拜吴菱仙为师学青衣，后求教于秦稚芬和胡二庚学花旦。美国波莫纳学院和南加州大学文学博士。中国京剧院院长、中国戏曲研究院院长、中国戏剧家协会副主席</td></tr>
<tr><td colspan="2">关系</td></tr>
<tr><td colspan="2">〈梅兰芳，父子，梅葆玖〉，〈梅兰芳，参与事件，《贵妃醉酒》表演〉，〈梅兰芳，非遗传承人，京剧〉，〈梅兰芳，生活地区，北京〉，〈梅兰芳，关联人物，程砚秋〉</td></tr>
</table>

3.4.3　基于知识元的非遗知识抽取与组织方法

传统的非遗资源组织方法通常是一维线性的，对多元异构、细粒度的非遗知识单元通常缺乏有效、深入、系统的识别、抽取与著录，不同非遗知识单元之间也缺乏有效的语义关联链接。知识元是所构建的非物质文化遗产知识组织系统的基本控制单元，因此知识元语义描述模型是非遗领域知识表示的基本方法，通过知识元语义描述模型可实现对非遗领域中细粒度知识的多元知识内容属性以及知识间丰富的语义关系的有效揭示，同时通过语义关系来链接知识元，可生成领域知识元网络。

基于知识元的知识组织方法与传统分类、主题等知识组织方法相比较，最显著的优势是将知识组织的对象从粗粒度的文献篇、章、目次等知识载体深入到知识载体所具体承载的最细粒度的知识单元，基于知识元的识别与抽取、知识元的描述与揭示、知识元的链接与组织实现细粒度、层次化的领域知识组织系统的构建与知识的集成服务。知识元视角下的知识组织实现机理如图 3-10 所示。

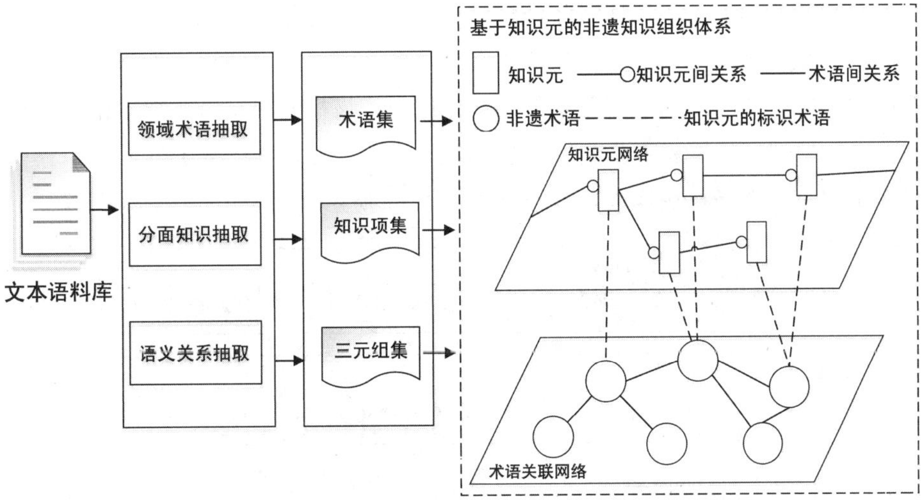

图 3-10　基于知识元的非遗组织抽取与组织方法

基于知识元的非遗知识组织系统根据知识元的语义结构模型可从其文献载体中分别获得非遗知识元的标识术语集、知识项集与语义关联三元组集，形成由概念术语、知识项与知识元关系三元组 3 种不同分面的领域知识所组成的非遗知识网络。该知识网络由领域术语集、术语-知识元映射网络与知识元关联网络等不同分面、层次的知识内容有机融合而形成，通过术语构建知识元的向导标识与检索系统，通过术语之间语义关系构建知识元间语义链接，通过知识元实现其分面知识项内容的聚合，最终实现非遗知识的单元集成、标注与序化组织。

首先，基于知识元的非遗知识组织系统中知识节点的粒度不再单一，通过知识元的组合可形成不同粒度层次的知识结构，随着集成粒度与层次的提升，单元知识内容更为丰富、抽象程度逐步提升，可以有效满足用户基于不同需求场景的多元化知识需求；其次，基于知识元的非遗知识组织系统具有良好的知识描述能力，通过知识元可以实现对单元知识语义内容的系统性著录，同时也可通过知识元间的关联链接关系，实现关联知识资源的有效聚合与集成，有利于非遗知识内容的互补与共享、利用。

3.4.4 基于知识元的非遗知识组织框架模型

基于非遗知识元的结构模型，笔者提出了一个基于知识元的非遗知识抽取与组织系统框架模型。该框架模型将最细粒度的非遗知识元作为非遗领域知识的控制单元与组织对象，首先抽取非遗领域术语，然后基于非遗领域术语的标识作用与非遗知识元的属性结构进行知识元知识项与非遗知识元间多元语义关系的抽取，再利用非遗知识元间的语义链接关系构建非遗知识元网络，最终实现细粒度非遗知识的抽取、著录与语义化组织。该框架模型由非遗本体描述模型构建、非遗领域语料库构建、非遗知识元抽取、非遗知识元关联以及非遗知识元组织等 5 个子模块构成，其结构如图 3-11 所示。

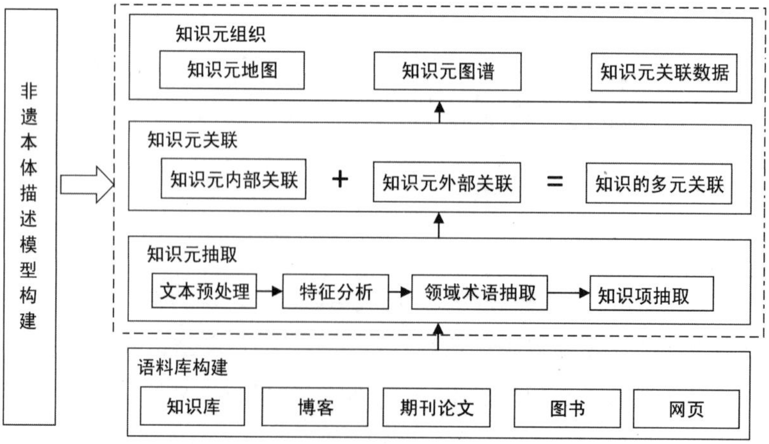

图 3-11　基于知识元的非遗知识组织系统框架模型

1. 非遗本体描述模型构建

非遗本体描述模型是非遗领域知识的一种形式化、结构化、标准化的知识表示与建模方法，非遗本体将为非遗知识元的识别、抽取与组织提供领域共享的标准化语义规范与一致性语义约束机制。

2. 语料库构建

非遗语料库构建模块是非遗领域知识元的各类记录载体的汇聚单元。语料库不仅要包含高质量的非遗知识，保证知识内容的可信度与完整性，还要能及时发现并添加新的非遗知识载体单元，为非遗知识元的抽取与挖掘提供有效、可信的文献知识来源。

3. 知识元抽取

知识元抽取模块需要在语料库的基础上对其进行文本预处理，根据拟抽取目标知识元的固有特征以及在文献文本序列中的分布特征，如词法、句法及上下文特征实现对非遗知识元的准确识别、定位与抽取。知识元是非遗多元异构知识资源的著录载体与形式化表达方法，非遗知识元的抽取其核心是非遗术语的抽取与非遗知识项的抽取。非遗术语是非遗知识元的有效标识信息，非遗知识项是非遗知识元不同分面知识内容的著录载体，非遗术语也是对非遗知识元知识项进行抽取的向导信息，因此可将知识元抽取转化为具体的非遗领域术语抽取与知识元知识项抽取。

4. 知识元关联

知识元关联模块是基于非遗知识元结构模型与非遗本体的一致性语义规约，实现对非遗知识元知识项以及知识元间多元关联关系的识别、定义与抽取，在此基础上实现非遗领域细粒度知识的关联组织。基于不同的关联模式可将非遗知识元的关联关系划分为非遗知识元内部知识项的结构聚合关联与非遗知识元的外部语义关联二种不同的关联类型，如图 3-12 所示。

非遗知识元内部的知识项结构关联是知识片段的一种功能性内聚，其聚合手段是基于知识元固有的属性结构，如非遗文献知识元“永顺府志”根据其知识的分面属性结构实现对“永顺知府张天如编”“土家族古籍”“湖南省图书馆”等知识项的聚合。知识元的外部语义关联则是在知识元之间所具有的语义关系基础上所形成的一种知识元的语义链接组合结构，基于该链接结构可以将不同类别的细粒度知识元聚类为粗粒度、高层级的知识单元集合，如非遗项目知识元“摆手舞”与文献知识元“永顺府志”、空间知识元“舍米湖村”、人物知识元“八部大王”通过知识元间的“载体”“流传地”“祭祀对象”等语义关系实现了细粒度知识元的关联聚合。

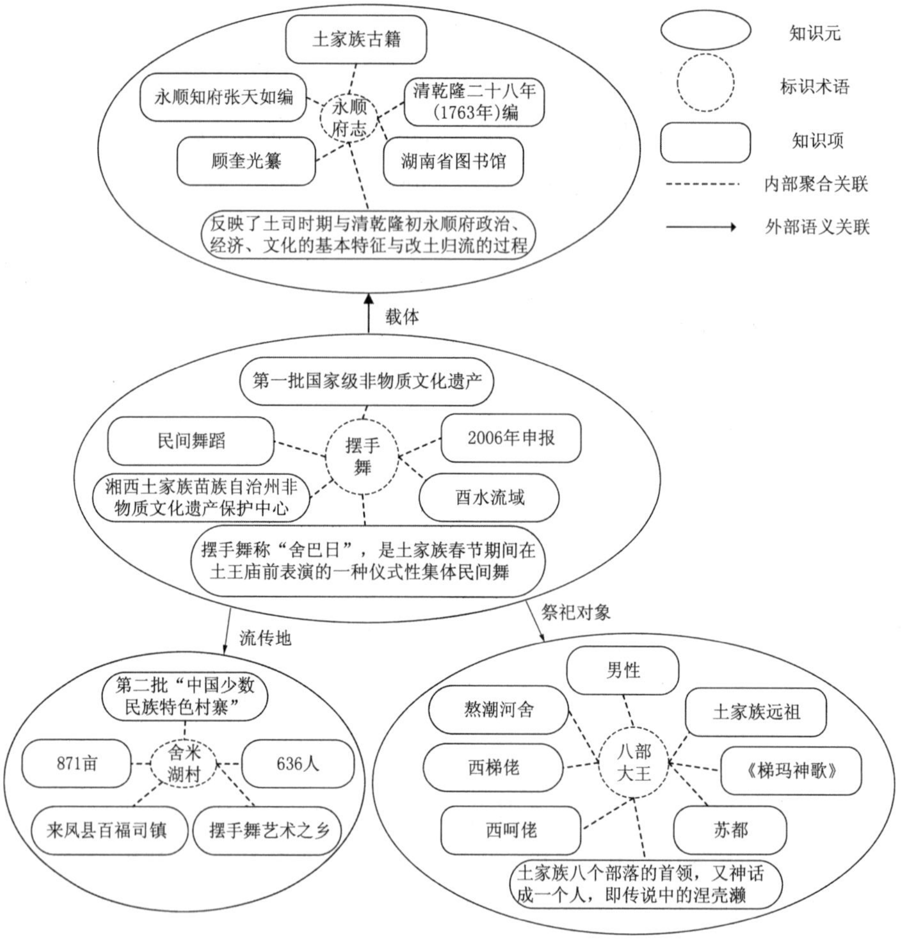

图 3-12　非遗知识元的二元关联模式

5. 知识元组织

抽取出领域知识元及其多元关联关系后，需利用一定的知识语义形式化表示方法与技术以实现对非遗领域知识元的有效组织与可视化呈现，并在其基础上提供基于知识元的智能知识服务功能。可通过构建知识元图谱、知识元地图以及非遗知识元关联数据集实现非遗领域知识的多元化呈现，完成包含非遗知识元导航、知识元关联组织与聚合系统以及知识元语义检索系统的非遗知识元库的构建。

基于知识元的非遗知识抽取与组织系统实现了对非遗领域知识体系在知识元层次的科学建构，每个信息需求用户都能基于其具体的个性化需求与应用情境，在知识元节点和语义链接的引导下，沿着与用户自身知识结构最为匹配的链路从多维度有序组织、丰富语义的领域知识网络中快速、准确获得自己所要的知识。同时，由于知识具有活态性，会随着自然界的变迁与人类的社会活动、科研活动的开展而不断更新与扩充，而知识元的单元性、可链接性、动态性能够极好地适应领域知识组织系统建设的实际需求，实现非遗领域知识的动态著录、扩充与有效组织。

上述模型中非遗领域术语的抽取与序化将在第 4 章进行论述；非遗知识元知识项的抽取与内容揭示将在第 5 章进行论述；非遗知识元语义关系的抽取与关联组织将在第 6 章进行论述；非遗知识元的组织与聚合体系的实现将在第 7 章进行论述。

第4章　非遗资源组织中的领域术语抽取与序化

领域术语可视为用来正确表达人类社会和自然界某一领域中事物、现象、特性、关系和过程的词或词组，是著录该领域中概念的语言单位[①]。从术语的定义可知领域术语是某一学科领域内知识内容的高度概括和显著标识，领域术语的抽取与界定将对该领域内知识元以及知识元之间语义关系的抽取发挥着重要的引导、标识作用，因此非遗领域的术语抽取是非遗知识元抽取的重要基础性工作。

4.1　非遗领域术语的作用机制与特征分析

非遗领域术语具有专业性和单义性的特征，专业性是指非遗术语主要表达非遗这一特殊领域内的专业概念知识，表现着非遗领域的专有知识属性与特征；单义性是指该类术语所表达的知识内容仅在非遗这一领域内具有其唯一性的内容和价值，并不蕴含其他学科领域的知识内容。如短语“赶鸡子”在通用意义上为动宾结构的动词短语，仅表示一个普通的肢体行为，在大部分学科内并不构成领域术语。但在非物质文化遗产领域内，“赶鸡子”则为非遗项目“摆手舞”的一个独有的舞蹈动作的专有名称，为一个非遗领域的专有术语。领域术语的专有性和单义性等特征为非遗知识元的挖掘、抽取提供了思路和线索，做好领域术语与领域知识元之间的相互作用机制研究并开展领域术语的特征分析将为基于领域术语的领域知识元的识别与抽取提供理论指导与实践指引。

---

① 蔡丰明．非物质文化遗产图谱编制理论与方法［M］．上海：上海社会科学出版社，2020：15-18.

4.1.1　领域术语在知识元抽取中的作用机制

非遗知识元是对非遗领域内各类逻辑完整的结构化知识内容的系统性表达，可以是一个非遗相关的科学概念、人物、事实、原理、方法、技巧等[①]。基于知识元的领域知识逻辑组织模型可表述为如图 4-1 所示的组织结构。

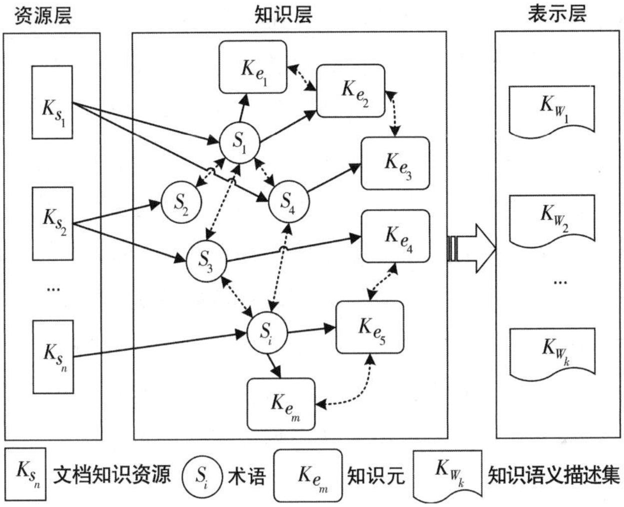

图 4-1　基于知识元的领域知识逻辑组织模型

按照知识结构化、语义化、规范化的不同形态及复杂度可将基于知识元的知识组织依次划分为资源层、知识层与表示层等 3 种不同的知识组织形态，3 种形态可细化为 4 种具体组分：文档知识资源 K_s、术语 S、知识元 K_e 和知识语义描述集 K_w。

文档知识资源 K_s 指各种类型的文献资源，如期刊、学位论文、图书、网页等，它是知识元的主要载体；术语 S 指的是特定专业领域中各类专业化概念的语言指称，是大量分布在文献段落文字中的表示某个领域知识内容的专用标识术语，通常为知识元的指代性名称；知识元 K_e 可理解为关于某一个或多个术语知识的完整描述，是在术语的引导下从文档资源中获取关于术语知识的具有完整语义描述的知识表现形式；知识语义描述集 K_w 则是对知识元的知识内涵与外延及其语义关联关系的基于某一特定语言规范的明确定义和结构化描述，通常可在

① 蒋玲．面向学科的知识元标引关键技术研究［D］．武汉：华中师范大学，2011.

采用 XML、OWL/OWLS、RDF 等语义形式化语言来对具体的知识元内涵及外延、关系进行语义描述的基础上实现机器可理解和跨体系操作。

术语在知识元抽取过程中所产生的重要的作用可从两个层面来理解：一方面领域术语是领域知识内容的概括性、标识性、概念性表达，是领域知识内容的集中体现，因此也是领域知识元重要的标志名称，可充当知识元在文献中的向导信息。基于文本的知识元抽取的实质都是从序化文本中识别出可理解、有价值的知识概念并抽取出该概念的内容描述，也可理解为领域术语的识别、界定与术语不同维度、分面知识内容的抽取等具体步骤。如非遗术语“屈原”与包含屈原姓名、性别、生平简介知识的人物知识元“屈原”之间的映射关系，因此领域术语也通常会在其所指向的知识元内容的描述文字中出现；另一方面可以通过领域术语之间的关系建立起术语所标识的领域知识元之间的语义关联关系，即知识元之间的语义关系的抽取可以具体转化为该知识元标识术语之间的语义关系的挖掘与抽取，如人物知识元“梅兰芳”与“梅葆玖”之间的关系可通过术语关系三元组〈梅兰芳，父子，梅葆玖〉中术语“梅兰芳”与“梅葆玖”之间的关系词“父子”关系来定义人物知识元间的语义关系。

4.1.2 非遗领域术语的特征分析

领域术语可以是词或者是词组，根据参与术语组成结构的词的数量差异可以将其分为简单术语和复合术语。简单术语即单词性术语，是不能被再次分割的最小单元，比如非遗领域术语“开花调”，单独拆分为“开花”或“调”都不能组成术语。复合术语则是由简单术语词或非术语词拼接而组成的词语，如非遗项目“苗族大歌”的领域术语“鼓楼大歌”则是由简单术语“鼓楼”和“大歌”组合而成，根据所组成词的数量又可将复合术语划分为 2 词术语、3 词术语等不同类别。非物质文化遗产领域术语的字长、词长等规律的分析与挖掘能直接反映出该领域术语的结构、形态特征，对基于文献的非遗领域术语的自动抽取具有重要的指导作用。

笔者在国务院所公布的前四批国家级非遗名录的 10 个类别中，每个类别随机抽取 10 个项目共计 100 个国家级非物质文化遗产代表性项目为研究对象，以百度百科知识库以及中国知网数据库中的相关领域学术论文为文献来源，通过主题词、关键词抽取的方式共采集到非物质文化遗产领域的专业术语 838 个，对其字长、词长组合规律进行统计、分析。

1. 非物质文化遗产领域术语的字长分析

以字为单位，对所采集到的全部非遗领域专业术语的字长进行统计，其统计结果如图 4-2 所示。

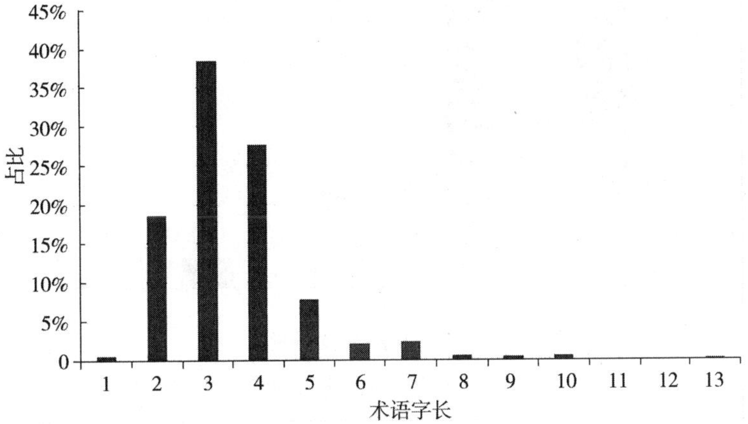

图 4-2　非遗领域术语字长分析

从图 4-2 可见，非遗专业领域术语其字长主要以 2～7 个字长为主，占到全部非遗领域术语数量的 97.4%。其中，占比最多的 3 字长术语占比达到 38.6%，其次分别为 4 字长的 27.8%、2 字长的 18.6%与 5 字长的 7.8%。字长为 1 的专业术语词占比为 0.6%，字长为 8 及 8 以上的全部术语数量仅占全部非遗领域术语数量的 1.8%。

2. 非物质文化遗产领域术语的词长分析

汉语的基本表达单位为词①，非物质文化遗产的术语通常是由一个词或多个词语的组合而构成，例如非物质文化遗产领域术语“摆手节”“哭嫁”“梯玛”等术语均为一个独立词所构成，“苗族古歌”为“苗族/古歌”两个词组合构成，“遮帕麻和遮咪麻”则由“遮帕麻/和/遮咪麻”3 个词组合构成，领域专业术语中成分词数量的分布规律对领域术语的抽取与发现同样具有重要的统计学意义②。本书采用在中文分词领域得到广泛应用的中文自然语言处理工具

① 宋培杰．现代汉语名-名复合词研究［D］．武汉：华中科技大学，2014.

② Haidar M A，O’Shaughnessy D. Novel topic *N*-gram count LM incorporating document-based topic distributions and *N*-gram counts［C］//2014 22nd European Signal Processing Conference（EUSIPCO），Lisbon，2014：2310-2314.

LTP① 对非遗领域术语进行分词处理，并在分词的基础上对术语的词长进行统计，结果如图 4-3 所示：

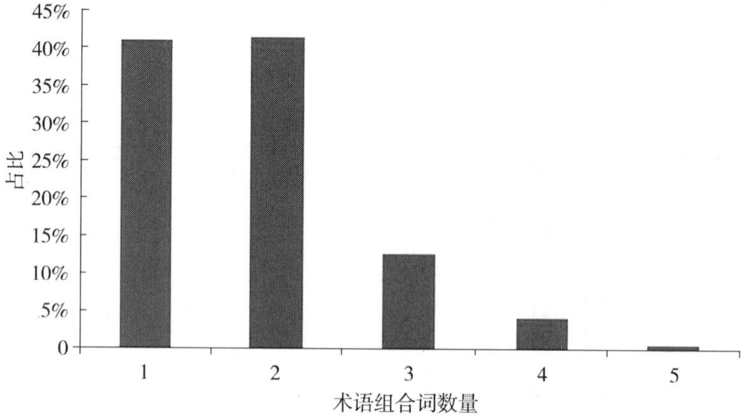

图 4-3　非遗领域术语组合词长分析

从图 4-3 可以发现，非物质文化遗产领域术语中词语成分最少的是 1 个词，最多的达到 5 个词，术语的词长占比从高到低分别为 2 个词的 41.4%、1 个词的 41%、3 个词的 12.7%、4 个词的 4.3%、5 个词的 0.6%。1～3 个成分词所构成的非遗领域术语的数量占比达到 95.1%，而 4 个成分词以上的组合术语，如“中国少数民族特色村寨”“恩施土家女儿会”“土家大摆手之乡”“造天织地的传说”，大部分可由词长更小的术语所代替。

4.2　领域术语的抽取模式

领域术语可视为领域知识内容的概括，通过领域术语的挖掘可勾勒出该领域知识体系的基本节点，为领域知识组织及各类知识应用服务的开展奠定基础。当前领域术语的分布来源比较广泛，包括各类主题词表、本体、主题图等基础的领域知识组织体系以及具有新术语实时更新功能的各类期刊、网络百科数据库等。领域术语的抽取需要根据其固有特征、知识载体特征和知识服务场景的个性化需求，以多渠道的知识组织体系为基础来构建系统性的领域知识抽取模型。

① 语言云（语言技术平台云 LTP-Cloud）[EB/OL]．http：//www.ltp-cloud.com/.

4.2.1　基于通用知识组织体系的术语抽取

通用知识体系中（如通用领域的词表、词典、工具书、百科全书等）已记录了大量领域通用的概念专有词汇，非遗知识所涉及的学科门类众多，很多非遗术语也是某些通用领域知识的组成部分，因此一些通用的知识组织体系也可以作为非物质文化遗产领域知识的组成部分，从中挖掘、获取部分非遗领域术语具有工作量小、抽取难度低的优点，可将其作为非遗领域术语抽取的来源之一。可用于非遗领域术语抽取的通用知识组织体系主要有以下几类：

覆盖通用知识的各类百科全书。较为典型的通用知识组织系统有网络版的“百度百科”“维基百科”等，网络版百科全书通常是按学科知识属性及知识之间的语义关系、类属关系进行通用知识资源的序化组织。相比传统的非结构化的图书、期刊，网络百科知识库能够将海量的百科知识数据组织成一个开放获取的有机关联体系，并通过提供相应的计算机数据访问接口为各类知识应用提供数据接入服务①，在知识描述的广度、深度以及知识的链接组织性、可获取复用性上具有明显优势。如中文网络百科全书“百度百科”的知识内容由广大网民的群体智慧所共同创造，其概念组织框架以及对海量中文领域百科知识的定义和描述可以为非遗术语的抽取提供丰富的领域知识来源。

覆盖通用领域的各类控制词表，如《汉语主题词表》《中国分类主题词表》等。通用词表是常用的所有学科领域适用的术语组织体系，在《汉语主题词表》《中国分类主题词表》中术语是按其所属学科领域进行分类的，主要收录通识类领域浅层术语，对各领域专业性较强的深层术语则存在收录数量不足的问题。但通用词表为领域术语的抽取所提供的大量浅层术语可以为某些学科领域术语的抽取提供一个基本的知识概念框架，以此为起点进行领域专有术语的扩展与细化，就可以实现领域术语的完整抽取。

从通用知识组织系统中进行某一特定领域专有概念术语的挖掘是一种直接的、有效的方法。杨文②、李文忠③等学者以百度百科为来源知识库进行领域专有知识概念单元的抽取，并在此基础上分别实现了领域知识图谱的绘制以及领域本体构建的目标。

---

① 王学奎．基于煤矿科学知识图谱的智能问答技术研究［D］．徐州：中国矿业大学，2019.

② 杨文．基于百度百科的知识图谱构建方法研究［D］．武汉：华中师范大学，2019.

③ 李文忠．基于百度百科的人物新闻本体自动构建研究与实现［D］．武汉：武汉理工大学，2017.

4.2.2 基于领域专有知识组织体系的术语抽取

部分学科领域有其专有的术语词典和叙词表，所包含的一般是该领域核心的专业概念术语，可以直接将其作为领域专业术语抽取的来源。如非遗涉及大量的民族学、社会学知识，而《民族词典》[①]、《民族史人物词典》[②] 则收录了大量的非遗领域内频繁出现的专业领域术语，如少数民族命名、少数民族重要历史人物的名称、重要的历史文化发源地地名、古代政权的名号、风俗习惯的命名、宗教信仰的名称等，以上术语是非遗领域术语的重要内容，对非遗领域术语的抽取具有重要的参考价值。同时，各个学科相关的管理机构、研究机构所构建的大量专有学科知识库中也包含了大量组织有序的学科专有领域文献和概念术语，从这些领域专有的知识组织系统中进行领域术语抽取也可以获得大量专业性较强的领域专有术语，有效降低领域术语抽取的工作量。例如，王梅文[③]在构建药学本体时，从《中国药典》收集药学领域的相关概念、术语及关键词；我国文化和旅游部所建设的非遗数据库——中国非物质文化遗产数字博物馆[④]中对国家级非遗项目、非遗传承人、保护机构均进行了序化分类组织与内容著录，为非遗术语概念的抽取提供了丰富的数据来源；任秋彤[⑤]等学者以中国非物质文化遗产网为来源知识库进行了非遗戏剧术语的抽取。

从已有通用及领域专有知识组织体系中抽取领域术语时，存在着以下问题需要注意：

(1) 现有知识组织体系存在新术语收入不及时、领域覆盖范围有限的问题。随着科学研究的深入开展，知识更新迭代的速度不断加快，新的知识不断被发现，而现有的知识组织体系受制于其编制过程的漫长耗时以及编制所需的巨大人力、物力投入，通常内容较为陈旧，大量最新的前沿知识、研究进展并未被收入其中，导致缺失了相当大一部分高价值的、专业性的最新知识内容，造成其在收录知识的时效性与收录知识的系统性方面存在着明显不足。

---

① 陈永龄．民族词典［M］．上海：上海辞书出版社，1987.

② 高文德．民族史人物词典［M］．北京：中国社会科学出版社，2015.

③ 王梅文．药学本体构建实践［J］．电脑知识与技术（学术交流），2017（12）：1520-1522.

④ 中国非物质文化遗产网·中国非物质文化遗产数字博物馆［EB/OL］．http：//www.ihchina.cn/.

⑤ 任秋彤，王昊，熊欣，范涛．融合 GCN 远距离约束的非遗戏剧术语抽取模型构建及其应用研究［J］．数据分析与知识发现，2021，5（12）：123-126.

（2）部分领域知识组织体系存在着收录内容著录质量不高的问题。现有部分知识组织体系，特别是网络百科知识组织体系，如各类基于 UGC（user generated content）模式所构建的网络百科知识库——百度百科、维基百科中大量专业性极强的词条却通常由非专业人士完成内容的著录与审核，虽然该类知识组织系统具有一定的质量审核机制，但大量领域术语仍然受到编撰人员、审核人员自身非专业性出身所造成的在知识广度与深度上的缺陷影响，收录的词条内容在专业质量上存在明显的不足。

4.2.3　基于领域文本资源的术语抽取

领域内已有的各类文本资源中记录着大量的领域专有知识内容，以文字的形式实现对该领域内知识、行为、事件、规程等所有相关信息的记录，是人类进行各类科学研究活动中获取专业知识的最基本、最可靠的来源。不同学科领域内均存在着大量的专业文本资源，如专业相关的学术期刊、学术著作、各类实时更新的学术信息报道以及该领域专有的数字网站中都包含着大量该领域的专有知识和专有术语。领域文本资源不仅产出数量多，而且专业学术文献的发表、出版具有严格的同行评审机制且实时更新。因此，领域学术文本资源所包含的概念术语一般具有权威性和专业性，同时还具有其他学科知识组织体系所不具有的前沿性、实时性，不仅是领域术语获取的重要来源，也是对已有学科知识组织体系的重要补充。

通过系统、全面地获取领域专业文本资源，在对其进行数字化、规范化处理的基础上构建一个领域知识覆盖面广、专业性强的文本语料库，在其基础上利用统计学、语言学和深度学习等技术方法从领域专业文本中抽取术语已经逐步发展成为领域术语抽取的主流方法。作为术语抽取对象来源的文献语料主要是非结构化的图书、期刊与各类网络文本。熊欣①、季培培②等学者以地方性的方志大事记文本为抽取对象进行方志知识图谱的术语抽取，Augustyniak③等学者以 SemEval 语料库为对象进行术语的抽取都取得了不错的效果。

---

① 熊欣，王昊，邓三鸿．面向方志知识图谱的术语抽取模型迁移学习研究［J］．情报理论与实践，2021，44（4）：176-184.

② 季培培，鄢小燕，岑咏华．面向领域中文文本信息处理的术语识别与抽取研究综述［J］．图书情报工作，2010，54（16）：124-129.

③ Augustyniak L，Kajdanowicz T，Kazienko P. Comprehensive Analysis of Aspect Term Extraction Methods using Various Text Embeddings［J］. Computer Speech & Language，2021，69（2）：101217.

基于非结构化文本资源的概念术语抽取的本质是对数字化领域文本中词语的分布特征，如形态特征、上下文特征、统计特征、词性特征进行挖掘与分析，在对词语的特征属性与领域性知识特征进行匹配的基础上实现目标词语或短语的抽取。与基于已有的知识组织体系和结构化的知识库资源抽取不同，基于文本资源的中文术语抽取的第一个步骤就是进行短语划分。词语是语义承载的最基本单元，但中文词语之间并没有明显的上下文边界，因此通过对文本中词语的划分将连续的中文字序列切分成一个个单独的中文词序列，是面向半结构化与非结构化的文本知识抽取的首要步骤。例如句子：

白蛇传传说是白蛇白娘子的故事，是中国古代四大民间传说之一。

经过分词后，其结果是：

白蛇传/传说/是/白蛇/白娘子/的/故事，是/中国/古代/四大/民间传说/之/一/。

在分词进行短语划分的基础上可进一步对其词性进行标注，并在其基础上进行术语的识别与定位、术语定义的抽取以及术语关系的抽取等后续步骤。因此，从整体来看面向非结构化领域文献资源的术语抽取是一个包含多个步骤的复杂过程，其主要流程如图 4-4 所示。

图 4-4　从非结构化文献中抽取领域术语的流程

从上图可知，从文本语料中抽取术语的本质就是从语料库的分词片段中实现术语分布特征的挖掘，在此基础上实现目标术语的抽取。

基于文本资源的领域术语抽取有以下问题需要注意：

（1）语料库的选择与构建问题。语料库是经过科学取样和加工的大规模的电子文本库。语料库自身的领域专业性与系统性是基于文本语料的术语抽取工作高效完成的基本前提与保证。当前语料库从应用领域划分有通用型语料库与领域型语料库，通用型汉语语料库是能够公开获取的包含多领域通用知识的带标注的数据集，具有广泛的领域适用性，包括人民日报语料库①、现代汉语语料库、

① 人民日报标注语料库［EB/OL］. http：//www. icl. pku. edu. cn/icl _ res/.

现代汉语词频统计语料库等。领域型语料库则主要面向特定领域，如生物医学领域的 GENIA 语料库[1]、计算语言学领域的 ACL RD-TEC[2] 语料库、计算机专业双语语料库、硕士写作语料库、中国英语学习者口语语料库等。而细分专业领域的术语抽取考虑到专业性与代表性，其领域语料库通常需要研究者根据需求选择专业文献来源渠道而手工构建，如王忠义[3]等学者从 Pubmed 医学数据库的 16 个大类中通过主题和时间分面开展检索，将获得的 1 000 篇样本数据作为训练语料库进行医学科技概念术语的挖掘。

（2）抽取策略的科学性问题。从序化的汉字序列中实现术语的抽取是一项融合语言学、数学、计算机科学等多个学科知识内容的较为复杂的系统性科学实践活动。需要基于领域术语固有特征属性的选择，在综合分析现有基于规则的、基于统计的、基于人工智能、基于语义的多种抽取技术的基础上选择、制定术语特征挖掘与抽取方法，通过有效性验证步骤保证术语抽取策略的科学性，最终实现领域术语有效抽取的目标。

（3）抽取的可靠性评估问题。面向文献的领域术语抽取的效率与可靠性受到语料库自身质量以及其所采用策略、算法的科学性、领域适用性以及一系列抽取参数的设置等因素的影响，因此面向文献资源的领域术语抽取性能需要建立一套科学、严谨的评估标准来验证。国内外研究中术语抽取的性能评估指标主要有抽取规则的覆盖率、准确性、矛盾性、冗余性等指标，抽取结果的准确率 P（precision）、召回率 R（recall）、F 值等指标[4]。目前主流的知识抽取系统性能评估指标如表 4-1 所示：

表 4-1　基于文本的知识抽取评估指标

类型	指标与参数	定义
抽取规则的评估	覆盖率	抽取规则是否能覆盖所有知识元
	准确性	抽取规则是否是对知识元的正确反映
	矛盾性	规则之间不一致，相同前提推导不同结论
	冗余性	是否存在冗余规则

---

① GENIA Project［EB/OL］. http://www.geniaproject.org/.

② ACL Anthology［EB/OL］. https://www.aclweb.org/anthology/W14-4807/.

③ 王忠义，沈雪莹，黄京．科技文献资源中方法知识元的抽取研究［J］．情报科学，2021，39（1）：13-20.

④ 邱科达，马建玲．机器学习在术语抽取研究中的文献计量分析［J］．图书情报工作，2020，64（14）：94-103.

续表

类型	指标与参数	定义
抽取结果的评估	准确率 P	提取出正确信息条数/提取出的信息条数
	召回率 R	提取出正确信息条数/样本中的信息条数
	F 值	$\frac{\text{正确率}\cdot\text{召回率}\cdot 2}{\text{正确率}+\text{召回率}}$，$F$ 值是准确率和召回率的加权调和平均

4.3 非遗领域术语的抽取方法研究

已有知识组织系统中的领域术语通常已经经过了该领域专家、学者的一致性认定，具备了良好的序化、组织基础而易于抽取、复用，因此，本书的研究重点放在了基于非结构化领域文本语料资源的领域术语抽取。基于文本语料的领域术语抽取方法根据其有无训练语料可将其划分为有监督方法与无监督方法两个类别。无监督方法通常利用语言学、统计学等方法直接从文本集中抽取术语，该方法只需要较少的人工干预，同时具有较强的领域适用性；有监督的术语抽取方法则需要事先构建训练语料，基于训练语料利用一定的机器学习方法，如隐马尔可夫模型、最大熵模型、条件随机场或深度学习方法来学习训练语料中术语的分布特征，从而获得一个最优的术语特征模型，再利用这个模型实现领域术语的抽取①。有监督方法相比无监督方法有更好的可移植性，能实现较好的准确率和召回率，但其良好的性能需要大规模的高质量标注语料作为保证，对训练语料的规模与质量要求较高，抽取性能受计算模型的影响也比较大。考虑到非遗领域专业文献数量普遍偏少，同时缺乏大规模高质量的标注语料，而随着非遗保护与研究工作的开展，非遗领域新的术语不断出现，无监督方法可以在无标注语料的前提下以较少的投入实现领域术语的有效抽取，且计算成本低、抽取性能稳定、领域适用性也较好，因此，本书重点研究无监督的非遗领域术语抽取方法。

当前，无监督的中文术语自动抽取方法可分为基于语言学的方法、基于统计学的方法和基于混合策略的方法等 3 种主流的抽取方法。

---

① Tanya K，Samuel B. Supervised Machine Learning：Optimization Framework and Applications with SAS and R［M］. 2020.

4.3.1 基于语言学的术语抽取方法

基于语言学的自动术语抽取方法主要利用词法模式、词形特征、语义信息等基础语言知识从目标语料库中抽取术语。该方法所基于的核心理论与认知是：术语在文献中以特定的语言结构和模式出现，通过发现符合术语模式的字串，构建一套较完整的词法规则集合，可以实现自动抽取出领域术语的目标[①]。

基于语言学的自动术语抽取方法主要利用语言专家对特定领域的术语进行识别，归纳总结出该领域的语言规则集合。理论上，只要在特定领域提取足够多的语言规则并为其定制良好的优先级，则该类方法在术语抽取的准确率上有极大的优势，还能有效识别出低频术语。俞琰[②]等学者基于术语内部组成成分之间语义依存关系模式的挖掘实现中文专利术语的抽取，并在实证研究中实现了较好的术语抽取准确率。其构建的术语成分之间语义依存关系语言学规则如表 4-2 所示。

表 4-2　术语的语义依存关系规则

序号	术语语义关系	关系说明
1	定中关系（ATT）	术语成分之间为修饰语和中心语组成，如“四氧化铁”
2	并列关系（COO）	术语成分之间为同层次的并列概念，如“制备掺杂”
3	左附加关系（LAD）	左边词加中心词，如“和方法”
4	右附加关系（RAD）	中心词加右边词，如“材料集”

樊梦佳[③]等学者在对大量领域术语进行分析的基础上，构建了基于术语词性的规则模板进行多元术语的抽取算法，所构建的一元、二元、三元术语词性匹配规则如表 4-3 所示。

---

① 张雪，孙宏宇，辛东兴，李翠平，陈红．自动术语抽取研究综述［J］．软件学报，2020，31（7）：2062-2094.

② 俞琰，陈磊，姜金德，赵乃瑄．基于依存句法分析的中文专利候选术语选取研究［J］．图书情报工作，2019，63（18）：109-118.

③ 樊梦佳，段东圣，杜翠兰，张仰森，佟玲玲．统计与规则相融合的领域术语抽取算法［J］．计算机应用研究，2016，33（8）：2282-2285，2306.

表 4-3 术语的词性匹配规则

术语组成数量	匹配规则
一元	词性标注为 n、v、vn、vi、a、l 之一
二元	词性标注搭配为 n+n、n+v、n+vn、v+n、vn+n、b+n、v+v、a+n、n+vi、a+vn、b+vn、n+ng、vn+ng、vn+vn、n+an、m+n、vi+v、v+vn、vi+n、a+v、v+ng 之一
三元	3 个词性包含 n、v、vn、d、ng、a、b 中的一个以上

基于语言学的术语抽取方法通常具有较高的准确率，能够有效识别低频术语，但该方法主要依靠专家识别并归纳出该领域的术语的语言学规则集合，受到专家自身知识结构、认知水平的制约容易产生以下问题：一是专家人工所编写的规则难以覆盖、穷尽领域中所有的语言学特征，从而造成部分术语无法有效召回；二是专家所编制的抽取规则模板一般不具有领域泛化性，可移植性差。因此，在实际应用中较少利用语言学一种方法进行术语抽取，而是用其对词语集进行前期过滤以去除领域术语抽取中的噪声数据。

4.3.2 基于统计学的术语抽取方法

基于统计学的自动术语抽取方法的基本思想是：利用语料库中术语与非术语在统计特性上的差异分布特征，采用统计学的方法对文档语料中的无效词进行过滤，然后对候选术语的领域性进行量化度量，将大于某一阈值或者领域性度量值排序靠前的候选词定义为领域术语。基于统计学的术语抽取方法具有计算成本低、算法简单且不需要标注语料的优点。

基于统计学的抽取方法通常将术语的统计学特性总结为两个便于度量的指标：单元性度量和领域性度量。

1. *单元性度量*（unithood）

术语的单元性度量针对由多个字/词所组成的抽选词，衡量候选词内部字/词之间的搭配强度和粘合程度。词语的单元性度量方法基于以下公理：如果一个字/词序列频繁地出现在一起，那它就极可能表达了一个独立完整的语言含义。基于以上公理可知验证一个单词内部字/词序列是否具有稳定的内部结构性，对其进行有效度量最显著的特征就是词频，即术语内部成分之间共同出现的词频越高，候选术语内部结构就越稳定。常用的方法有 z 检验①、t 检验②、χ^2 检验③、互信息法④等。

（1）z 检验和 t 检验

z 检验和 t 检验都是均值差异检验方法，根据独立性假设用标准正态分布的理论来推断差异发生的概率以检验构成候选术语的单词内部是否存在关联。z 检验一般用于数据满足正态分布，同时样本数量较大的平均值差异性检验。其计算公式如下：

$$z = \frac{x-\mu}{\frac{\delta}{\sqrt{n}}} = \frac{\frac{TF(t)}{N} - p}{\sqrt{\frac{p(1-p)}{N}}} \tag{4-1}$$

式中，t 表示候选术语，N 表示目标语料库中单词的总个数，TF（t）表示候选术语 t 的词频。z 检验假设语料库是一个伯努利过程，遇到候选术语 t 记为一次命中。根据独立性假设，构成术语 t 的单词 w_1、w_2 相互独立，则术语 t 的概率可表示为 $p = p(w_1 w_2) = p(w_1) \cdot (w_2)$；然后使用最大似然估计，得到单词频率替换后的术语概率 $p = \frac{TF(w_1)}{TF(w_2)/N}$；最后计算 z 值、检验样本均值 x 与总体均值之间的差异是否显著。当 z 值大于阈值时，认为差异性显著，即构成候选术语 t 的单词内部存在关联。

t 检验与 z 检验原理相似，主要用于样本量较小（样本容量小于 30）、标准差未知的正态分布语料库。与 z 检验相比，t 检验使用样本方差替代总体方差，因此，相比 z 检验，t 检验具有更好的适用性。

（2）χ^2 检验

χ^2 检验是一种基于方差的统计检验，根据观察值和期望值之间的偏差程度

---

① Montgomery D C，Runger G C. Applied Statistics and Probability for Engineers. 7th ［M］. New Jersey：Wiley，2002：208-211.

② Church K，Gale W，Hanks P，Hindle D. Using statistics in lexical analysis. In：Uri Z，ed. Lexical Acquisition：Exploiting On-line Resources to Build up a Lexicon ［M］. Hillsdale：Lawrence Erlbaum Associates，1991：115-164.

③ Pearson K X. On the criterion that a given system of deviations from the probable in the case of a correlated system of variables is such that it can be reasonably supposed to have arisen from random sampling ［J］. Philosophical Magazine，2009，50（302）：157-175.

④ Church K W，Hanks P. Word association norms，mutual information，and lexicography ［J］. Computational Linguistics，1990，16（1）：22-29.

来检验候选术语内部单词结合的紧密程度，计算公示如下：

$$x^2 = \sum_i \frac{(F_i - E_i)^2}{E_i} \tag{4-2}$$

式中，F_i 表示候选术语 t 中某个类别 i 的观察词频，E_i 表示基于语料库计算出的期望词频。由公式求出候选术语 t 的 χ_2 值，然后从卡方界值表中找到特定阈值 α，当 χ_2 值大于 α 时，认为差异性显著，且两者差值越大说明术语候选词内部关联性越强，结构越稳定。

（3）互信息法

互信息 PMI 通常用来量化度量两个事物之间的相关程度，是用来衡量术语结构稳定程度的有效方法。在术语抽取中，PMI 方法通过计算候选术语内部成分之间的共现频次来衡量成分之间结合的紧密程度①，以实现候选术语的抽取。互信息 PMI 的计算公式如下：

$$PMI(x,y) = \log \frac{p(x,y)}{p(x)p(y)} \tag{4-3}$$

式中，$PMI(x,y)$ 为术语内部成分 x 与 y 之间的互信息，$p(x,y)$ 表示词 x 与 y 共同出现的频率，$p(x)$、$p(y)$ 为 x、y 单独出现的频率。由独立性假设可知：如果 x 与 y 不相关，则 $p(x,y) = p(x)p(y)$；若两词相关性越大，则 $p(x,y)$ 与 $p(x)p(y)$ 的比值越大，因此，若 PMI $(x,y) > 0$ 且数值越大，表明 x 与 y 的关联强度越高，其组合而成的词语是一个内部单元结构稳定的术语的可能性更大。

单元性度量只是对术语内部结构关联强度的一种评估方法，经过单元性度量可评估并确定该词是否固定搭配，但对该词是否属于术语这一结论仅构成必要条件而非充分条件。大量结构稳固的通用词并非领域术语，如“研究方法”“知识背景”等通用复合词。因此，除了对术语的结构强度进行评估外，还需对其领域专业相关性进行评估。

2. 术语的领域性度量（termhood）

领域性度量是衡量术语与特定领域的相关程度，是对术语领域专业性的量化评估。领域性度量主要根据语料库中词或词组的分布统计数据（例如词频、TF-IDF 值等）来计算术语与领域的关联程度，常用方法分为两类：基于词频的方法和基于文档频率的方法。

---

① Li W J，Li Y. Entropy，mutual information，and systematic measures of structured spiking neural networks [J] . Journal of Theoretical Biology，2020，501 (3)：110310.

（1）基于词频的方法

词频 TF 指候选术语 t 在文档语料集中出现的总次数。用基于词频的方法进行术语抽取基于以下公理：在某一领域内有着领域专业性与代表性的词语会经常出现在该领域的文本集合中。因此，根据词语在语料文本中出现的次数进行排序，就可以过滤掉大量词频低的无效噪声词语，实现术语的抽取。为了更为准确、全面地评估术语的领域性，又在词频的基础上提出了归一化词频、平均词频等方法。

（2）基于文档频率的方法

基于词频的方法在能够过滤掉低频噪声数据的同时也存在着缺陷，一是仅在一篇文献或少量文献中高频出现词语会因为其出现总次数多而被误列为候选术语；二是对大量在文献中高频出现的通用词语缺乏有效的辨识能力，而将其误列为候选领域术语。因此，基于文档频率的方法可作为基于词频方法的优化与补充，以实现对术语领域性进行更为科学评估的目标，基于文档频率的方法主要有文档频率 DF、逆文档频率 IDF 和词频-逆文档频率 TF-IDF3 种方法：DF 是根据领域文档集中出现术语词的文档数来衡量术语在该领域的重要程度。该方法计算复杂度低，原理简单，能较好地反映出术语词对该文本类别的影响。IDF 用来衡量候选术语 t 所出现的文档数量占整个语料库文档数量的逆比重。IDF 基于以下假设：如果某个词在整个语料库中比较少见，但是它在跟某个学科、主题相关的文章中多次出现，那么它很可能就反映了该学科、主题的特性，应该将其列为候选术语。TF-IDF 通过词频和逆文档频率的结合来综合衡量术语的领域性。TF-IDF 认为词的领域重要性随着它在文件中出现的次数的增加而增加，但同时也会随着它在语料库中出现的频率的升高而降低。

术语的领域性度量可将真正的领域术语与通用短语进行区分，对领域术语的正确抽取起着重要的作用，术语领域性度量的主流方法如表 4-4 所示：

表 4-4　术语的领域性度量方法

词频	词频	$TF(t)=\sum_{d\in \text{docs}} f_d(t)$ 表示术语 t 在文档集合 docs 某一文档中出现的次数
	归一化词频	$NTF(t)=\frac{TF(t)}{N}$，N 表示文档集合 docs 中包含的单词总数
	平均词频	$ATF(t)=\frac{TF(t)}{DF(t)}$，$DF(t)$ 表示文档集合 docs 中包含候选术语 t 的总文档数

续表

文档频率	文档频率	$DF(t)=\frac{\lvert\{docs:t\in docs\}\rvert}{\lvert docs\rvert}$，$\lvert\{docs:t\in docs\}\rvert$ 表示包含 t 的总文档数
	逆文档频率	$IDF(t)=\log\frac{\lvert docs\rvert}{\lvert\{docs:t\in docs\}\rvert}$
	词频-逆文档频率	$TF\text{-}IDF(t)=TF(t)\cdot IDF(t)$

基于统计学的术语抽取方法利用词频、文档频率等概率统计信息来抽取词或词组作为领域术语，算法简单、易实现、可移植性强。但该方法对语料库的质量仍有一定要求，若语料库中文本数量较少且领域专业性不强，则术语抽取的准确率和召回率会大幅降低。同时，该方法也难以识别语料库中统计特性不强的低频术语。

4.3.3 基于混合策略的术语抽取方法

无论基于语言学的还是基于统计学的术语抽取方法都有其自身的优势与不足。为有效提升术语自动抽取的准确率与召回率，基于混合策略的术语抽取方法逐渐得到了广泛的应用并成为了术语抽取的主流方法。基于混合策略的术语抽取方法是综合利用语言学、统计学的理论及方法来实现领域术语的抽取，该方法能够通过方法的互补在具备不同方法所具备的优点的同时，有效弥补不同方法各自的性能缺陷，同时具有较好的领域可移植性，可以有效提升术语抽取系统的整体性能。

基于混合策略的术语抽取方法通常首先使用语言学规则过滤掉无效噪声词，得到候选术语集，然后使用统计信息计算术语的领域性度量值并对其进行排序以获取正式的领域术语。熊李艳①等学者通过构建基于词性的规则模板进行噪声词的过滤，在此基础上基于改进的 C-value 方法通过术语领域性度量实现自动术语抽取。冯嘉康②利用 *N*-gram 统计模型进行分词并利用互信息、信息熵等统计学的方法进行候选术语的获取，最后利用基于语言学的规则过滤方

① 熊李艳，谭龙，钟茂生．基于有效词频的改进 C-value 自动术语抽取方法［J］．现代图书情报技术，2013（9）：54-59.

② 冯嘉康．基于 *N*-gram 与混合策略的新词识别研究与实现［D］．南京：东南大学，2018.

法进行候选术语的过滤。唐晓波①等学者同时利用基于统计和语言学的混合方法实现风险短语的抽取。

基于混合策略的术语抽取方法能综合利用语言学、统计学等多种术语特征信息进行术语抽取，通过方法的叠加、互补有效弥补单独使用一种方法的性能缺陷，带来了领域术语抽取性能的大幅度提升，该方法也是目前术语抽取的主流方法。

4.4　基于 N-gram 模型与混合策略的非遗领域术语抽取与序化

基于混合策略的领域术语抽取方法能够综合利用领域术语自身的词法、句法特征和一系列基于单元性、领域性的统计学指标，通过对领域术语多元特征的挖掘与综合评估实现对领域专业、有效术语的全面挖掘，该方法能够以较低的投入成本实现领域术语抽取准确率与召回率的显著提升。从 4.1.2 节中分析可知，非遗领域术语中两词以上的复合词占比达到术语总数量的 59%，为进一步提升非遗领域中由两个单元词以上复合词所组成的术语的抽取性能，笔者引入了 *N*-gram 模型，利用 *N*-gram 模型强大的与语种无关的复合新词发现能力提升非遗领域复合术语抽取的准确性与召回率。综合以上分析，本节提出一个综合 *N*-gram 模型与混合策略的非遗领域术语抽取模型以实现非遗领域术语的全面、系统抽取。

4.4.1　非遗领域术语抽取的流程设计

本书基于非遗术语的形式特征、统计特征、语法特征，结合术语的领域性和单元性度量指标进行基于 *N*-gram 模型与混合策略的非遗领域术语的抽取，所采用的非遗领域术语的抽取分为语料获取与预处理、词串获取、词串过滤以及术语抽取等 4 个模块，基本流程如图 4-5 所示：

---

① 唐晓波，谭明亮，李诗轩，顾娜．基于风险短语挖掘的知识聚合模型研究［J］．情报理论与实践，2020，43（8）：152-158，139.

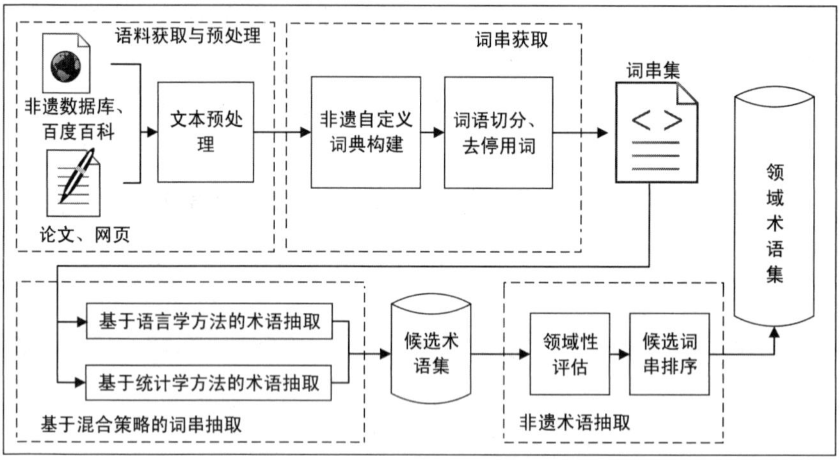

图 4-5　基于混合策略的非物质文化遗产领域术语抽取流程

语料获取与预处理模块首先要确定拟抽取的包含非遗术语的文本语料库的构建来源。考虑到非遗术语的多元复杂性和领域专有性、单义性特征，本书以通用知识组织体系中的百度百科、专有知识体系中的各级文化管理部门和研究机构所建立的非遗数据库以及非遗研究所产出的文献成果、数字网页作为非遗术语的来源文本库。对采集到的领域文献还需要进行噪声清洗与规范化处理，删除下载文献中的无效字符，如附加广告信息、html 标记符等噪声数据，对文献格式与编码进行规范，转化为统一的 TXT 文本文件。

因为中文词语没有确定的上下文边界，因此词串获取模块包括非遗自定义词典构建、词语切分与去停用词等两个子模块。非遗领域大量专有术语来源于特定的时空环境、民族发展历史过程和民族语言，如国家级非遗项目“摆手舞”的关联术语“向老官人”来源于土家族传说人物，“舍巴日”“叶梯黑”等则来源于土家族语言的汉语记音词。非遗领域术语显著的专有性和单义性特点造成其通常无法被通用的汉语词库所收录。因此，非遗文本的词串切分首先需要构建专业的非遗领域自定义词典，通过将基于上下文信息、外在形态而较容易识别的非遗术语进行前期汇集，构建出非遗自定义词典并将其导入到后续的切分词工具中就可以有效提升后续切分词系统的准确性，防止因词语的错误切分而造成的领域术语的丢失。基于 N-gram 模型和自定义的领域词典进行后续领域文本的中文词语切分工作，利用现有的汉语停用词表去除切分后词串集中的无效词，最终完成非遗词串集的构建。

非遗语料文本经切分后所产生的词串集中词串数量通常十分庞大，存在着大量的噪声词串。为有效降低后续计算的复杂度，提升术语抽取系统的性能，本书采用语言学与统计学相结合的方法去除非遗词串集中所存在的大量无效噪声词串，完成候选非遗术语集的构建。

最后，对过滤后所产生的候选非遗术语进行领域性度量，基于术语的领域性度量结果进行候选术语的排序，通过设置一个最优的取词比例或术语的领域性阈值获得最终的非遗领域术语。

4.4.2　基于 *N*-gram 模型的非遗文本语料的切分

N-gram 是一种基于统计语言模型的算法，具有领域术语识别率高、对文本拼写错误容错能力强、语种无关等优点，十分适合非遗领域术语的抽取。*N*-gram 算法模型的基本思想是将文本里面的内容按照字符或词进行大小为 N 的滑动窗口操作，将从窗口中取出的长度为 N 的字节片段称之为 gram①。对从文本中所抽取的所有 gram 按其出现频度进行过滤之后所形成的 gram 列表即是代表这个文本内容的特征词向量，列表中的每一种 gram 就是一个特征向量维度。

根据 *N*-gram 算法对中文文本切分单位的差异性，可将其分为基于字符和基于词的两种具体实现方法，在中文新词识别领域中基于词的 *N*-gram 算法具有更高的效率②，因此，笔者采用基于词的 *N*-gram 模型进行非遗术语的抽取。以常用的 1-gram、2-gram 和 3-gram 模型为例，对句子“昆曲是世界级非物质文化遗产。”进行基于词的 *N*-gram 切分，切分后所产生的词串集如表 4-5 所示：

表 4-5　基于词的 *N*-gram 候选术语切分

原始句子	昆曲是世界级非物质文化遗产
1-gram 切分	昆曲/是/世界级/非物质/文化遗产
2-gram 切分	昆曲是/是世界级/世界级非物质/非物质文化遗产
3-gram 切分	昆曲是世界级/是世界级非物质/世界级非物质文化遗产

① Sarkar K. Using Character *N*-gram Features and Multinomial Naïve Bayes for Sentiment Polarity Detection in Bengali Tweets [C] //2018 Fifth International Conference on Emerging Applications of Information Technology (EAIT), Kolkata, 2018: 1-4.

② 段宇锋，鞠菲．基于 *N*-gram 的专业领域中文新词识别研究 [J]．现代图书情报技术，2012 (2): 41-47.

基于 *N*-gram 算法实现非遗领域术语抽取首先需要对文本文档进行段落、句子、词语的切分，得到语段序列，再选择与领域术语成分词分布结构特征相匹配的 *N*-gram 滑动窗口进行基于 gram 模型的词串切分，得到 gram 频度列表，最后通过设置基于语言学、统计学的多元过滤规则过滤掉垃圾词串得到最终的候选非遗领域术语。基于 *N*-gram 模型的非遗领域术语抽取的基本流程如图 4-6 所示：

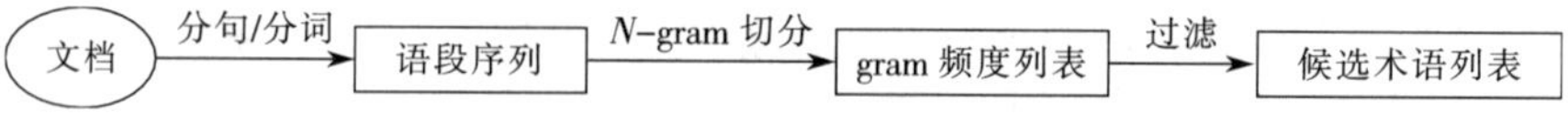

图 4-6　*N*-gram 算法的基本流程

根据 4.1.2 节的内容可知，非遗术语中由 1～3 个成分词组合而成的术语占比达到 95.18%，因此，N 的取值为 1～3，即抽取 1-gram、2-gram、3-gram 滑动窗口所组成的词串构成非遗词串集。

4.4.3　基于混合策略的词串过滤与非遗领域候选术语抽取

经 *N*-gram 切分后所得到候选词串中包含了大量的无效、噪声词串，需要在对其进行有效过滤的基础上抽取并获得候选非遗术语集。笔者将在 3.1.2 节对非遗术语特征进行分析的基础上，综合采用基于语言学和统计学的方法实现对非遗文本词串集中噪声词串的过滤与非遗候选术语的抽取。所采用的词串过滤规则如下：

规则一：字长过滤。短语字长为 1 或大于 7，过滤该词串.

规则二：词性过滤。1-gram 所切分出词串的词性为数词、状态词、副词、连词、介词、助词、形容词、动词，2-gram 所切分出词串的词性为动词＋动词、形容词＋动词、副词＋动词、数词＋形容词、动词＋形容词，所有词串中包含英文字母、阿拉伯数字，则过滤该词串。

规则三：词频过滤。候选短语在领域文本集中出现频次为 1，删除该词串。

规则四：互信息过滤。*N*-gram 模型随着其取词窗口的滑动会产生大量如“梯玛率领”“请求神灵”类的噪声词串。该类词串因 2-gram、3-gram 窗口滑动而产生并非固定结构的词语搭配，因此词串内部组成成分之间的结构强度通常较低，采用互信息法对候选词串进行术语结构强度的评估，可以过滤掉结合强度低而不太可能成为术语的词串。对于 3 个词所组成的候选词串，笔者将该词串分解为多个二元词串的组合并分别计算其互信息值，将互信息最大值作为词串的最终互信息值。

规则五：父子串过滤。随着 N-gram 模型中滑动窗口 N 的取值不同会产生大量的父子词串。如 1-gram、2-gram、3-gram 的滑动窗口会分别产生“土家族”“湘西土家族”“湖南湘西土家族”等父子串。为实现父子串的过滤与筛选，笔者基于词汇的权重与词汇在文献中出现的频率和词汇本身的长度呈正相关关系的理论假设，定义了一个父子串的重要性权值计算公式：

$$W_I = \log_2(F) \cdot \log_2(LEN + 1) \tag{4-4}$$

式中，W_I 为父子串中单个词串的重要性权值，F 代表词串的词频，LEN 代表词串长度。父子串长度差异值过大则会过滤掉真实术语，过小则会包含噪声术语，因此，笔者将父子串的长度差异值设置为 2，对父子串根据 W_I 值排序，保留排名第一的词串。

4.4.4　基于领域性度量的非遗术语排序

非遗候选术语的排序实质是对其进行领域性度量，按照度量值的大小进行排序，通过设置领域性阈值或根据一定比例选择排序靠前的候选术语成为最终的非遗领域术语。

在基于统计学的领域术语度量方法中 TF-IDF 算法是量化衡量词语对其所属文件集或语料库重要性的经典方法之一。TF-IDF 算法在应用于文本特征词识别时虽具有较好的效能但也存在着一定的性能缺陷，主要体现在以下几个方面：

一是 TF-IDF 算法将词频作为衡量词语领域重要性的唯一性指标，而忽略了词长、词语位置等词语特征信息对特征词区分度的贡献。

二是 TF-IDF 的算法逻辑会给在少部分语料文本中高频出现，但在大部分文本中出现频次比较低的词赋予更高的领域性权重值。但是往往在个别文档中大量出现的词很可能是特例情况而并不具有真正的领域代表性，从而会产生误判。

三是经典的 TF-IDF 算法只考虑了特征词与它出现的文本数之间的关系，而没有考虑特征词在不同类别文献中的差异性分布情况，从而无法识别出具有类别显示度但词频不高的领域术语。

经典的 IDF 算法仅考虑词语在语料库整体中的词频，而没有考虑词语在语料中不同类别文献中的差异性分布。假设词 A 在领域语料两个不同细分类别的文献中均出现 50 次，组成词频对（50，50），词 B 在语料库中两个不同类别文献中的出现次数为 80 次和 20 次，其词频对为（80，20）。从术语性分析可知词 B 更可能是领域术语，但传统的 IDF 算法因为仅考虑词语在语料库整体中的出现频次则会赋予词 A 和词 B 相同的 *IDF* 值。

非遗术语极强的领域专业性特征使得非遗术语几乎只在非遗领域的文献中出现，极少在其他学科领域的文献中出现。因此，可通过引入外部语料库作为比对参考，通过对比候选术语在非遗领域语料库和在外部通用语料库中出现频次的差异性，将非遗领域术语与领域通用词区分开，实现非遗术语的有效识别与抽取。基于以上理论，提出有效逆文档频率 *EIDF* 的定义，*EIDF* 是在非遗领域语料的基础上，引入外部通用语料，在计算非遗领域术语的 *EIDF* 值时综合考虑术语在领域语料库和通用语料库中的词频分布情况，使其与术语在领域语料中的词频成正比，与术语在通用语料中的词频成反比。*EIDF* 的计算公式如下：

$$EIDF(t) = \log_2\left[1 + \frac{P(t)}{P(t)' + 0.001}\right] \tag{4-5}$$

式中，t 是非遗候选术语，通过引入通用语料库并进行比对可以得到 t 在非遗领域语料与通用语料中的不同词频。$P(t)$ 表示 t 在非遗语料中的词频，$P(t)'$ 表示 t 在通用语料中的词频。分母中的 0.001 是为了防止出现分母为 0 的情况，同时也可以最大程度避免对在通用语料中出现频次低的词语权重值产生影响。

为了避免因在个别文档中大量出现的噪声词的干扰，给予具有普遍领域代表性的术语以较高的权值，本书用领域语料中的文档频率 *DF* 来代替 TF-IDF 算法中的 *TF* 值，综合考虑候选术语的长度对非遗术语语义完整性的正相关影响，最后得到候选术语的领域性度量值 *DF-EIDF-L* 值的计算方法：

$$DF\text{-}EIDF\text{-}L(t) = DF \times \log_2\left[1 + \frac{P(t)}{P(t)' + 0.001}\right] \times \log_2(LEN) \tag{4-6}$$

式中，*DF* 为候选术语 t 的文档频率，*LEN* 为术语词长。基于 *DF-EIDF-L* 值的术语领域性计算方法考虑了非遗文献专业度高、数量少的现实情况，通过术语在领域文献和通用文献中出现频次的综合比对实现对中、低频次出现的领域术语的有效识别与抽取。同时该算法考虑了术语长度与语义完整性的正相关关系，提升了长术语抽取的准确性。

4.4.5 非遗领域术语的组织与序化

非遗领域术语组织结构的有效性与科学性直接决定了非遗领域术语的功能性和可用性。因此，要充分发挥非遗术语的作用与价值功能，就必须为其设计一个科学、合理的组织体系，以实现非遗术语的科学组织与序化。

非遗领域术语涉及不同学科、不同类型和不同结构的知识内容，既有其属于非遗领域知识的共性特征，又有其个性化的知识内容属性特征，如非遗领域术语“容美土司”与“皮影”同属于非遗领域术语，但“容美土司”为人物类术语，“皮影”为实物类术语，具有显著的内容与结构差异。因此，在对非遗术语进行序化与组织的过程中，既要依据术语在非遗领域知识空间中所处的分面层次与结构特征对其进行组织与聚类，还要依据非遗领域术语自身固有的知识特征属性对其进行进一步的延伸与细化组织，通过构建一个多维度、多线索的非遗术语组织体系，实现对非遗术语及其所关联非遗知识元的有效组织与检索、利用。

在我国现有的非遗资源组织体系中，“十分法”分类粒度适中、归类准确，是目前我国各级非遗管理部门、非遗研究与保护机构在对非遗领域知识资源进行序化、组织过程中所采用最为广泛的非遗资源组织方法。因此，笔者在非遗“十分法”的基础上对非遗术语进行领域专有类别划分，同时根据非遗术语自身的内容特征与形态特征进行内容复分与音节复分，实现基于多层次、多分面知识内容的非遗领域术语的分类组织。

1. 非遗术语分类法的主分类表

依据《国家级非物质文化遗产名录》采用的“十分法”，将非遗术语划分为 10 个类别，每个类别直接用阿拉伯数字进行标识，如表 4-6 所示。

表 4-6　非遗术语的分类主表

名称	代码	名称	代码
民间文学	1	传统体育、游艺与竞技	6
传统音乐	2	传统美术	7
传统舞蹈	3	传统技艺	8
传统戏剧	4	传统医药	9
曲艺	5	民俗	10

2. 非遗术语分类法的内容复分

在非遗术语分类法主表的基础上对非遗术语进行基于术语内容属性特征的复分，进一步延伸、细化主表的分类类目。非遗术语的内容复分是基于所构建的非遗领域知识要素的结构框架进行术语内容复分结构的定义，复分代码由 C ＋阿拉伯数字组成。非遗术语分类法的内容复分表如表 4-7 所示。

表 4-7 非遗术语的内容复分表

名称	代码	名称	代码
人物	C1	时段	C6
实物	C2	空间	C7
概念	C3	文献	C8
事件	C4	非遗项目	C9
行为	C5		

3. 非遗术语分类方法的音序复分

根据中文词语的发音音序进行词语的排序、组织与聚类是中文词语最为直接、有效的组织方法。因此，笔者基于非遗术语的发音音序对其进行进一步的细化与复分，根据非遗领域术语 A～Z 不同的发音音序，定义其音序复分分类代码为 a～z。

基于所构建的由非遗领域术语分类主表、非遗领域术语内容复分表、非遗领域术语音序复分表所组成的非遗领域术语分类组织体系在有效揭示了非遗领域术语所表征的非遗领域知识属性外，还根据非遗领域术语固有的知识内容属性与音序属性向下复分，完整地揭示了非遗领域术语的多重知识内涵，实现了非遗领域术语多分面维度与层次的序化组织。

4.5 实验

为验证所提出理论与方法的可行性与有效性，笔者采用 Python 语言基于 LTP 开发平台开发了一个非遗领域术语抽取系统，并以国家级非遗代表性项目“土家族摆手舞”为实证研究对象，对所提出非遗术语抽取理论与方法进行可行性与有效性验证。

4.5.1 领域语料库与通用语料库的构建

土家族摆手舞是我国土家族最具代表性的传统文化形式，作为湖北省内一项民族特色突出、具有极高民族历史文化价值和体育锻炼功能的非遗项目，其文化价值和社会功用日益凸现，已经成为我国土家族聚居地区人民在全民健身、文化娱乐、旅游开发等活动中的重要形式和内容①，也是湖北省内最具代表性和影响力的国家级非物质文化遗产项目。

本书所构建的领域语料库选取百度百科中与“摆手舞”相关的词条网页、网络文本以及知网学术文献数据库来构建研究所需的实验语料。在百度百科中搜索“摆手舞”并根据网页中超链接进行扩展获取“大摆手”“酉阳摆手舞”“恩施摆手舞”等相关网页 8 个；利用百度搜索引擎以“摆手舞”为关键词人工选取高相关度的网页共计 25 篇；在知网选取以“摆手舞”为关键词的高相关度文献 123 篇，删除下载文献中的格式信息、无用信息，并将其统一转换成 WORD 格式的文本文件，共获得领域语料文献 156 篇，调用 Python-docx 库将其文本转为字符串，部分文档实例如图 4-7 所示。

图 4-7　非遗语料库中的部分文档实例

术语的领域性度量所需外部通用语料库选择了在中文自然语料处理领域得到广泛应用的人民日报语料库。本书所使用的人民日报语料库收录的是 2014 年全年《人民日报》所刊发的所有文章，共有文章 47 418 篇，该语料库对其进行分词与词性标注处理，对通用词汇具有良好的覆盖性。中文自然语言的处理，包括用户自定义词典、切分词、词性标注，使用哈工大自然语言处理工具 LTP 实现。

① 张祥，李星明．基于文化认同的旅游地文化空间再生产研究——以湖北来凤舍米湖村摆手舞文化空间再生产为例［J］．华中师范大学学报（人文社会科学版），2020，59（2）：85-92.

4.5.2 领域用户词典的构建

本书将文献中所有被双号、单引号以及书名号所标注出的词语进行抽取，对抽取出的词通过人工方式删除部分通用词与无效词，剩余词条作为该领域的自定义词典，所构建的摆手舞领域自定义词典共包含术语词 60 条，按其出现的词频排序如表 4-8 所示。

表 4-8 “摆手舞”的显性候选领域术语

序号	词语	词频	序号	词语	词频	序号	词语	词频
1	摆手舞	220	21	改土归流	21	41	舍米湖	12
2	大摆手	111	22	同边	20	42	同边手	12
3	小摆手	93	23	渔猎舞	20	43	祖先崇拜	11
4	巴渝舞	78	24	非遗	19	44	水牛打架	11
5	单摆	72	25	摆手歌	18	45	磨鹰展翅	11
6	梯玛	62	26	土王崇拜	17	46	送驾扫堂	11
7	双摆	61	27	大摆手舞	17	47	撒叶儿嗬	10
8	摆手堂	56	28	社巴日	16	48	一边顺	10
9	舍巴日	55	29	农事舞	16	49	正月堂	10
10	八部大王	49	30	打蚊子	15	50	撒尔嗬	10
11	回旋摆	39	31	挖土	15	51	织布	10
12	一顺边	38	32	纺棉花	15	52	土家	10
13	毛古斯	36	33	毕兹卡	14	53	七寨半	10
14	撒种	29	34	西兰卡普	14	54	生活舞	10
15	舍巴	27	35	摆手节	13	55	五月堂	9
16	顺拐	24	36	爵主宫	13	56	二月堂	9
17	插秧	24	37	三步颤	12	57	社巴	9
18	小摆手舞	23	38	三月堂	12	58	鲤鱼标滩	9
19	拖野鸡尾巴	22	39	闯驾进堂	12	59	甩同边手	9
20	跳蛤蟆	21	40	种包谷	12	60	土王庙	9

4.5.3 基于 *N*-gram 模型与混合策略的候选术语抽取

在实验中根据非遗领域术语的特征统计结果，设置 N 的取值范围为 1～3，即对领域语料文本进行 1-gram、2-gram、3-gram 的切分。经过 *N*-gram 切分得到候选词串 306 756 条，其中包含了数量庞大的因滑动窗口而产生的无效噪声词条。为有效过滤掉词串中的无效噪声数据，降低后续计算复杂度，根据 4.4.2 节所述过滤规则对经 *N*-gram 模型切分后的词串进行过滤，过滤效果如表 4-9 所示。

表 4-9　不同过滤规则的噪声词串过滤效果

过滤规则	过滤词数量	过滤效率（占比）
规则一	29 195	9.5%
规则二	238 538	77.8%
规则三	16 612	5.4%
总数	284 345	92.7%

基于字长、词频与词性的过滤规则分别过滤了 9.5%、77.8%与 5.4%的无效噪声词串，92.7%的噪声词串得以滤除，有效降低了后续环节的计算量。接下来对候选词串进行基于互信息方法的结构性过滤，以删除掉结构稳定度差而不太可能会成为领域术语的垃圾词串。将互信息的阈值设置为 0.2，共过滤噪声词串 12 119 条。互信息过滤所过滤掉的部分噪声词串如表 4-10 所示。

表 4-10　互信息过滤掉的噪声词串（部分）

序号	词语	序号	词语	序号	词语	序号	词语
1	生命本体	11	梯台	21	文化信息	31	文化基因
2	展示土家族	12	称为中国	22	文化遗存	32	心理机制
3	土家族古老	13	中国原始	23	民族歌舞	33	民族气质
4	现有人口	14	原始文化	24	歌舞艺术	34	学者认为
5	人口约	15	文化沉积	25	艺术之中	35	认为土家摆手舞
6	第三梯	16	成为世人	26	艺术奇葩	36	土家摆手舞起源
7	东北约	17	历史原因	27	土家族摆手舞	37	古代巴人
8	位置处于	18	土家族生息	28	传递土家族	38	伐纣时
9	处于我国	19	地域内	29	土家族民族	39	中的军阵舞
10	我国西	20	人类历史	30	民族原始	40	说起源

传统的 *N*-gram 切分会产生大量的父子串簇，通过父子串过滤能进一步滤除、精简冗余词串，保留具有最高知识价值的核心词串。基于所提出的父子串过滤算法，共过滤冗余词串 5 157 条，部分父子串过滤结果如表 4-11 所示。

表 4-11　父子串过滤（部分）

过滤前父子串簇	保留词串
彭昌义 带领彭昌义 村民彭昌义 彭昌义曾谈 老人带领彭昌义	彭昌义
彭昌松 彭昌松老人 大师彭昌松	彭昌松
舍米湖 舍米湖村 舍米湖村名声 鄂西舍米湖村	舍米湖村
藏语系藏缅 汉藏语系藏缅 藏语系藏缅语族	藏语系藏缅语族
高祖 高祖观 高祖乐 高祖帝 汉高祖 高祖灭 高祖自汉 汉高祖定 高祖帝喜 高祖定三 汉高祖灭 高祖灭秦时 盖汉高祖	汉高祖
土王 土王神 题土王祠 土王崇拜 土王宫畔 土王土祖 土祖土王 土王做主 恭请土王 土王喜淫 土王淫乐 敬祭土王 土王祠畔 先绕土王 绕土王祠	土王
西水 西水河 西水河畔 西水流域 西水北岸 西水河流域 西水河西岸 西水河下游 地处西水河 西水河中游 西水流域湘 长潭西水河 山区西水流域 西南西水流域 西水流域调查 西水流域土家 西水流域最为 西水流域社会 西水流域摆手 西水河流域土家	西水流域
摆手 摆手舞 摆手歌 跳摆手 摆手者 做摆手 玩摆手 摆手队 摆手坪 摆手碑 摆手场 摆手坝 摆手操 双摆手 跳摆手舞摆手活动 摆手舞队 摆手舞者摆手舞手 摆手舞堂 届摆手节 万人摆手	摆手舞
大王 八部大王 八部大王嘴 大王时唱道 纪念八部大王 八部大王高兴 八部大王齐位 八部大王时唱 八部大王嘴上 八部大王时杀	八部大王
土司神 土司 故土司神	土司
巴渝 巴渝舞 巴渝舞不宜 巴渝舞遗意 巴渝舞还只 巴渝舞中相	巴渝舞

实验中候选术语过滤模块总计过滤噪声词串 301 621 条，占 *N*-gram 切分后词串总量的 98.3%。通过词串过滤后所剩余词串的数量得到了大幅度减少，有效降低了后续术语排序系统的计算复杂度。经 *N*-gram 切分与过滤后保留的 5 135 条词串则成为非遗领域的候选术语。

4.5.4　术语抽取及性能评估

采用本书所提出的术语领域性的度量方法对非遗候选术语进行 *DF-EI-DF-L* 值的计算，并按值的大小进行排序。排序结果前 50 的候选术语如表 4-12所示。

表 4-12　抽取出领域术语排序结果（部分）

序号	术语	序号	术语	序号	术语
1	摆手舞	19	八部大王	36	武王伐纣
2	土家族	20	武陵山区	37	田老汉
3	小摆手	21	改土归流	38	同边手
4	大摆手	22	拖野鸡尾巴	39	前歌后舞
5	摆手堂	23	永顺	40	酉水流域
6	摆手活动	24	向老官人	41	舍米湖村
7	摆手歌	25	巴人	42	传统体育
8	彭公爵主	26	白虎	41	西兰卡普
9	回旋摆	27	男女相携	42	梯玛
10	龙山县	28	土司	43	插秧
11	祖先	29	战争	44	恩施
12	民间舞	30	农事活动	45	劳动生活
13	单摆	31	舍米湖村	46	来凤县
14	双摆	32	舍巴日	47	五谷丰登
15	巴渝舞	33	五谷丰登	48	土王苗
16	正月初三	33	土司	49	五月堂
17	土王	34	锣鼓	50	跳蛤蟆
18	祭祀歌舞	35	宗教信仰		

根据已有研究，通用语料中未登录词在词汇集中所占比例为2%～5%①。考虑到非物质文化遗产领域术语独有的专业性与稀缺性，为了得到科学的非遗领域术语抽取性能测试结果，实验中将排序后的领域术语抽取比例区间设置为候选术语总数量的0.5%～5%，按0.5%的递增来分别计算抽取系统的性能。同时采取经典的TF-IDF算法作为基准算法，与所提出的基于*N*-gram与混合策略的领域术语抽取算法进行性能比较，实验结果如下：

1. 抽取系统的准确率

在实验中，非遗领域术语抽取系统的准确率如图4-8所示。本书所提出的非遗领域术语抽取系统的准确率相比经典TF-IDF抽取系统的准确率得到了显

① 都菁．基于论坛语料的未登录词自动识别新方法［D］．重庆：西南大学，2010.

著优化，所提出方法在取词比例设置为 0.6％和 0.8％时准确率达到了最高值 93％，在取词比例为 0.2％～5％这一区间时术语抽取的平均准确率达到 74.3％，而作为基准线的经典 TF-IDF 算法的术语抽取的平均准确率仅为 58％。同时在取词比例扩大时准确率的下降速度也低于经典的 TF-IDF 算法，这说明所提出的基于混合策略的术语抽取算法能在非遗相关语料较少的环境下，对结构复杂、类型多样且专业性极强的非遗术语具有良好的抽取性能。

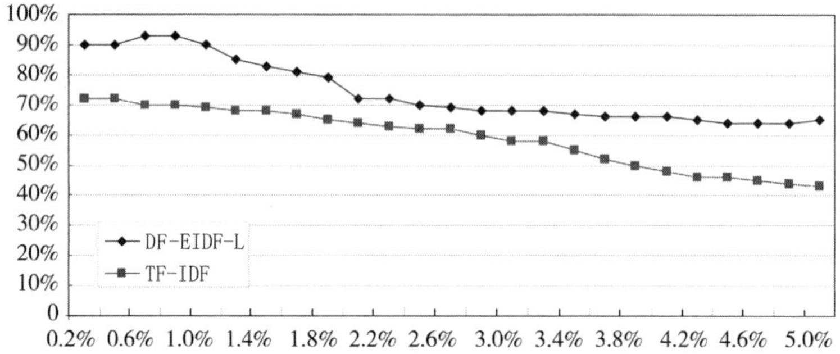

图 4-8　非遗领域术语抽取系统的准确率

2. 抽取系统的召回率

在实验中，非遗领域术语抽取系统的召回率如图 4-9 所示。在取词比例为 0.2％～5％的取词区间内系统的召回率呈现出线性上升态势，说明绝大部分非遗核心领域术语在经过所提出的算法进行排序后，均位于排序后词序列的头部，且在头部区域分布稳定，并在取词比例为 5％时系统召回率达到了 86％。而作为基准线的经典 TF-IDF 算法其召回率随着取词率的扩大上升速度明显低于本书所提出的算法，且在取词比例高于 2％时逐步收敛，当取词比例进一步扩大时其召回率无显著上升。

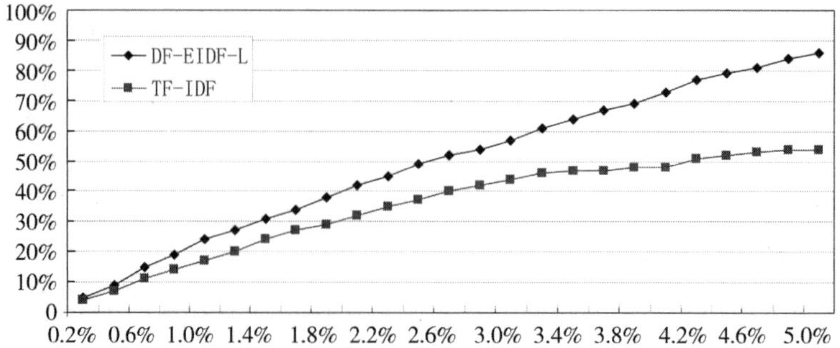

图 4-9　非遗领域术语抽取系统的召回率

3. *F* 值

在实验中，非遗领域术语抽取系统的 *F* 值如图 4-10 所示。作为基准线的 TF-IDF 算法在取词比例大于 3.6%后，其系统 *F* 值呈现下降趋势。与此同时，所提出的非遗术语抽取算法的 *F* 值明显高于作为基准线的经典 TF-IDF 算法。随着取词范围的扩大，所提出的非遗领域术语抽取算法的 *F* 值性能同样呈现上升态势且与基准经典 TF-IDF 算法的性能差距逐步扩大。

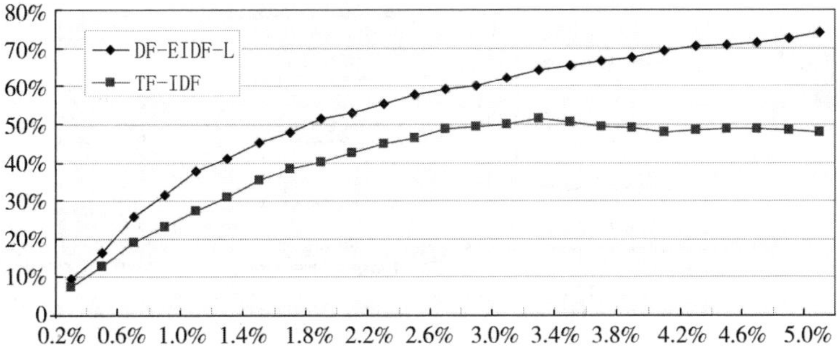

图 4-10　非遗领域术语抽取系统的 *F* 值

从实验数据可以验证所提出的非遗领域术语抽取方法能够有效地抽取出非遗领域重要的核心概念术语，为后续非遗领域知识元及其语义关系的抽取奠定良好基础。

4.5.5　非遗领域术语的组织与序化

对实验所抽取出的摆手舞相关非遗领域术语按照所提出的非遗领域术语分类组织方法进行组织与序化，其部分术语的分类组织结果如图 4-11 所示。

如图 4-11 所示，本书所构建的非遗领域术语组织系统由非遗领域知识空间中 10 个分面结构所组成，在每个分面下对非遗领域术语进一步进行基于术语知识对象内容特征的复分与基于术语发音音序的复分，如非遗领域术语“田老汉”“土司王”“梯玛”为传统舞蹈类非遗术语，其术语所描述的知识对象均为历史人物，同时术语的发音音节都为“t”开头，因此，以上 3 个术语被划分至分类代码为“3C1t”的同一个术语细分类别。

由实验可知，通过所提出的非遗领域术语分类组织方法，用户能根据非遗术语的多维知识属性特征快速、准确地定位并获取其所需非遗术语，同时实现了对具有相同知识属性与特征的非遗领域术语的类聚。

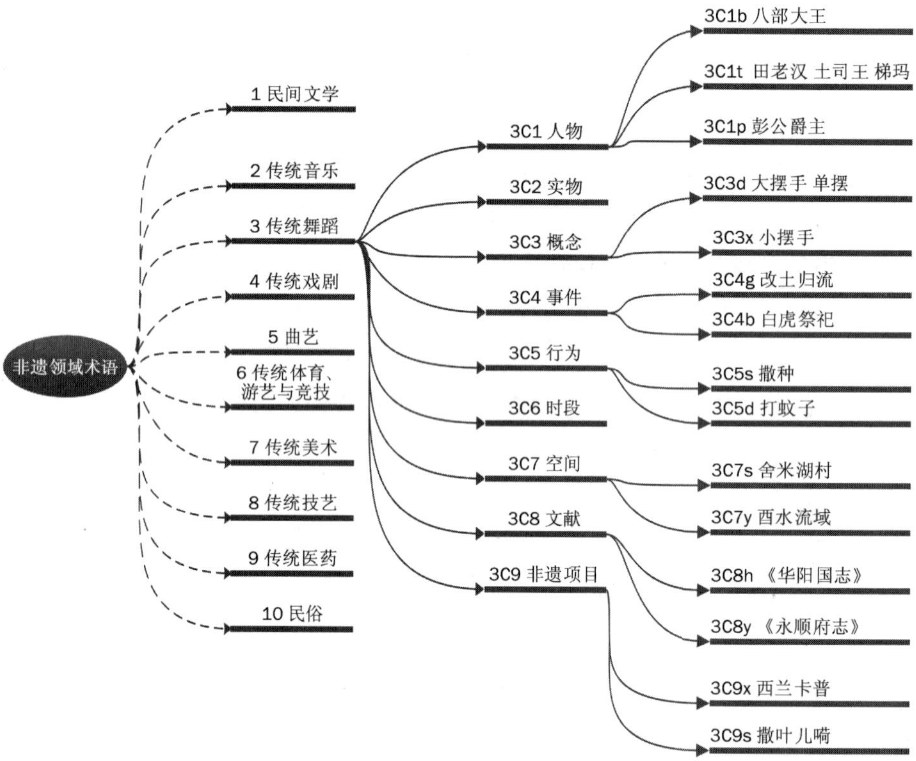

图 4-11 非遗领域术语的分类组织

第5章　非遗资源中的知识元知识项抽取与内容揭示

知识抽取其核心是对蕴含于文献中的知识描述片段进行识别、理解、筛选与格式化，并进行形式化存储的过程[①]。非遗知识元的知识项是知识元不同分面、维度知识的描述片段，主要形式为短语和句子。因此非遗知识内容的抽取可具体转化为对非遗知识元知识项的抽取，根据非遗知识元知识项的特征属性，在一定的理论、方法与抽取策略的指引下实现对描述非遗知识元知识内容的多元知识项的定位、抽取与存储。

5.1　非遗知识元知识项的分类与抽取模式

5.1.1　非遗知识元知识项的分类

非遗知识元知识项是对非遗知识元所表征的不同分面知识内容的结构化、形式化表达，知识项通过知识元的属性结构实现与知识元实例的关联、映射与集成。根据知识项内容的形态特征可以将其划分为短语、句子、日期、数值、图表等不同类型；根据知识项内容所发挥的功能与作用可将其划分为标识类知识项与描述类知识项[②]，其中描述类知识项又可以进一步划分为性质描述、语

① 化柏林．国内外知识抽取研究进展综述［J］．情报杂志，2008（2）：60-62.

② 毕崇武，王忠义，宋红文．基于知识元的数字图书馆多粒度集成知识服务研究［J］．图书情报工作，2017，61（4）：115-122.

义结构描述、资源属性描述等类别①。基于非遗本体中概念类属性的定义，对非遗知识元知识项可分别从其表达类型、语义功能等两个维度进行类别划分，分类情况如表 5-1 所示。

表 5-1 非遗知识元知识项的分类

类型	功能	对应知识元及属性
短语类	标识类	ich：title person：name conceptual object：prelabel physical thing：prelabel activity：prelabel space：prelabel time-span：prelabel e-vent：prelabel document：title
	语义描述类	ich：type ich：level ich：Application areas ich：protection agency ich：dataAcepted person：gender document：creator
句子类	语义描述类	ich：abstract person：description conceptual object：definition physical thing：note activity：has note space：has note event：has note Space：has note document：description event：has note
日期类	语义描述类	ich：data Accepted person：birthday time-span：beginning is qualified by time-span：end is qualified by

非遗知识元知识项从其具体的表达形式上可将其划分为短语类、句子类和日期类知识项等 3 种不同的表现形态，从其所发挥功能上可将其分为标识类知识项和语义描述类知识项。考虑到日期类知识项具有多元复杂的表达形式，同时中文日期不同的形式化表述方式本质上也属于一种具有特殊结构的中文短语，因此，本书将日期类知识项划归为短语类知识项的一种特例，不再专门研究。基于非遗知识元知识项的分类特征，可将非遗知识元知识项的抽取划分为基于非遗术语库的知识项抽取、基于外部知识库的知识项抽取、基于文本语料库的知识项抽取 3 种不同的抽取模式。

5.1.2 基于非遗术语库的知识项抽取

非遗的标识类知识项，如非遗项目、非遗概念、非遗实物、非遗事件、非遗文献、非遗相关时空环境、非遗行为的具体名称标识以及非遗关联人物的姓名等其本质都是表达非遗领域内事务、现象、特性、关系和过程的文字指称和标记。因此，可将这一类非遗标识类知识项统一纳入非遗术语的范畴之内，基

① 石湘，刘萍．基于知识元语义描述模型的领域知识抽取与表示研究——以信息检索领域为例[J]．数据分析与知识发现，2021，5 (4)：123-133.

于所抽取、构建的非遗术语库进行非遗标识类知识项的抽取。

非遗标识类知识项作为非遗术语是非遗知识元最为显著和有效的检索标识和组织线索，同时也是非遗知识元属性结构中其他类别知识项抽取的向导信息。因此，基于非遗术语库的非遗知识元标识类知识项的抽取也是非遗知识元抽取与组织系统后续高质量开展的前提和保障。基于非遗术语库的知识项抽取在第 4 章所构建完成的非遗领域术语库的基础上，采用专家人工识别、遴选的方法实现不同类别的非遗知识元标识类短语知识项的抽取工作。

5.1.3　基于外部结构化知识库的知识项抽取

非遗是中国社会、历史发展的产物，非遗知识同样也是中国历史、文化、科学发展过程中的重要知识内容，大量非遗领域知识已被中文百科知识库、中国非物质文化遗产网等外部知识库所收录并进行了结构化的著录。因此，可以直接建立起外部结构化知识库中所收录的结构化知识描述数据与非遗知识元知识项之间的映射关系，实现基于外部知识库的知识元知识项抽取。

本书以国家非物质文化遗产知识库和百度百科为外部结构化知识库进行非遗知识元知识项的抽取。国家非物质文化遗产数据库[①]是目前我国国家级非物质文化遗产项目收录信息最为全面、系统的领域知识数据库，该数据库以结构化形式分类收集整理了我国国家级非遗项目、世界级非遗项目以及非遗项目传承人的元数据描述信息。该数据库的分类体系及结构化的元数据信息如图 5-1 所示。

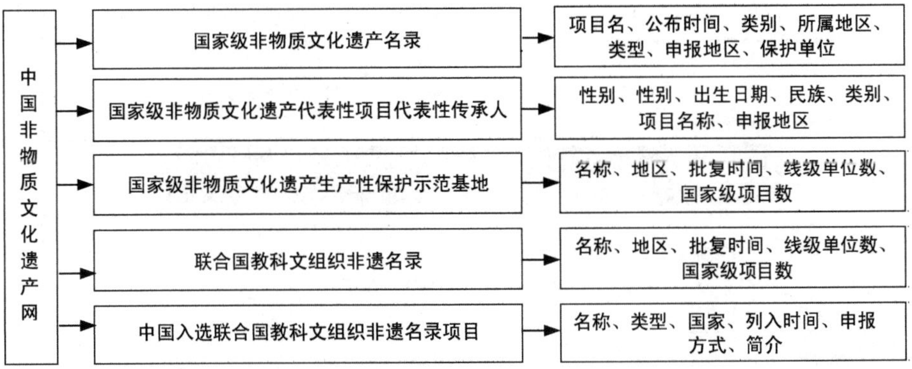

图 5-1　中国非物质文化遗产网分类框架及著录元数据

① 中国非物质文化遗产网·中国非物质文化遗产数字博物馆［EB/OL］. http：//www.ihchina.cn/.

中国非物质文化遗产网为结构化数据库，可便捷地将其导出为 Excel 格式的结构化数据，实现外部结构化知识库向非遗知识元知识项的映射、转化。

百度百科是当前中文领域收录词条最多、覆盖知识领域最广泛的百科知识库，截至 2021 年 8 月，共收录词条 2 400 万余条，百度百科还专门设置了非物质文化遗产知识子库以实现对非遗知识的系统性集中收录，该子库共收录了非遗项目知识词条 1 343 条，为非遗知识元知识项的挖掘提供了丰富的知识来源①。百度百科将知识内容概念化定义为一个词条并将词条的知识内容描述在一个网页中进行完整展示。每个词条由词条名、名片、正文及参考文献组成。其中词条名为该知识内容最被普遍接受的中文短语标识名称，词条名由标识短语和义项名组成；名片是词条的核心内容，也是该词条最重要内容的集中体现，包含概述和基本信息栏，其中概述由概括性的描述文字组成，基本信息栏则为词条知识分面的结构化描述。非遗领域术语“中秋节”在百度百科中的词条名及名片如图 5-2 所示。

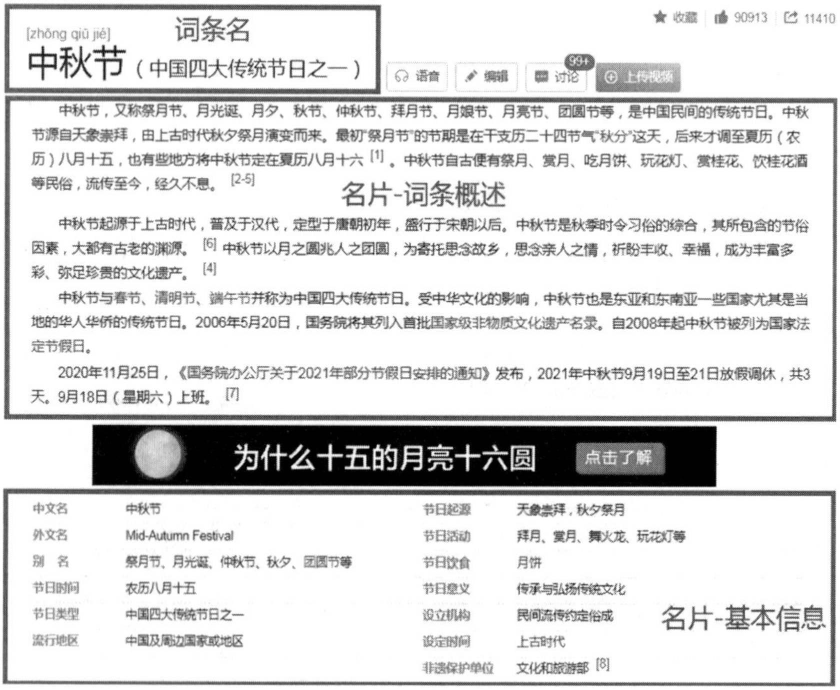

图 5-2　百度百科“中秋节”词条的词条名及名片

① 非遗百科［EB/OL］. https://baike. baidu. com/feiyi? fr=dhlfeiyi.

由图 5-2 可见，百度百科名片中的基本信息栏为结构化文本，其对词条内容的著录项与知识元的分面知识描述知识项之间存在着直接的映射关系。如“中秋节”词条名片概述栏中的著录项“中文名”与非遗项目知识元知识项 ich：title 存在着直接的映射关系。

基于外部结构化数据库，通过对数据库中知识概念与属性的映射实现非遗知识元知识项的著录，其基本流程如图 5-3 所示。

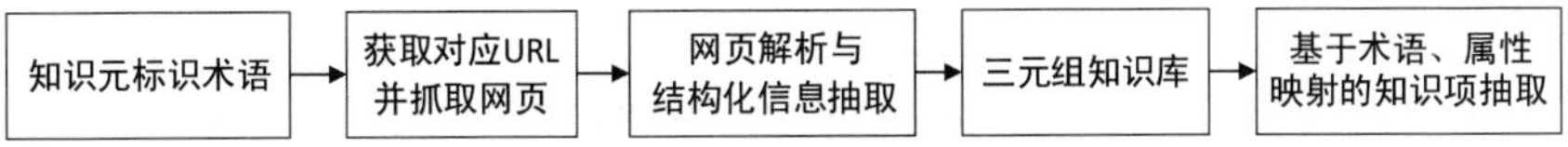

图 5-3　基于结构化知识库的知识项抽取流程

基于外部结构化知识库的知识项抽取首先根据已抽取出的知识元的标识术语获取对应知识库词条的 URL 地址；基于 URL 地址利用网络爬虫 Spider 进行目标网页的抓取，对其进行解析并获取网页中的结构化信息[①]；基于抽取的结构化数据进行领域知识三元组知识库的构建。

在知识元标识术语与知识项属性结构的基础上对其标识控制词进行适度的概念扩展，如父子串的扩展、同义概念的扩展、上下位的扩展等，将扩展后的非遗知识元标识术语、属性与外部结构化知识库中主语、谓语、宾语所构成的知识语义三元组进行匹配以实现知识项描述的抽取。

5.1.4　基于文本语料库的知识项抽取

外部结构化数据库的编撰人员通常为非专业人士，所著录的主要为该领域的浅层、通识类知识，在非遗知识著录的深度、广度与质量上仍然存在着较大的缺陷。同时，非遗领域较高的专业性门槛以及该领域冷门知识的特性也造成了大量非遗知识内容并没有被完整、系统地收入百科知识库中，而是仅在非遗领域的专业学术文献中存在。而这类仅在非遗专业学术文献中存在的知识往往是专业研究人员通过对非遗进行长期、深入研究后所归纳、提炼出的高价值领域知识的集成，是非遗活态、隐性、深层知识经过专家学者的观察、挖掘、分析等一系列科研活动后的显性转化与形式化表达，这类知识的抽取相比浅层、通识性知识的抽取具有更高的科学价值、应用价值和领域代表性，也是非遗知识元知识项抽取的研究重点。

① 杨文．基于百度百科的知识图谱构建方法研究［D］．武汉：华中师范大学，2019.

非遗文本语料库通常为非结构化的专业学术论文与数字网页，基于文本语料库的知识项抽取就是要对语料库中文献所记录的关于领域知识内容的知识描述片段进行识别、定位与抽取的过程，以实现对语料库文献中所记录的关于某一领域知识元不同分面知识内容描述片段的聚合与集成著录。从非结构化语料文本中进行知识元知识项的抽取从具体的实现方法上可以将其划分为基于规则匹配的抽取方法、基于统计学的抽取方法与基于深度学习的抽取方法等3种主流的抽取方法①。

基于规则匹配的知识项抽取方法借助句式结构、框架或者符号等对文本中的知识内容进行识别和抽取。根据规则产生方法的不同又可进一步将其划分为人工生成规则与半自动生成规则两种方法。人工生成规则方法是根据领域专家的对领域知识元的认知能力，以人工方式完成知识元抽取规则的构建。索传军、赖海媚②将问题知识元划分为理解型问题知识元、解决型问题知识元和探究型问题知识元3种类型，并归纳出不同类型问题知识元的线性结构描述规则；石湘③等学者通过专家人工方式构建了定义、思想、背景等6种不同类型知识元的句式匹配规则模板；石义金④等学者引入依存句法理论，通过构建基于依存关系的匹配规则实现知识元的抽取。人工规则生成方法完全依赖于领域专家自身的专业能力与水平，规则库质量受人的因素影响较大，同时也缺乏领域可移植性和灵活性。为克服人工生成规则方法的不足，部分学者开始利用自然语言处理技术与统计学理论由机器对人工规则所抽取出的知识描述项进行进一步的特征与规律挖掘，在此基础上实现规则库的更新与完善，这种半自动的规则生成方法其实质是一种基于规则匹配抽取与基于统计学抽取相结合的方法。

基于统计学的知识元知识项抽取方法通常采用*TF-IDF*、支持向量机、最大熵、条件随机场（*CRF*）、马尔可夫等统计学模型获取文献中知识元知识项的分布特征规律，在此基础上通过排序、分类或文字序列标注等手段实现知识

① 王忠义，沈雪莹，黄京．科技文献资源中方法知识元的抽取研究［J］．情报科学，2021，39（1）：13-20.

② 索传军，赖海媚．学术论文问题知识元的类型与描述规则［J］．中国图书馆学报，2021，47（2）：95-109.

③ 石湘，刘萍．基于知识元语义描述模型的领域知识抽取与表示研究——以信息检索领域为例［J］．数据分析与知识发现，2021，5（4）：123-133.

④ 石义金，王忠义，沈雪莹，郑鑫．基于序列模式的科技文献中知识元抽取研究［J］．情报理论与实践，2020，43（11）：144-149.

内容的抽取。朱臻、孙媛①采用基于支持向量机的方法构建了一个层次分类器，在此基础上实现了藏语人物知识元的抽取。李娜②基于方志古籍中物产的别名频次、长度、边界词等特征项构建了基于条件随机场的概率模型预测文本的标签序列分布，实现对古籍中别名知识元的抽取。双哲、孙蕾③提出了一种结合最大熵的改进隐马尔可夫模型实现对网页中作者、地址、Email 等不同类型知识元知识项的抽取。

基于深度学习的知识元抽取是通过引入神经网络强大的特征学习能力，通过适量的神经元计算节点和多层运算层次结构模仿大脑的神经元之间传递、处理信息的模式进行目标知识元表达特征的学习，通过深度学习建立起输入到输出的函数关系实现知识元知识项的识别与抽取。

基于深度学习的知识项抽取方法所采用的神经网络模型的构建与训练难度较大，对参与训练的语料库质量与数量也有着比较高的要求，难以应用于领域文献数量较少且无标注语料的非遗知识元知识项的抽取。基于规则匹配和基于统计学的知识抽取方法具有计算成本低、领域适用性强、可无须标注语料的优势，两种方法的结合还可以有效弥补单独使用每种方法的性能缺陷，实现整体性能的最优。因此，笔者采用基于规则匹配与基于统计学相结合的抽取方法实现非遗知识元短语类知识项与句子类知识项的抽取。

5.2　非遗知识元短语类知识项抽取

非遗知识元的短语类知识项通常由单词或复合词构成，主要为知识元的标识类知识项和语义描述类知识项，本书采用多种抽取模式相结合的方法进行非遗短语类知识项的抽取。

5.2.1　短语类非遗知识元知识项的抽取方法

非遗短语类知识元知识项主要由不同类别知识元的标识类知识项（如 ich：

① 朱臻，孙媛．基于 SVM 和泛化模板协作的藏语人物属性抽取［J］．中文信息学报，2015，29（6）：220-227.

② 李娜．面向方志类古籍的多类型命名实体联合自动识别模型构建［J］．图书馆论坛，2021，41（12）：113-123.

③ 双哲，孙蕾．基于改进的隐马尔可夫模型在网页信息抽取中的研究与应用［J］．计算机应用与软件，2017，34（2）：42-47.

title、person：name、conceptual object：prelabel）和部分描述类知识项（如ich：type、ich：level）组成。根据标识类短语知识项固有知识功能属性可知标识类短语知识项本身即构成非遗术语，因此，可以从所构建的非遗领域术语库中直接获取。知识元的描述类知识项是对标识类知识项所标引的非遗知识元不同分面知识内容的具体描述与定义的短语或句子，可以从国家非物质文化遗产网、百度百科非遗术语词条中的结构化语义关系三元组集中以术语名和属性为线索获取知识项具体的描述短语，从而实现短语描述类知识元知识项的抽取。对未包括在非遗外部结构化知识库中的短语类知识项则需从非遗领域的非结构化领域文本中抽取。

所构建的基于短语类非遗知识元知识项的抽取流程如图 5-4 所示。

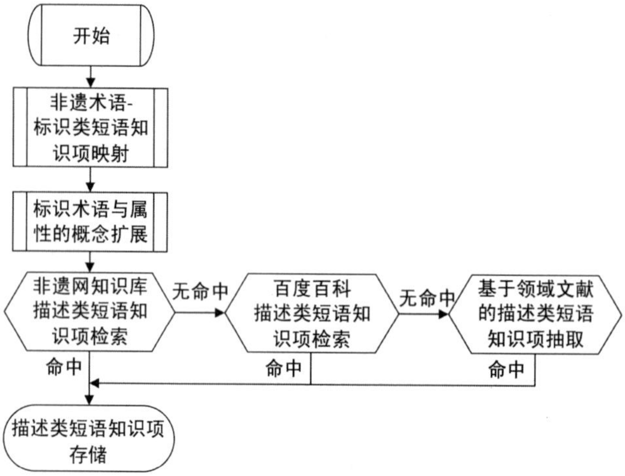

图 5-4　短语类非遗知识项的抽取流程方法

非遗知识元的短语类知识项的抽取流程可划分为非遗术语-标识知识项的映射、标识术语与属性的概念扩展、外部结构化知识库中属性值的查找匹配以及基于领域文本的知识项抽取等步骤。

非遗术语与标识知识项的映射采用基于知识元类别的直接映射方法。根据术语所标识的知识元所属类型直接将其映射为该类知识元实例的标识知识项，如非遗项目“土家族吊脚楼营造技艺”相关概念术语“伐青山”“架大码”“排扇”，可直接将其映射为非遗概念知识元实例的标识知识项。由于非遗术语所表征的知识内容通常兼具多个类别知识元的特点，如“伐青山”作为吊脚楼建造过程中以人为载体的工艺流程也具有人类具体行为/活动的知识内涵，因此需要领域专家人工介入根据其具体的内容结构和知识侧重才能进行正确的划分。

标识术语与属性的概念扩展是进行外部知识库检索的基础。经术语抽取及属性定义所获得的中文术语、属性名并不具有唯一性，不同地域、不同人群可能基于不同的使用习惯对其进行不同的中文标识。如国家级民俗类非遗项目“端午节”，在不同地域有着“端阳节”“重午节”的名称，知识元属性 person：name 有着姓名、名称、中文名等不同的中文标识名称，因此需要对抽取出的术语以及所定义的属性的中文标识进行适度的概念扩展才能有效匹配目标知识。本书使用收录词语超过七万个的哈工大版的同义词林扩展版[①]实现对非遗术语及其关系属性的同义词扩展。

从外部结构化知识库通过属性值的查找与匹配实现知识元短语知识项的抽取，其核心技术包括数据源的分析、页面的解析、三元组的抽取与存储等技术，该部分内容在参考文献[②]中已有详细的论述与实证研究，不再赘述。

在外部知识库中无法检索到的描述类知识项通常为非通用类知识，该类知识因为其领域性程度较高通常仅记录在专业性强的领域文献中，需要对其进行深入的挖掘才能将其进行有效的表达与揭示，而这类知识往往也是该学科领域内价值较高、代表性较强的专业领域知识，也是本书重点的知识抽取内容。笔者采用基于标识术语与触发词的规则匹配方法从非遗文献中挖掘非通识类的非遗知识元描述类短语知识项。

5.2.2　基于触发词规则的短语知识项抽取

非遗知识元的短语类描述知识项是对非遗知识元具体知识属性的标识性说明与定义，一般都具有固定的语义内容、词法搭配模式和上下文边界，如 person：gender 一般由男、女、先生、女士、爷爷、奶奶等固定词来表达，文献作者通常为人名并在文献标题前后一定距离内以固定的搭配组合模式出现。基于非遗领域的短语类描述知识项的具体表现形态特征，采用基于触发词规则的抽取方法来实现该类知识项的抽取。

属性的触发词是指可以触发或表明某一类特定语义关系存在的词汇[③]，一旦出现触发词就会激活相应的属性值的抽取。如人物知识元的属性 person：birthday 所对应的知识项具有如下触发词：生、出生、生于、出生于等。根据

---

① 哈工大同义词林扩展版［EB/OL］. https：//download. csdn. net/download/harrisonlove/12761700.

② 杨文．基于百度百科的知识图谱构建方法研究［D］．武汉：华中师范大学，2019.

③ 张春云．实体关系抽取算法研究［D］．北京：北京邮电大学，2015.

不同的知识元短语类知识项的内容与形式特征，通过构建一个触发词库并定义基于触发词与知识元标识术语之间句式结构的抽取规则实现从文本中抽取出知识元实例所对应的短语类描述知识项的目标。

ich：type、ich：level、ich：application areas、ich：protection agency、ich：dataAcepted 等属性作为非遗项目的基本元数据，均能从外部结构化的非遗知识库中抽取，本书对除以上短语描述类知识项之外的知识项，构建了相应的触发词库并定义其抽取规则，如表 5-2 所示：

表 5-2　基于触发词的非遗短语类描述知识项抽取规则

知识项	触发词	抽取规则
person：gender	男、先生、父亲、儿子、叔叔、伯伯、爷爷、丈夫、女、女士、母亲、妻子、女儿、女孩、阿姨、爷爷、奶奶	查找包含人物知识元姓名标识的特征句，以姓名为起点前后向查找紧邻触发词，找到则抽取触发词对应性别
person：birthday	出生、生日、生于、生、诞生	查找包含人物知识元姓名标识的特征句，以姓名为起点前后向查找距离为 0、1 的紧邻触发词，找到则抽取触发词前后紧邻的时间名词 tn 或查找距离为 0、1 的时间名词 tn＋触发词的结构搭配，输出该时间名词
document：creator	著、作者、编撰、写	查找包含文献知识元标题标识的特征句，以标题为起点前后向查找紧邻触发词，找到则抽取触发词紧邻的词性为人名的词并输出
time-span：beginning is qualified by	始于、起于、开端于、创建于、创于（年一年）	（1）查找包含时段知识元时段名的特征句，以时段名为起点前后向查找紧邻触发词，找到则抽取触发词紧邻的词性为时间名词 tn 的词并输出；（2）查找包含时段知识元时段名的特征句，以时段名为起点后向查找紧邻的词语、词性组合搭配［“（”＋“时间名词 1”－“时间名词 2”＋“）”］，找到输出时间名词 1
time-span：end is qualified by	终、终于、结束、结束于、至、至于（年一年）	（1）查找包含时段知识元时段名的特征句，以时段名为起点前后向查找紧邻触发词，找到则抽取触发词紧邻的词性为时间名词 tn 的词并输出；（2）查找包含时段知识元时段名的特征句，以时段名为起点后向查找紧邻的词语、词性组合搭配［“（”＋“时间名词 1”－“时间名词 2”＋“）”］，找到输出时间名词 2

5.3 非遗知识元句子类知识项抽取

不同类型非遗知识元的知识结构模型中包含着大量句子类的知识项，该类知识项是以句子的形式对非遗知识元的内涵及外延、程序及过程、性能及功用进行完整叙述与著录的知识载体，也是非遗知识元知识内容的核心组成部分。非遗知识元句子类知识项可从外部开放式非遗知识库中抽取，如中国非物质文化遗产网、百度百科非遗知识库，但该类开放式非遗知识库在领域知识内容著录的专业性与系统性上仍然存在着不足。与此同时，大量深层次、细粒度的非遗知识内容并未被收录到非遗数据库中。因此，要实现对非遗领域知识专业、系统、完整性的揭示就需要以非遗领域文本为来源知识语料库，对蕴含在领域文本中的对某一非遗知识内容进行描述、著录的句子进行抽取并以知识元知识项的形式进行存储与组织。

5.3.1 基于句式结构的句子类知识项抽取方法

句子类知识项的抽取是将知识元知识内容的抽取任务转化为对描述知识元某一维度、分面知识内容的描述定义句定位、抽取、存储的过程。对隐藏在文本中的目标知识描述句的抽取任务通常是在对文本分句、分词的基础上查找出含有标识特定知识内容的特征词的句子簇，然后运用领域词库、词表等外部资源对句子中的核心领域词进行过滤，在此基础上挖掘出知识元知识项描述句的线性句式结构特征，最后通过规则匹配的方法实现知识项描述句的抽取。基于句式结构的从文本语料中抽取句子的基本流程方法如图 5-5 所示：

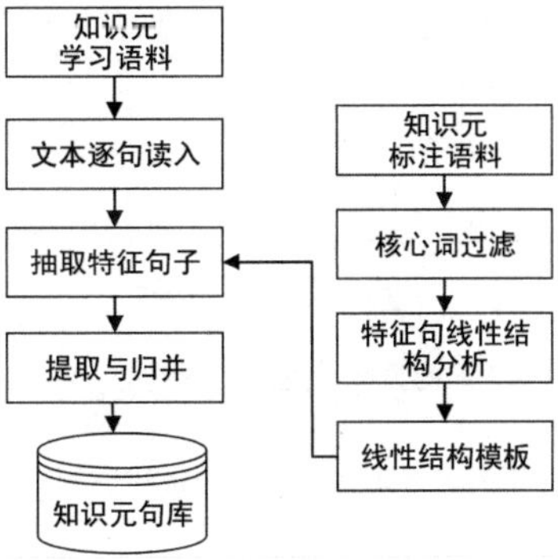

图 5-5 基于句式结构的文本句子抽取的流程方法

基于句式结构的句子抽取方法，其核心是要能准确挖掘出拟进行抽取的目标句子簇所共有的、具有标识意义的句法结构特征，基于该句法结构特征模型在文本中逐句进行模式匹配以实现目标句子的抽取。从对该方法的分析可知，从文献中能否高质量地挖掘出目标句子的线性结构模型以及该句式结构模型的代表性、显著性和在目标句子簇中的泛化性能决定了句子抽取的准确性与召回率。

部分学者采用人工识别、归纳的方法进行拟抽取的知识元知识项的句子线性结构的挖掘。化柏林①将学术论文中方法知识元划分为方法定义知识项、方法关系知识项、方法特点知识项和方法功能知识项，并给出了不同类型知识项的线性结构模板；索传军、赖海媚②将学术论文中的知识元划分为理解型问题知识元、解决型问题知识元和探究型问题知识元 3 种类型并通过人工方式归纳出不同类型知识元句子类知识项的线性句式规则；石湘、刘萍③将文献中的知识元划分为定义、思想、背景、方法、评价、资源等不同类型并提出了其知识项的句式结构。表 5-3 给出了学者所归纳、提出的知识元句子类知识项的部分线性结构模板。

表 5-3 知识元句子类知识项的线性结构模板实例

学者	知识元/知识项	线性结构
化柏林	方法知识元/定义	……｜法｜方法＋是一种……的方法 ……方法＋是｜是指｜指｜的定义为｜被定义为｜定义如下
	方法知识元/关系	……方法＋是｜属于……一种 [根据｜按照]……划分为｜有……如｜分别是｜具体有…… ……分为……等[几类] 提出了改进的……
	方法知识元/特点	……不能｜无法｜…… [但｜可是]存在｜尚存｜有……的缺点｜不足 ……对于……，是一种……的优点，…… ……方法＋克服了｜避免了……的问题｜缺点……
	方法知识元/功能	借助｜通过｜使用｜采用｜利用｜用……方法＋检验｜对…… ……方法＋能｜可以＋…… ……的目标是……

① 化柏林．学术论文中方法知识元的类型与描述规则研究［J］．中国图书馆学报，2016，42（1）：30-40.

② 索传军，赖海媚．学术论文问题知识元的类型与描述规则［J］．中国图书馆学报，2021，47（02）：95-109.

③ 石湘，刘萍．基于知识元语义描述模型的领域知识抽取与表示研究——以信息检索领域为例［J］．数据分析与知识发现，2021，5（4）：123-133.

续表

学者	知识元/知识项	线性结构
索传军 赖海媚	理解型问题知识元	本研究｜本文＋试图＋关注｜解决｜回答｜探索＋问题：是否是否｜是什么｜为什么？旨在｜具有｜促进｜意义｜价值
	解决型问题知识元	针对｜为了解决＋问题｜不足＋提出｜构建＋方法｜模型 本文｜本研究＋采用｜运用｜基于＋方法｜技术＋探讨｜研究＋问题
	探究型问题知识元	本文｜本研究＋对……＋展开｜进行＋调研｜调查＋［研究目标］ 本文｜本研究＋［方法］＋探讨｜揭示＋规律｜作用机制
石湘 刘萍	知识元/定义	＊［称为｜称之为｜定义为｜叫作｜称｜叫｜定义是］［：:］？〈概念〉＊
	知识元/思想	〈概念〉［的思想｜的主要思想｜基于］＊
	知识元/背景	＊［年］？［提出｜应用｜研究］〈概念〉＊
	知识元/方法	〈概念〉＊［步骤｜方法｜过程｜公式｜代码｜算法］
	知识元/评价	〈概念〉＊［相较于｜相比｜优点｜缺点｜问题］
	知识元/资源	〈概念〉＊［文献｜工具｜会议｜课程］

从表 5-3 可知，基于规则的句子类知识项抽取的重点是挖掘出能够标识特定知识内容的标识特征词以及标识词在句子中的分布特征。但如果仅根据特征词在句子中的线性结构进行基于模式匹配的句子抽取，由于其规则的语义限定以及约束信息过于稀疏，很容易抽取出无效噪声数据。同时，在面对复杂、多元的知识元内容时，人工方式也难以有效、全面地总结与归纳出知识项抽取的规则模板，因此，本书通过融合更多的语义约束信息和更为科学的规则生成机制来提升基于规则的文献知识元句子类知识项的抽取性能。

5.3.2　基于句法依存关系的句子类知识项抽取规则构建

基于特征词的序列结构制定规则模板库以实现目标句子的定位与抽取的方法因为语义约束信息较少，造成其容易抽取出大量的无效噪声数据。为了优化并解决以上问题，本书引入了依存句法分析理论，通过融入规则模板更多的语义约束信息以更为准确、有效地实现非遗知识元句子类知识项抽取的目标。依存句法分析通过挖掘目标语句中词语之间存在的各种语义修饰关系，达到揭示句子句法结构、语法特征和语义关系的目标①。通过对知识元知识项描述句中领域术语与内容标识词之间语义依存关系结构的明确约束，赋予抽取规则明确的知识语义内容约束与语义关系约束，以实现提升句子抽取准确性的目标。

依存句法分析认为，每个完整的句子除了一个核心动词不受其他词语支配外，其他所有词语都以某种依存关系从属于一个支配词。可以将该依存关系用一个有向依存弧表示，依存弧的方向为从支配词指向从属词。基于句子中词语之间的依存关系可直接标识出词语间的语义修饰关系而不受到词语所处位置的影响。哈工大自然语言处理工具 LTP② 所定义的核心依存关系如表 5-4 所示。

表 5-4　核心依存关系定义

关系类型	关系标记	样例
主谓关系	SBV	我送她一束花（我←送）
动宾关系	VOB	我送她一束花（送→花）
动补关系	CMP	做完了作业（做→完）
定中关系	ATT	红苹果（红←苹果）
壮中关系	ADV	非常美丽（非常←美丽）
并列关系	COO	大山和大海（大山→大海）
介宾关系	POB	在贸易区内（在→内）
核心关系	HED	我送她一束花（→花）
左附加关系	LAD	大山和大海（和←大海）
右附加关系	RAD	孩子们（孩子→们）

基于非遗知识元知识项所描述知识内容的特征属性，可将其划分为陈述型知识项与程序型知识项两种不同类型。陈述型知识项用来说明知识元知识内容的性质、特征和状态，属于静态知识的范畴；程序型知识项是基于一定的逻辑关系组织、运用静态陈述型知识，从而实现对一系列动态行为、措施、过程的描述，属于动态知识范畴。如 person：description、conceptual object：definition、physical thing：note 等属于静态知识范畴，而 activity：has note、event：has note 则属于动态知识项范畴。基于以上所述知识元知识项的划分方

① 俞琰，陈磊，姜金德，赵乃瑄．基于依存句法分析的中文专利候选术语选取研究［J］．图书情报工作，2019，63（18）：109-118.

② 语言云（语言技术平台云 LTP-Cloud）［EB/OL］．http：//www.ltp-cloud.com/.

法，在现有知识元规则模板所定义的标识词及其句式序列结构规则的基础上，引入依存句法分析理论，在对拟抽取的句子类知识项中标识词之间线性关系进行约束的基础上，增加对目标句子中语义修饰关系的约束信息，以便更为准确地抽取出知识项描述定义句。

非遗知识元知识项的定义句中通常会包含所描述知识对象的标识名称以及标明其内容属性的特征词。因此，所定义的非遗知识元知识项定义句的依存关系规则模板主要由术语与特征词的依存关系规则和特征词之间的依存关系规则两部分组成。依存关系规则模板由语义关系三元组定义，关系三元组中第一部分为从属词，第二部分为支配词，第三部分为从属词与支配词之间具体的依存关系，如表 5-5 所示。

表 5-5　非遗知识元类型及依存关系规则模板

类别	依存关系规则
陈述型	(非遗术语,是|指|即|有,"SBV")； (非遗术语,定义|称|称为|认为|叫作,"FOB")； (是|定义|称为|叫作,非遗术语,"VOB")； (非遗术语,负责|用于|用来|目的|目标,"SBV")； (非遗术语,位于|生|死|流传|起源|产生|作用|影响|发生|产生,"SBV") (非遗术语,祭祀|举办|开展|实施|,"ADV")
程序型	(非遗术语,是|指|即,"SBV")； (非遗术语,分为|包括|采用|利用|使用|有,"SBV")； (非遗术语,工序|工艺|步骤|方式|方法,"ATT")、(非遗术语,是|指|即|有|包括|分为,"SBV")； (非遗术语,工序|工艺|步骤|方式|方法,"ATT")、(步骤|过程|方法|流程,指|分为|包括|有,"VOB")

5.3.3　基于频繁依存子树的依存关系规则更新

人工制定的知识元抽取规则不能穷尽文献中所有的知识元依存关系模式，一些未被关注或新的知识元实例可能蕴含着新的未被领域专家所掌握的新的关系规则。因此，需要对人工制定的规则库进行进一步的扩展和完善，以提高知识元抽取规则的科学性与系统性。因此，部分学者开始采用机器学习的方法进行知识元描述句线性句式序列规则的自动挖掘，通过规则库的迭代更新以实现对深层次、非显性的知识元句式线性规则的挖掘。

频繁序列挖掘算法是从中文句子簇中挖掘出词语线性分布规律最为有效的方法之一。句子的频繁序列挖掘算法是将句子集视为一个项集，每个句子视为一个项，将句子看作一个以词为基本元素的线性序列，定义一个线性序列出现频次的最小阈值，通过挖掘出共现次数不低于该阈值的所有词序列就可以实现对句子集中高频次共现词语的挖掘[①]，在此基础上可实现知识元描述句子抽取规则的科学制定与更新。频繁序列模式挖掘算法有 Apriori 算法[②]、PrefixSpan 算法[③]等，但以上算法是对线性频繁序列结构的挖掘，并不适用于中文句子中词语之间依存关系树型结构的挖掘。为了有效挖掘出非遗知识元描述句的所有依存关系规则，笔者提出一个频繁依存子树挖掘算法 PrefixTreeSpan，即从已经抽取出的知识元知识项定义句子集所构建的依存关系树集合中挖掘出满足一定支持度要求的频繁依存子树，实现对非遗知识元定义句依存关系规则库的动态扩展和更新。

PrefixTreeSpan 算法认为依存树是通过其前缀树的增长得到的，前缀树的定义如下：

定义 1（前缀树） 假定有 m 个节点的树 T 和有 n 个节点的树 S（$n \leqslant m$）。当从根节点开始，前序扫描树 T 直到它的第 n 个节点，则整个的前序扫描到的部分形成树 M。如果树 S 同构于树 M，则树 S 是树 T 的前缀树。

前缀树通过连接节点的增长产生该前缀树的投影实例和增长因子，投影实例与增长因子的定义如下：

定义 2（投影实例与增长因子） 给定一棵树 T 和一棵模式树 M，如果 T 中有 m 个子树同构于 M，树 T 中在 M 存在以后出现的节点（按前序扫描顺序）称为前缀树 M 的投影实例；投影实例中与前缀树 M 直接相连的节点称为前缀树 M 的增长因子。

基于定义 1 与定义 2，依存关系树 T 的前缀树与投影实例、增长因子如图 5-6 所示。

---

① 李勇男．基于频繁序列模式挖掘的反恐情报关联分析［J］．情报理论与实践，2018，41（10）：100-104，46.

② Xie H Y. Research and Case Analysis of Apriori Algorithm Based on Mining Frequent Item-Sets［J］. Open Journal of Social Sciences，2021，09（4）：458-468.

③ Information Technology -Data Mining；New Findings from Yantai Nanshan University in the Area of Data Mining Described（Research on Network Security of Prefixspan Algorithm for Data Mining）［J］. Information Technology Newsweekly，2018：335.

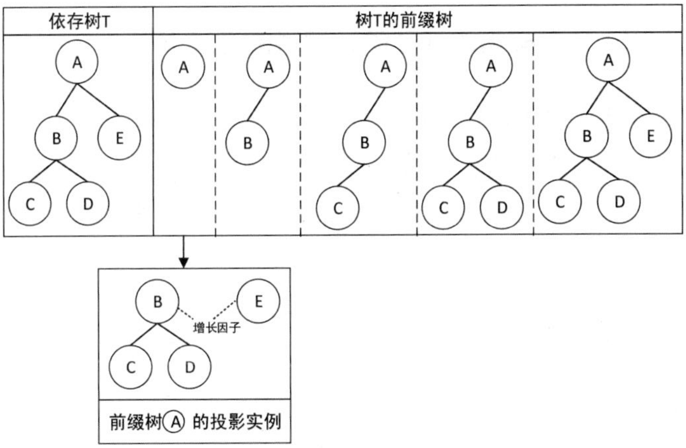

图 5-6　依存树 T 的前缀树、投影实例与增长因子

基于 PrefixTreeSpan 算法的频繁依存子树挖掘流程如表 5-6 所示。

表 5-6　基于 PrefixTreeSpan 算法的频繁依存子树挖掘

输入：依存句法树数据库 D，最小支持计数 min _ sup 输出：频繁依存子树集合 RS
1：扫描依存树数据库 D，找出满足支持度 min _ sup 的节点数为 1 的频繁子树 b。 2：for 每个频繁子树 b d。 3：将 b 插入频繁子树结果集合。 4：在数据库 D 中找到节点 b 为前缀的所有投影实例，形成投影数据库 ProDB（b） 5：调用函数Fre（b，ProDB（b），min _ sup） Fre（B，ProDB（b），min _ sup） 1：在投影数据库 ProDB（D）中寻找满足支持度 min _ sup 的所有增长因子 z 2：for 每个增长因子 z d 3：B 通过增长因子 z 的增长得到频繁子树 B′，将 B′插入频繁子树集合 RS 4：在 ProDB（D）中找到 B′所有的投影实例的集合形成新的投影数据库 ProDB(D′) 5：调用函数 Fre（B′，ProDB（D′），min _ sup）

利用人工制定的知识元知识项的依存关系规则模板进行基于文本文献语料的知识项抽取，对抽取出的知识项描述句采用人工方式过滤掉其中无实际意义的噪声数据。将去除无效数据后剩余的句子集作为目标项集，利用 PrefixTreeSpan 算法挖掘出其中满足支持度要求的频繁依存子树，根据挖掘出的频繁依存子树对人工构建的知识项抽取规则库中的依存关系规则模板进行扩展，不断迭代直到没有新的规则被挖掘。通过人工与机器构建相结合的方式完成非遗知识项抽取规则模板库的构建与自动更新，提高了非遗多元知识抽取的准确率与召回率。

5.3.4 基于LDA主题模型的句子类知识项的过滤与筛选

基于依存关系模板所抽取出的知识元知识项定义句子集中存在着大量的噪声、冗余数据。以非遗概念知识元“大摆手”的 skos：defination 属性所关联的知识项描述句子集为例，从非遗领域语料文献中所抽取出的知识元知识项多元化内容描述句如表 5-7 所示。

表 5-7 知识元知识项描述句子实例

序号	概念知识元“大摆手”的定义类知识项
1	“大摆手”是土家族人举行的活动，所祭祀的主神是土家的“八部大王”
2	摆手歌舞主要用于祭祀土家族的远祖八部大王，主要形式是歌舞，在举行大摆手歌舞时，必须跳传统的茅古斯舞，从而表达土家族对祖先的尊敬
3	大摆手歌舞主要是祭祀八部大王
4	大摆手表演的是军功战舞，祈祷年丰农事，每三年举行一次
5	大摆手舞就是为了祭祀祖先八部大王而举行的大型活动，舞蹈表现了祖先奋勇杀敌、保家卫国、民族迁徙、先民劳动等内容，讴歌了祖先带领土家人建设美好家园，希望得到祖先庇佑，并教育了后代不忘祖先功德
6	大摆手是进行整个摆手活动中比较完整系统的全部内容过程
7	大摆手为民众祭祀本民族的共同祖先，规模浩大、参与者众多
8	整个大摆手歌舞分为“排甲起驾”（“排甲”是指整队伍）“闯驾进堂”“纪念八部大王”“兄妹成亲”“迁徙定居”“农事活动”“将帅拔普”“送驾扫堂”8个部分
9	据考证，“大摆手”起源于土家族先民巴人，参加武王阀纣所跳的“巴渝舞”，是一种军功战舞
10	“大摆手”重点是表演军事战场场面的冲锋杀敌、缴获器械与比武，以及送神等典仪

从表 5-7 可知，文本中符合抽取规则模板的知识项中存在着无效噪声数据和冗余数据。如句子 6 和 7 虽符合所定义的依存关系模板但缺乏有价值的知识内容，为噪声数据；句子 1 和 3 的内容完全被句子 5 所包含，为冗余数据。去除噪声句与冗余句，剩余的句子则从不同角度对大摆手的内涵进行描述与说明：句子 2 和 5 是对大摆手功能与用途的描述，句子 4、8 和 10 描述了大摆手具体的形式和内容，句子 9 则是对其起源、历史的说明。

由上述实例可知，要实现知识元句子类知识项的有效过滤与筛选，在去除无效数据的同时还需要准确识别并抽取出知识元基于不同主题分面的内容描述句，以实现对知识元多元内容的系统、完整描述。为了准确、系统地抽取出描述非遗知识元知识项内容的定义句，实现知识元多元内容的有效揭示与聚合集成，笔者采用基于主题结构分析的方法对所抽取出的知识元知识项定义句进行主题过滤与筛选。

通过引入 LDA（latent dirichlet allocation）主题模型①对所抽取出的知识项描述句子集进行主题分析并获取其最优主题结构；计算每个候选句子的主题概率并将其划分到概率最高的主题类下，实现候选句基于主题的分类；计算每个主题类别下句子的重要性权值并根据其权值抽取每个类别下主题表现度最好的句子，对其进行冗余去除后作为知识项的最终描述句。基于 LDA 主题模型的知识项过滤流程如图 5-7 所示。

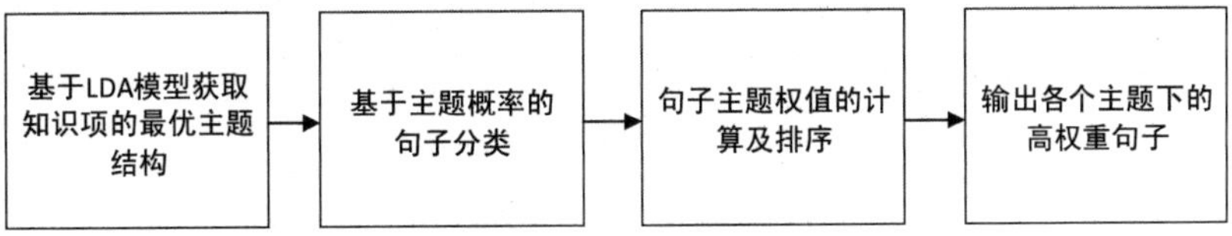

图 5-7　基于 LDA 主题模型的知识项过滤与筛选流程

1. LDA 主题模型及最优主题数的确定

LDA 主题模型作为一种文本语义信息的抽取模型，是文本主题语义抽取与表达的有效方法，该模型可以识别出文本隐含的主题信息并通过主题的差异性实现文本分类、聚类的目标。LDA 模型是一种常用的基于分布的文本主题生成模型，作为一种非监督机器学习方法，可以在不需要预先对初始文档进行人工标注的条件下挖掘出文档的潜在主题结构，其算法模型如图 5-8 所示。

① Ian P, David N, Alexander I, Arthur A, Padhraic S, Max W. Fast collapsed gibbs sampling for latent dirichlet allocation［C］//InProceeding of the 14th ACM SIGKDD inter-national conference on Knowledge discovery and data mining. New York, 2008: 569-577.

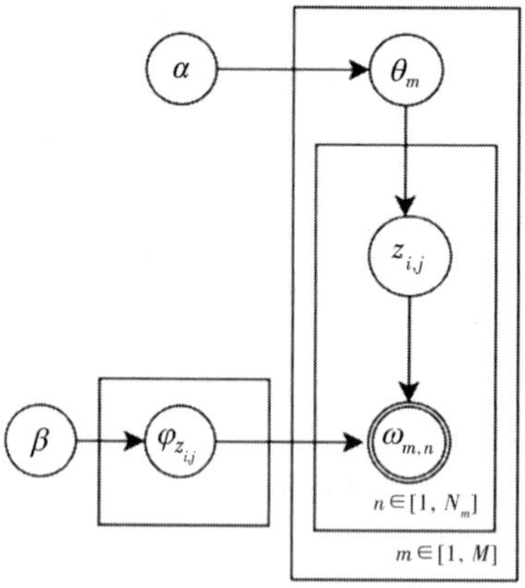

图 5-8 LDA 主题模型

LDA 主题模型认为一篇文档首先以一定的概率选择若干个主题，然后在每个主题下又以一定的概率选择出该主题下的词，不断重复这一过程最终实现文档的构建。LDA 模型包含词、主题、文档 3 层结构，假设整个语料库包含 M 篇文档，其中第 m（$m\in[1, M]$）篇文档的第 n（$n\in[1, N_m]$）个词记为 $\omega_{m,n}$，LDA 模型首先从狄利克雷分布 α 中抽样生成文档的主题分布 θ_m，从主题的多项式分布 θ_m 中取样生成文档 i 第 j 个词的主题 $z_{i,j}$，从狄利克雷分布 β 中取样生成主题 $z_{i,j}$ 对应的词语分布 $\varphi_{z_{i,j}}$，从词语的多项式分布 $\varphi_{z_{i,j}}$ 中采样最终生成词语 $\omega_{m,n}$。LDA 模型中文档选择主题、主题选择词都服从多项式分布，将主题作为中间层，融合随机生成过程提取出文档中的主题-词汇分布以及文档在主题空间中的文档-主题分布①实现对文本语义的挖掘。

LDA 模型进行知识元主题结构分析首先需要确定其主题数，常用的 LAD 模型最优主题数选择方法有基于经验、基于困惑度②以及基于主题相似度的方法。基于经验的方法主观性太强、领域可移植性差，基于困惑度的方法容易产生主题数偏多、主题辨识度不高的问题。因此，本书采用基于主题相似度的方法进行最优主题个数的选择。基于主题相似度的方法认为主题间相似度越小时，主题之间的辨识度越大，通过计算不同主题间的方差 Var（T）来度量主

---

① 唐晓波，顾娜，谭明亮．基于句子主题发现的中文多文档自动摘要研究［J］．情报科学，2020，38（3）：11-16，28.

② 周健，张杰，屈冉，闫石．基于 LDA 的国内外区块链主题挖掘与演化分析［J］．情报杂志，2021，40（9）：161-169.

题与其均值之间的差异度以量化评估主题之间的相似度。Var（T）首先计算不同主题数目的主题-词概率分布均值 φ，然后利用 JS 散度计算各个主题与其均值之间距离平方和的平均数，其计算公式如下：

$$\mathrm{Var}(T)=\frac{\sum_{I=1}^{K}\left[D_{JS}(T_i,\Phi)\right]^2}{K} \tag{5-1}$$

式中，T 表示 LDA 抽取的主题，K 表示主题数目，D_{JS} 表示主题概率向量的 JS 散度距离。Var（T）越大则不同主题之间的差异性就越大，主题结构越稳定，可选择 Var（T）值最大的 K 值为知识元知识项定义句的最优主题结构数目。

2. 知识项候选句的主题概率计算

可认为基于规则所抽取出的知识元知识项候选句子集都包含着一个固定的主题结构，抽取出的句子集中每个句子都或多或少地包含潜在的主题信息，因此，可在利用 LDA 模型得到文档-主题-词汇概率分布的基础上计算句子的主题分布，获得知识项候选句子集中每个句子的主题概率。

假设文档 D_i 产生主题 T_j，T_j 产生句子，用公式表示为：

$$P(S_r \mid T_j)=P(D_i)\cdot P(D_i \mid T_j)\cdot P(T_j \mid S_r) \tag{5-2}$$

式中，$P(S_r \mid T_j)$ 为句子 S_r 属于主题 T_j 的概率，$P(D_i)$ 为文档 D_i 的概率，$P(D_i \mid T_j)$ 为文档 D_i 选择主题 T_j 的概率，$P(T_j \mid S_r)$ 为主题 T_j 选择句子 S_r 的概率。

使用贝叶斯定理可以得到：

$$P(T_j \mid S_r)\cdot P(S_r)=P(S_r \mid T_j)\cdot P(T_j) \tag{5-3}$$

$$P(D_i \mid T_j)\cdot P(T_j)=P(T_j \mid D_i)\cdot P(D_i) \tag{5-4}$$

基于以上公式可推理获得：

$$P(S_r \mid T_j)=P(D_i)\cdot\frac{P(T_j \mid D_i)\cdot P(D_i)}{P(T_j)}\cdot\frac{P(S_r \mid T_j)\cdot P(T_j)}{P(S_r)} \tag{5-5}$$

因为句子 S_r 由词项 W_1，W_2，W_3，…，W_n 所组成，所以句子 S_r 的概率可根据其组成词的概率来计算获得，有

$$P(S_r \mid T_j)=P(D_i)^2\cdot P(T_j \mid D_i)\cdot\frac{P(\prod_{W\in S_r}W_i \mid T_j)}{P(\prod_{W\in S_r}W_i)} \tag{5-6}$$

$P(W_i)$ 可由主题 $j\in\{1,2,\cdots,K\}$ 和文档 $k\in\{1,2,\cdots,M\}$ 下的词项 W_i 的概率求和得到：

$$P(W_i)=\sum_{k=1}^{M}\sum_{j=1}^{K}P(W_i \mid T_j)\cdot P(T_j \mid D_k)\cdot P(D_k) \tag{5-7}$$

由此我们可以得到所抽取出的非遗知识元知识项候选句子的句子-主题概率矩阵 $\boldsymbol{X}$ 如下：

$$\boldsymbol{X}=\begin{bmatrix} P(S_1 \mid T_1) & \cdots & P(S_1 \mid T_j) \\ \vdots & \ddots & \vdots \\ P(S_r \mid T_1) & \cdots & P(S_r \mid T_j) \end{bmatrix} \tag{5-8}$$

矩阵（5-8）表示句子属于某个主题的概率，其中每一行代表一个句子，每一列代表一个主题，每一行的概率总和也就是每个句子属于各个主题的概率和为 1，可根据该矩阵选择概率最大的 $P(S_r \mid T_j)$ 所对应的主题 T_j 进行句子 S_r 的类群划分。

3. 句子的主题权值计算

本书使用 Word2vec 模型进行同一主题下句子之间的相似度计算，该模型基于词语的分布式表示方法并采用浅层神经网络算法自动学习词语的上下文信息，将语义相近的词投影到一个低维向量空间，生成一个距离相近的低维词向量，使词语的编码具有了语义特征，从而大幅提高句子相似度计算的准确性。笔者使用 Gensim 自带的 Word2vec 包进行词向量训练并计算句子之间的相似度，句子相似度取值在区间［0，1］上，越接近 1 代表两个句子越相似；相反，越接近 0 则代表两个句子越不同。计算完句子相似度之后在主题下构建图模型，以句子为节点，以句子相似度作为边的权值进行边连接。完成图的构建后，利用 TextRank 算法进行迭代计算，多次迭代后句子节点的重要性趋于稳定，得到各个句子节点的 TextRank 权值并基于该权值进行句子的排序。

4. 知识项描述句的抽取

基于 LDA 模型所生成的知识元知识项候选句子集的主题分布中每个主题都具有相应的分布概率，所以可以根据主题概率分布确定不同主题的权重值，根据主题的权重决定从该主题类别中所抽取出的句子数目，在兼顾所有主题的同时，突出重点主题内容。每个主题的权重值计算方法如下：

$$W(T_i)=\frac{T_i}{\sum_{j=1}^{k}T_j} \tag{5-9}$$

式中，$W(T_i)$ 为主题权重，T_i 代表的是第 i 个主题的概率，$i\in 1,2,\cdots,k$；k 为计

算获得的最优主题数。

通过主题权重与取词比例相乘确定每个主题下需要抽取的排序靠前的句子数量，去除掉冗余句子后即可抽取最终的非遗知识元知识项定义句。

5.4 实验

5.4.1 实验内容与评价方法

为验证所提出方法对不同类型非遗知识元知识项的抽取性能，笔者依据非物质文化遗产资源的“十分法”从第一批国家级非遗项目名录的 10 个类别中每个类别选取 5 个，累计选取 50 个非遗项目进行非遗领域术语的抽取，通过术语与知识元之间的标识、映射关系并经过人工筛选最终抽取出了 896 个具有领域分类代表性的非遗知识元进行知识元知识项的抽取实验，实验所抽取出的非遗知识元的类型分布情况如图 5-9 所示。

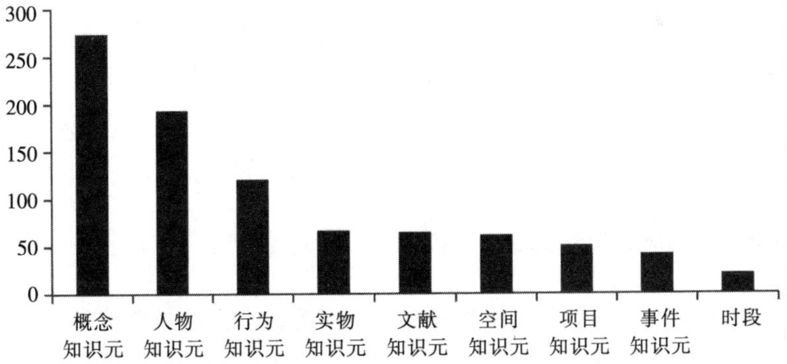

图 5-9　实验所抽取的非遗知识元类型分布

实验所抽取出的非遗领域知识元按类别数量的降序排序排名前三的分别为概念知识元、人物知识元和行为知识元，以上 3 种知识元数量占实验所抽取出的知识元总数量的占比达到了 65.7%，说明了所提出的非遗知识元抽取方法能够有效地抽取出非遗领域最具价值和代表性的非物质类知识和人物类知识。同时，所抽取出的非遗领域知识元的分类结构也与非遗领域知识元的实际分布情况基本一致。

以知识元的标识术语为关键词在百度百科和 CNKI 中国知网数据库中检索

并下载相关的网络文献和专业学术论文共计 1 856 篇作为相关知识元知识项抽取的对象语料库，基于所提出方法进行目标知识元知识项的抽取并分别对抽取出的短语类知识元知识项与句子类知识元知识项的抽取性能进行评估。

本书对非遗知识元知识项抽取系统的性能评估采用人工评估的方法。其中将非遗知识元短语类知识项的抽取结果与专家审核认定的正确结果做比对，通过计算短语类知识项抽取的准确性、召回率与 F 值评估系统的抽取性能。句子类知识项的抽取结果因其没有统一标准的固定答案，可借鉴文献自动摘要所经常采用的 Edmundson 评价方法，该方法通过比较机器所抽取出的句子簇与领域专家经过自身对领域知识的认知与语料文献的阅读所生成的人工参考句子簇进行比对，根据二者重合程度来客观对抽取出的句子进行评估。通过专家人工的方式进行非遗知识元句子类知识项参考定义句的生成，并从人工生成结果中除去冗余句和重要度不高的句子，笔者将最终的句子作为非遗句子类知识项的最终定义句。根据专家所生成的参考句对采用本书方法自动抽取出的句子类知识项的定义句从代表性、语义完整性、简洁性 3 个方面进行打分，其中代表性是指所提出的方法是否抽取出了具有知识主题代表性的句子；语义完整性指所抽取出的句子是否具有完整的语义覆盖范围，能完整表述该知识元知识项所有分面结构的知识内涵；简洁性则是指抽取出的句子簇是否存在冗余信息。所有指标得分从 0 到 10，10 分为满分代表优秀，0 分则代表不优秀。

5.4.2 短语类知识项的抽取性能评估

实验中评定短语类知识项抽取性能所采用的评价指标为准确率 P、召回 R 率和 F 值。根据实验所采用的评测方法对基于文本文献的非遗知识元短语类知识项抽取性能的测评结果如表 5-8 所示。

表 5-8 短语类知识项抽取性能评估

性能知识项	P	R	F
person：gender	95.4%	89.6%	92.4%
person：birthday	88.7%	85.1%	86.9%
document：creator	87.3%	80.8%	83.9%
time-span：beginning is qualified by	83.4%	79.4%	81.3%
time-span：end is qualified by	80.5%	77.3%	78.9%
均值	87%	82.4%	84.7%

测评结果显示，所提出的非遗领域知识元短语类知识项抽取系统具有良好的抽取性能，短语类知识项抽取的平均准确率、召回率和 F 值达到 87%、82.4%和 84.7%。本书所提出的非遗知识元短语类知识项抽取方法在实验中表现出的优势与不足主要有以下几点：

（1）将外部结构化的非遗领域知识库与领域文献语料库作为非遗知识元短语类知识项的抽取来源知识库，通过二者的知识互补极大地降低了非遗知识元短语类知识项抽取的复杂度，同时提高了抽取结果的完整性与准确性。

（2）基于规则的知识抽取方法在面向文本的短语类知识项抽取准确性上具有显著优势，平均准确率达到了 87%。非遗知识元的短语类知识项基本具有明确、固定的表现形式和上下文边界，所以短语类知识项的抽取通过抽取规则库的科学构建可以实现良好的抽取效果，如在实验中对 person：gender、person：birthday、document：creator 等短语类知识项的抽取都体现了良好的规则适应性。

（3）中文表达形式的复杂性与知识库、语料库自身的不完善性也会影响非遗知识元短语类知识项的抽取性能。中文表达形式的复杂性造成规则约束与知识项表现形式的不匹配，又造成部分短语知识项无法抽取出来，大量变异衍生的词语在语料库中的存在也影响了抽取的准确性。如词语“清朝康熙十二年（1673 年）”“清朝康熙十七年（戊午，1678 年）”抽取出了“清朝”不同的起始时间段，同时受非遗知识的领域专业性与历史性的影响，部分非遗知识元短语类知识项的描述信息并未在知识库和语料库中依照现代句法规则进行记录，造成 time-span：end is qualified by、document：creator 等短语知识项召回率相对较低。

5.4.3　句子类知识项的抽取过程与性能评估

实验中，句子类知识项的抽取主要包括不同的句子类知识项的句法依存规则更新与基于 LDA 的主题句过滤与抽取。基于所提出的 PreFixTreeSpan 算法对不同类型的知识元句子类知识项描述句的依存关系树的频繁依存子树进行挖掘以得到新的描述规则，以更新的描述规则抽取文本中的知识元知识项并循环至无法产生新的规则。表 5-9 表示 PreFixTreeSpan 算法所返回的非遗领域知识元知识项新的部分依存关系规则。

表 5-9 基于 PreFixTreeSpan 算法所抽取出的部分扩展规则

知识项	规则
person：description	1.(非遗术语，祭祀，"VOB") 2.(非遗术语，是，"SBV")，(土家族，英雄，"ATT") 3.(非遗术语，带领，"SBV")，(活动，带领，"VOB")
Physical thing：has note	1.(非遗术语，是|作为，"SBV")，(伴奏，乐器，"ATT") 2.(非遗术语，是|作为，"SBV")，(摆手舞，工具，"ATT")
Conception object：definition	1.(非遗术语，产生，"SBV") 2.(非遗术语，反映，"SBV")，(观念，反映，"VOB")
Event：has note	1.(非遗术语，祭祀，"SBV")，(祖先，祭祀，"VOB") 2.(非遗术语，用于，"SBV")，(纪念，用于，"VOB") 3.(非遗术语，表现，"SBV")，(场面，表现，"VOB")
Avtivit：has note	1.(非遗术语，表现，"SBV")，(方法，表现，"VOB")， 2.(非遗术语，是|作为，"SBV")，(活动，是|作为，"VOB")，(农事，活动，"ATT")
Space：has note	1.(非遗术语，举行，"SBV")，(活动，举行，"VOB") 2.(非遗术语，成为，"SBV")，(场所，成为，"VOB") 3.(非遗术语，是，"SBV")，(地方，是，"VOB")
Document：description	1.(非遗术语，载，"SBV") 2.(非遗术语，提出，"SBV") 3.(非遗术语，认为，"SBV")

基于扩展后的规则进行非遗句子类知识项描述句的抽取，并利用所提出的基于 LDA 模型的主题过滤算法进行基于不同主题的知识元知识项描述句的过滤。利用 LDA 模型对所抽取出的知识元知识项句子簇进行主题分析，根据经验值设置 LDA 模型的参数 $\alpha=50/K$、$\beta=0.01$，Gibbs 采样的次数设置为 1 000，根据提出的算法选择所抽取出的不同知识元知识项的最优主题数，获取其最优主题结构，并在此基础上对抽取出的句子进行基于主题的重要度计算。以摆手舞知识元为例，对其句子类知识项 ICH-project：abstract 进行主题分析，获得其最优主题结构的主题数为 7，表 5-10 为其最优主题结构下的主题-词语的概率分布。

表 5-10　“摆手舞”句子类知识项 definition 的主题-词语概率分布

主题	主题-词语概率分布
Topic1	0.037 * "民族"+0.019 * "具有"+0.015 * "土家族"+0.011 * "劳动"+0.011 * "发展"+0.011 * "生产"+0.011 * "人民"+0.009 * "历史"+0.009 * "大摆手"+0.008 * "传统"+0.008 * "活动"+0.008 * "象征"+0.008 * "色彩"+0.008 * "表现"+0.008 * "创造"+0.008 * "行进"+0.008 * "参与"+0.008 * "证明"+0.008 * "先民"+0.008 * "精神"
Topic2	0.044 * "民族"+0.022 * "舞蹈"+0.020 * "实践"+0.016 * "传统"+0.014 * "社会"+0.014 * "人民"+0.013 * "土司"+0.013 * "生活"+0.011 * "活动"+0.010 * "艺术"+0.010 * "小摆手"+0.010 * "历史"+0.010 * "方式"+0.008 * "中的"+0.007 * "价值"+0.007 * "流官"+0.007 * "没有"+0.007 * "体现"+0.007 * "健身"+0.007 * "途径"
Topic3	0.021 * "祭祀"+0.019 * "地区"+0.019 * "舞蹈"+0.016 * "活动"+0.016 * "名片"+0.016 * "生活"+0.013 * "民族"+0.012 * "政府"+0.012 * "娱乐"+0.012 * "空间"+0.011 * "体育"+0.008 * "文化空间"+0.008 * "土王"+0.008 * "娱人"+0.008 * "成绩"+0.008 * "传统体育"+0.008 * "人性"+0.008 * "方式"+0.008 * "需求"+0.008 * "工作"
Topic4	0.033 * "舞蹈"+0.024 * "民族"+0.023 * "民间"+0.018 * "土家族的"+0.012 * "健身"+0.010 * "娱乐"+0.010 * "形式"+0.009 * "演变"+0.009 * "情绪"+0.009 * "情感"+0.009 * "人文"+0.009 * "祖先"+0.009 * ""+0.009 * "流行"+0.009 * "仪式"+0.009 * "具有"+0.009 * "信仰"+0.009 * "内容"+0.009 * "人民"+0.009 * "产生"
Topic5	0.028 * "民族"+0.027 * "传承"+0.016 * "土家族的"+0.013 * "舞蹈"+0.012 * "活动"+0.012 * "祭祀"+0.012 * "历史"+0.012 * "传统舞蹈"+0.012 * "特色"+0.012 * "信仰"+0.012 * "传统"+0.012 * "形式"+0.012 * "祖神"+0.009 * "语言"+0.008 * "生活"+0.008 * "生产"+0.008 * "叫做"+0.008 * "注重"+0.008 * "保护"+0.008 * "自治州"
Topic6	0.021 * "民族"+0.019 * "先民"+0.017 * "生活"+0.017 * "军战舞"+0.015 * "祭祀"+0.015 * "歌舞"+0.015 * "巴渝舞"+0.015 * "历史"+0.013 * "舞蹈"+0.012 * "宗教"+0.011 * "艺术"+0.011 * "狩猎"+0.011 * "劳动"+0.011 * "土家族的"+0.011 * "形态"+0.011 * "融合"+0.010 * "演变"+0.010 * "人民"+0.009 * "特征"+0.008 * "精神"
Topic7	0.023 * "流域"+0.012 * "酉水"+0.012 * "龙山"+0.012 * "迁徙"+0.012 * "内容"+0.012 * "来凤县"+0.012 * "综合"+0.012 * "人民"+0.012 * "流传"+0.012 * "歌舞"+0.012 * "祭祀"+0.012 * "湘西"+0.012 * "艺术"+0.010 * "人类"+0.008 * "毛古斯"+0.006 * "娱乐性"+0.006 * "讲述"+0.006 * "发展"+0.006 * "充斥"

从表5-10可知，“摆手舞”知识元的abstract知识项的7个不同主题结构显示了明显的主题差异性。主题1和主题2侧重于“摆手舞”的民族性主题，包含了“土家族”“民族”“历史”“土司”“传统”等词语；主题3、主题4和主题5侧重于表述“摆手舞”的不同的功能与用途，包含了“祭祀”“舞蹈”“传统体育”“活动”“生活”“娱乐”“语言”“生产”等表达了功能和用途的词语；主题6则侧重于表述摆手舞的起源主题，包含了“先民”“巴渝舞”“军战舞”“宗教”“劳动”“狩猎”等词语；主题7则侧重于表述摆手舞的地理空间主题，包含了“酉水”“湘西”“来凤县”等具体的摆手舞流传地区名称。由实验结果可知，所提出的基于LAD模型的主题挖掘算法能够有效地对非遗知识元句子类知识项进行知识内容的分面主题结构挖掘，为实现其知识内容的系统性抽取奠定知识层次、结构指引。

通过所提出的主题权值计算方法，7个主题的权重值分别为：0.2、0.13、0.13、0.17、0.11、0.15、0.11，将知识元知识项定义句的压缩比设置为2%，即“知识项的总候选句子数·2%·主题权重”，得到每个主题下需提取出的句子数，不同主题下输出的句子簇去重后剩余的句子组成非遗知识元句子类知识项的定义句。实验最终抽取的“摆手舞”知识元abstract属性的句子类知识项描述句如表5-11所示。

表5-11 “摆手舞”知识元知识项定义句

序号	定义句
1	摆手舞流行于酉水流域的土家族地区，土家语叫作“舍巴日”，分大摆手和小摆手，是土家族特色极为典型的舞蹈形式
2	摆手舞是土家族人民祭祀祖先神灵时，由梯玛巫师主唱的祭祀歌，以娱神为目的的祭祀舞蹈
3	摆手舞是土家族群众节日生活的一部分，是湘西土家族群众喜爱的传统节日活动，将摆手舞作为娱乐健身活动，能使土家族群众积极地投入到这项活动中，充分体验活动的乐趣
4	摆手舞是土家族优秀文化之一，摆手歌充分凸显了土家文化的人性意识。摆手舞基本动作“同边手”是以娱神到娱人为目的的娱乐活动
5	土家族摆手舞是音乐、舞蹈、乐器的有效组合，三者互为补充，流畅自然、浑然天成，深深根植于武陵地区，是土家族人民朴实生活的再现
6	漫长的历史演进中，土家民族通过辛勤的劳作与天生的智慧征服了自然，创造了大量的物质文明，也在历史发展、民俗习惯、宗教信仰等的影响下创造了摆手舞这一土家民族文化瑰宝

续表

序号	定义句
7	摆手舞极具粗犷的表演形式和厚重的表演内容。无论是大摆手舞还是小摆手舞，其粗犷的表演形式和厚重的表演内容展现了土家摆手舞丰富的民族文化内涵，表达了土家人对神灵的崇敬、对祖先的敬佩、对自然的热爱、对美好生活的向往以及祈祷风调雨顺和五谷丰登的理想信念
8	许多学者一致认为土家族摆手舞起源于商周时期的军战舞，并且认为民间有大量摆手舞起源的传说，但见于史籍记载的摆手舞最早起源于商周时期巴人的军战舞，袁革考究了“巴渝舞”的源流，认为摆手舞是“巴渝舞”在民间的延续
9	摆手舞是流传于鄂西南酉水流域土家族地区特有的集体性祭祀舞蹈，主要分布在重庆市秀山县、酉阳县，湖南湘西自治州的龙山县、永顺县，湖北恩施自治州的来凤县等地

从中南民族大学民族学与社会学院非物质文化遗产研究中心邀请了 5 名专家生成了参考知识项定义句，并请该院 10 名博士研究生对所提出方法自动抽取出的非遗知识元句子类知识项描述句进行打分，其平均得分情况如表 5-12 所示。

表 5-12　抽取出的不同类别句子类知识项平均得分情况

知识元知识项类型	代表性	语义完整性	简洁性
ich：abstract	9.2	8.5	7.4
person：description	8.8	8.3	6.8
conception object：definition	8.7	8.1	8.4
physical thing：has note	7.4	7.2	7.1
activity：has note	8.4	7.9	6.2
space：has note	8.8	8.1	7.7
document：description	7.8	7.5	7.1
event：has note	8.6	8.6	6.5

从实验结果可知，基于所抽取出的非遗知识项内容描述句在代表性与语义完整性上得分情况较好，说明所提出的基于句法依存关系的半自动规则构建方法能够有效提取出非遗知识元的知识项内容描述句，同时基于 LDA 主题模型的知识项最优主题结构的挖掘保证了过滤后所抽取出句子的主题多样性和语义完整性，达到了良好的预期效果。非遗句子类知识项 document：description 和 physical thing：has note 抽取出句子的代表性和语义完整性得分相对较低，

经分析是因为该类知识并非所构建的非遗领域文献语料库中领域专业文献所关注的重点研究内容，该类知识项的描述内容在语料库中出现较少，文献中仅有的少量描述句的专业性和完整度也不高，因此也影响了抽取出句子在代表性和语义完整性上的得分。

实验中句子的简洁性得分情况低于代表性得分和语义完整性得分，主要原因是基于LDA模型所挖掘出的最优主题结构的不同主题之间虽然相似性最低，但同时不可避免地存在信息冗余的情况，因此也会带来从不同主题中所抽取出的句子存在冗余信息的问题；此外，相似的句子可能因为其部分核心内容的差异性而被划分到不同的主题类别中而被同时抽取出来，也会造成信息冗余的问题。

总体来看，所提出的非遗知识元知识项的抽取方法能够较好地实现非遗知识元知识内容抽取的目标，下一步可通过对非遗领域语料库内容的扩充与结构的扩展以及对非遗知识元知识项抽取算法的优化实现更优的抽取性能。

5.4.4 基于知识项的非遗知识元内容揭示

通过对以非遗领域术语为标识的知识元短语类知识项与句子类知识项的抽取，知识元不同知识分面、不同表现形态、不同学科属性的知识内容得到了有效著录与揭示，并实现了基于知识元单元结构的功能性聚合与系统性揭示。以非遗项目知识元“摆手舞”为例，其基于知识元知识项抽取与聚合、集成的知识内容揭示结果如表5-13所示。

表5-13 “摆手舞”知识元的内容揭示

序号	定义句
dct：type	传统舞蹈
ich：level	国家级非物质文化遗产代表性项目
ich：application areas	湖南省湘西土家族苗族自治州
ich：protection agency	湘西土家族苗族自治州非物质文化遗产保护中心
dct：data accepted	2006年
dct：abstract	摆手舞流行于酉水流域的土家族地区，土家语叫作“舍巴日”，分大摆手和小摆手，是土家族特色极为典型的舞蹈形式。摆手舞是土家族人民祭祀祖先神灵时，由梯玛巫师主唱的祭祀歌，以娱神为目的的祭祀舞蹈。摆手舞是土家族群众节日生活的一部分，是湘西土家族群众喜爱的传统节日活动，将摆手舞作为娱乐健身活动，能使土家族群众积极地投入到这项活动中，充分体验活动的乐趣……

从表 5-13 可知，利用所提出的非遗知识元短语类知识项和句子类知识项的抽取方法，抽取出与非遗项目知识元“摆手舞”不同分面属性所对应的知识项集，如 dct：type、ich：level、dct：abstract 属性相关联的短语类与句子类知识项“传统舞蹈”“国家级”“摆手舞流行于酉水流域的土家族地区，土家语叫作‘舍巴日’，分大摆手和小摆手，它是土家族特色极为典型的舞蹈形式……”。基于所抽取出的知识元知识项集实现了对“碎片化”分布于结构化知识库与非结构化文献语料中的知识项集的抽取与结构性聚合，完成了非遗项目知识元“摆手舞”不同分面知识内容的完整揭示。

第 6 章　非遗知识元语义关系的抽取与关联组织

将关系定义为两个或多个实体之间的某种联系，非遗知识元语义关系抽取就是自动找出非遗知识元实例之间具有的某种明确的语义关联关系并将其进行语义形式化的显性揭示。根据参与知识实例数目的多少可以将其划分为二元关系抽取和多元关系抽取，其中二元关系抽取是其他关系抽取的基础[①]，因此本章主要研究非遗知识元的二元关系抽取。非遗知识元二元关系抽取就是要从非结构化的文献中挖掘出非遗知识元实例对之间的某种语义关系，为非遗领域知识的语义组织与语义应用系统的科学构建提供底层的语义支持。

6.1　非遗知识元语义关系的分类与抽取模型

6.1.1　非遗知识元语义关系的分类

非遗知识元的二元语义关系在非遗本体概念类的对象属性及非遗本体模型的公理定义中进行了说明。根据不同的划分依据和标准可将非遗知识元语义关系划分为不同的类型：从语义关系的定义域与值域的类型差异上可将其划分为同类知识元间的关系与不同类知识元间的关系；从知识元语义关系的挖掘深度上可将其划分为基于知识元对的上下文信息直接挖掘、抽取的显性关系以及在显性关系基础上需要基于一定关联、推理范式才能得以抽取和揭示的隐性关

① 吕亿林，田宏韬，高建伟，万怀宇．结合百科知识与句子语义特征的关系抽取方法［J］．计算机科学，2020，47（S1）：40-44，65.

系；从其具体的关系语义内容上还可以将其划分为传承关系、参与关系、利用关系等各类语义关系。

非遗知识元语义关系类别的划分不能太具体，否则会产生知识抽取成本过高和数据稀疏的问题。同时，关系的分类模板还要有足够的区分性，不能太泛化。笔者在非遗本体知识模型的基础上对部分非遗知识元间过于细分的语义关系进行了合并，如将概念的上位、下位关系合并为上下位关系，传承人之间的师傅、徒弟关系合并为师徒关系，最终定义了 35 种具体的非遗知识元语义关系并将其表述为“知识元实例 1/知识元实例 2/语义关系”的格式，如表 6-1 所示：

表 6-1　非遗知识元间的语义关系及类别

序号	类别划分	语义关系
1	显性关系	非遗项目/人物/传承人
2		非遗项目/人物/参与者
3		非遗项目/实物/利用
4		非遗项目/实物/产出
5		非遗项目/行为/包含
6		非遗项目/文献/载体
7		非遗项目/空间/流传地
8		非遗项目/时段/发生时间
9		非遗项目/事件/影响
10		非遗项目/概念知识/蕴含
11		人物/事件/参与
12		人物/行为/开展
13		人物/实物/制造
14		人物/空间/居住
15		概念/人物/角色
16		概念/文献/出处
17		行为/实物/利用
18		实物/空间/产地
19		实物/人物/制作人
20		行为/概念/表现

续表

序号	类别划分	语义关系
21	显性关系	事件/行为/包含
22		事件/时段/发生时间
23		事件/空间/发生地
24		时段/时段/包含
25		空间/空间/隶属
26		人物/人物/父母孩子
27		人物/人物/师徒
28		概念/概念/上下位概念
29		概念/概念/相关概念
30		行为/行为/前继后续
31	隐性关系	非遗项目/非遗项目/空间关联
32		非遗项目/非遗项目/概念关联
33		非遗项目/非遗项目/人物关联
34		非遗项目/非遗项目/实物关联
35		非遗项目/非遗项目/内容关联

如表 6-1 所示，非遗知识元间 35 种具体的语义关系可划分为显性关系与隐性关系，其中显性关系可通过领域文本语料中的知识元上下文信息直接挖掘、抽取，而隐性关系需要在显性关系基础上通过基于非遗本体公理的推理实现关系的发现和揭示。

6.1.2 基于远程监督的非遗知识元语义关系抽取模型

基于 3.4 节的非遗知识元知识组织模型，知识元之间的语义关联关系是通过其标识术语之间的语义关系进行表现与标识的，因此可通过对非遗领域文本中知识元标识术语之间语义关系的抽取实现非遗知识元间的语义关系的挖掘。

我们可以将非遗知识元间的语义关系形式化地描述为关系三元组〈E_1，R，E_2〉，其中，E_1 和 E_2 是指非遗知识元实例，R 是指非遗知识元间语义关系的具体描述。知识元语义关系抽取的主要目的是从自然语言文本序列中识别并判定知识元之间存在的特定关系。如图 6-1 所示，给定句子：“皮影戏始于西汉”以及知识元实例“皮影戏”与“西汉”，通过对句子的语义分析可得到非遗项目知识元“皮影戏”与非遗时段知识元“西汉”之间存在“始于”的语义关系，最终抽取出〈皮影戏，起源时间，西汉〉的实体关系三元组。

图 6-1　知识元语义关系抽取范例

非遗知识元语义关系的抽取需要在对现有关系抽取理论与方法进行系统研究与梳理的基础上，根据非遗领域知识元及其语料文本的特点做出科学、合理的选择。目前，实体语义关系的抽取方法主要分为基于模板匹配的方法和基于机器学习的方法两个类别。

基于模板匹配的关系抽取方法是在领域知识及语言学知识基础上通过人工的方式构建出有效的关系抽取规则，利用该规则模板从文本中抽取出关系实例间的语义关系词。甘丽新[①]在对文本中知识实例的上下文句法和语义依存关系分析的基础上建构了基于句法依存关系的语义关系词抽取模板，实现知识关系的抽取。谢明鸿[②]等学者通过构建固定句式搭配模板开展中文实体关系触发词的抽取。基于模板匹配的抽取方法实现原理简单、准确率较好，但人工成本较高，规则模板的科学性、系统性及完整性容易受到人的主观因素的影响，难以保证其质量，而且该方法的领域迁移性也较差。

基于机器学习的实体关系抽取方法依据其对标注语料的依赖程度可分为无监督、半监督及有监督等 3 种不同的抽取方法[③]。无监督学习的关系抽取方法主要基于聚类的思想，在无须预先确定关系类型的情况下，使用聚类后的高频词描述实体关系，这类方法可以得到未预先定义的关系类型，但该方法不能准确描述低频关系实例，且召回率较低。半监督的关系抽取方法包括基于 Boot-strapping[④] 算法的抽取方法和基于远程监督的抽取方法。Boot-strapping 算法是选择少量关系实例作为种子，通过不断迭代将该种子集合扩增到足够规模以完成关系抽取模型的训练，这类方法仅需要少量的标注语料，且准确率高于无

① 甘丽新．基于句法和语义分析的中文实体关系抽取［D］．南昌：江西财经大学，2017.

② 谢明鸿，冉强，王红斌．基于同义词林和规则的中文人物关系抽取方法［J］．计算机工程与科学，2021，43（9）：1660-1667.

③ 刘辉，江千军，桂前进，张祺，王梓豫，王磊，王京景．实体关系抽取技术研究进展综述［J］．计算机应用研究，2020，37（S2）：1-5.

④ Studer M，et al. Validating Sequence Analysis Typologies Using Parametric Bootstrap［J］. Sociological Methodology，2021，51（2）：290-318.

监督的方法，但该方法在迭代过程中存在语义漂移等问题，抽取的准确率及召回率仍有待提高。基于远程监督的关系抽取方法基于以下假设：在一个已有的知识库中（如百度百科、Freebase①、DBpedia②）定义了由一对实体和一个关系所构成的语义关系三元组，那么任何包含这对实体的句子都在一定程度上反映了这种关系。基于以上假设，远程监督算法可以利用一个外部的知识库，基于知识库中所定义的具有某种明确语义关系的知识实体对，给文档库中的句子标注关系标签，等同于做了样本的自动标注，因此其本质上是一种半监督算法。有监督的方法在选取好特征集的基础上使用标注语料对关系分类模型进行训练，然后使用该模型对测试语料进行关系预测。这类方法对标注数据十分依赖，标注数据质量直接决定了有监督方法的抽取质量，但非遗领域并不具备成熟的领域标注语料，高质量非遗标注语料库的建设需要投入大量的人力、物力且受到非遗语料库文献数量较少的影响不能保证其最终的抽取性能。无监督与基于 Boot-strapping 的半监督的语义关系抽取方法由于其自身在准确率与召回率方面的不足也难以高质量完成多元非遗知识元语义关系抽取的任务。

基于远程监督的关系抽取方法中训练语料的关系实体对来源于已有知识库，可以在充分利用已有知识库中非遗知识元语义关系三元组的基础上，有效降低非遗知识元间语义关系抽取的投入成本与计算的复杂度。基于远程监督的关系抽取方法中训练数据的产生是通过利用外部知识库采用远程监督的方式进行句子的对齐与回标自动产生，不需要代价高昂的人工标注，所以它很适合处理标注难度大、成本高的非遗领域的文本标注。经过对知识抽取理论与方法的综合研究与评估，本书采用基于远程监督的方法进行非遗知识元语义关系的抽取。

基于远程监督的语义关系抽取其实质是一个多示例学习模型③，该模型把所有包含同一语义关系的实体对描述句作为一个包，包中所有的句子看作是包中的示例，并给包赋予该语义关系标签。多示例学习的目标就是在不知道包中每个示例所蕴含语义关系的情况下，通过对包所标注的语义关系以及包中多示例特征的学习来产生一个关系模型以预测未知包的标签。所构建的基于远程监督的非遗知识元语义关系抽取流程如图 6-2 所示。

---

① Freebase [EB/OL] . http：//wvw. Freebase. com.

② DBpedia [EB/OL] . http：//dbpedia. org.

③ Thomas G D，Richard H L，Tomfis L P. Solving the multiple-instance problem with axis-parallel rectangles [J] . Journal of Artificial intelligence，1997，89 (1)：31-71.

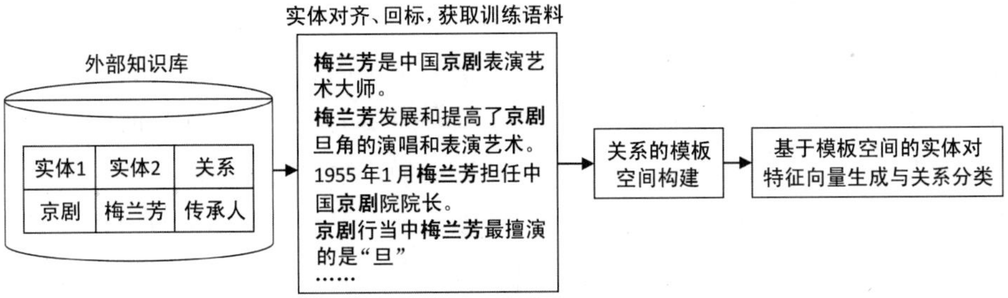

图 6-2　基于远程监督的非遗知识元语义关系抽取流程

从图 6-2 可以看出，基于远程监督的非遗知识元语义关系抽取包含外部知识库中关系三元组抽取、实体对齐与回标获取训练语料集、关系的模板空间构建、基于模板空间的实体对特征向量生成与关系分类等 4 个步骤。外部知识库的关系三元组抽取是选择包含非遗领域知识及其语义关系的外部知识库并从中抽取出非遗知识元语义关系三元组，外部知识库的选择要兼具领域广度与深度，既要覆盖非遗所涉及的所有学科领域，又要考虑知识库对非遗专业领域知识收集的专业性与完整度。笔者将中文学科领域知识覆盖完整度最高的中文百科知识库“百度百科”作为外部知识库，可从其“梅兰芳”词条中抽取出〈京剧，传承人，梅兰芳〉这一非遗知识元语义关系三元组；根据所抽取的语义关系三元组在文本语料集中进行实体对齐与回标，将语料集中所有包含“京剧”与“梅兰芳”的句子作为一个训练包并将该包标注为“传承人”关系；对标注为同一类关系的包进行该类关系示例的特征学习。特征学习通常可采用基于词法特征、句法特征或通过深度学习自动选择特征的方法予以实现①，本书引入依存句法分析理论基于句子的依存关系结构实现对非遗知识元语义关系的特征模板构建，对具有相同语义关系的知识元描述句进行特征模板集成，构建非遗知识元语义关系的模板空间；根据非遗知识元实例对的特征模板在关系模板空间上的分布特征生成该知识元实例对的关系特征向量，基于特征向量实现对非遗知识元间语义关系的分类判定。

6.2　非遗知识元语义关系的模板空间构建与特征向量抽取

在关系抽取模型中，训练句子集的语义关系的特征选择与建模方法的科学

① 周鹏．面向非结构化文本的知识抽取关键技术研究［D］．北京：中国科学院大学，2018.

性与有效性决定了语义关系抽取的性能与质量，也是实体关系抽取模型构建的关键技术。语义关系的特征选择与建模方法有基于词法的特征学习、基于句法的特征学习和基于深度学习的特征学习等 3 种主要方法。基于词法的特征学习方法主要根据在训练集的句子示例中所出现的词语频次、词语的词性、词语出现的位置、词语之间的距离等特征进行关系特征学习与关系模型的构建；基于句法的特征学习是将整个句子作为处理对象，通过对句子的句法结构，句子的频率、共现等信息学习句子整体的特征模型并在此基础上实现关系的判断；基于深度学习的方法引入神经网络理论，通过模仿大脑神经元之间传递、处理信息的模式自动从训练集的句子示例中选择特征并通过学习建立起从输入到输出的函数关系，通过大量特征的机器自动选择和学习构建出一个最优映射模型实现实体关系的预测。

基于词法的特征学习方法因中文词语的复杂性、多义性造成其用于中文关系抽取存在召回率较低的问题而较少单独使用。基于深度学习自动选择特征的方法需要有高质量的训练数据才能取得较好的学习效果，难以应用于训练数据量较少且缺乏高质量标注语料的非遗领域知识的抽取。因此，笔者采用基于句法特征的学习方法构建非遗知识元间语义关系的特征模型并在此基础上实现非遗知识元语义关系的抽取。

6.2.1 基于互补信息的关系抽取原理

同一类型的关系会存在多元化的描述方法，而且关系本身也具有不同的表现形态，通过远程监督方法所产生的训练句子中存在着大量对知识元间实体关系采用不同词语和句法结构进行描述的句子，句子所包含的内容也会涉及该关系所蕴含的多元化内涵知识与外延知识。因此，对采用不同词语与句式结构描述同一语义关系不同分面内容的具有语义互补性的句子特征进行有效的组合、拼接、集成，就可以形成一个包含该关系完整内涵与外延知识的关系特征知识库，将该知识库作为关系分类的依据即可实现对实体对关系的准确抽取。

假设给定一个非遗项目知识元与人物知识元的关系实例〈西兰卡普，左翠萍，非遗传承人〉，基于远程监督的方法通过实体对齐可以从领域文本语料库中查找出包含非遗知识元实例“西兰卡普”和“左翠萍”的两个句子作为训练句子示例，如表 6-2 所示。

表 6-2　远程监督方法生成的训练句子示例

1	在非遗博览会上，土家族摆手舞、西兰卡普、肉连响等非遗项目的传承人左翠萍、田仁信、彭昌松向与会者进行了现场展示
2	在左翠萍的家中摆放着各类西兰卡普的制作工具

从训练集中的第一个句子我们可以推断出“左翠萍”是非遗项目的传承人，但不能确定其所传承的具体的非遗项目，可能是“摆手舞”“西兰卡普”和“肉连响”中的一种。从第二个句子中我们可以推断出“左翠萍”与非遗项目“西兰卡普”具有紧密的关联关系，但不能推断出具体的关系类型，二者之间可能是“研究者”“爱好者”“传承人”“参与者”关系中的一种。但是，当综合考虑这两个句子所提供的语义信息时，就能准确推断出“左翠萍”与“西兰卡普”之间为“传承人”关系。以上例子通过句子之间互补信息的拼接与融合就形成了一个完整、准确的语义关系三元组，在此基础上实现了对知识元实例间语义关系的准确判定。

要实现基于互补信息的关系抽取就需要构建出能够有效表达句子示例中语义关系知识特征的描述模型，通过对蕴含同一语义关系不同内涵与外延知识的描述模型的汇聚，形成一个基于互补信息的实体对语义关系的特征模型空间，以实现该语义关系多元知识的互补集成，基于集成的互补信息便可以实现对未知关系知识元实例的准确分类。本书在语义关系的对偶表示理论基础上，通过对远程监督训练集中关系模板的抽取、过滤与组合构建出关系的模板空间模型，实现关系语义描述互补信息的融合，基于非遗知识元实体对在关系模板空间上的分布特征抽取出知识元实体对的特征向量，最终实现知识元关系分类的目标。

6.2.2　语义关系的对偶表示

对偶是指用两个结构相同、字数相等、意义对称的词组或句子来表达相反、相似或相关意思的一种修辞方式，使两方面的意思互相补充和映衬，加强语义表达的效果[①]。语义关系的对偶表示可视为对语义关系分别从其内涵性（intentionality）和外延性（extensionality）两个分面进行互相补充、互为映衬、二元一体的表达[②]。语义关系的内涵性是该关系特有属性的反映和本质属

① 束定芳，田臻．语义学十讲［M］．上海：上海外语教育出版社，2019.

② 曾道建．面向非结构化文本的关系抽取关键技术研究［D］．北京：中国科学院大学，2015.

性的总和，可以使用所有能抽取出这种关系的模板来表示。语义关系的外延性是指能反映该语义关系属性特征的一切对象，可以使用所有包含这种关系的实体对来表示。

基于语义关系的对偶表示理论，用符号 R 表示关系，E（R）表示所有包含关系 R 的实体对，要表示“非遗项目/人物/传承人”这种关系就可以给出实体对（西兰卡普，左翠平）（土家族摆手舞，田仁信）和（肉连响，彭昌松）等具有这种关系的知识实体对来反映，这种表示方式就是外延性表示。同理，为表示两个实体间具有关系 R，也可以使用所有能抽取出这种关系的句式模板 P（n）来表示，比如用 X 和 Y 分别表示非遗项目和人物，“X 的传承人是 Y”“Y 传承着 X”“Y 被认定为 X 的传承人”等句式结构模板就可以用来表示“非遗项目/人物/传承人”这种关系，这种基于模板的表示方式就是语义关系的内涵性表示。E（R）和 P（n）都能表示关系 R，将两者结合用来表示关系 R 就是关系的对偶表示方法。

基于语义关系的对偶表示方法，可以将具有该关系的实体对以及抽取出该语义关系的句式模板表示成一个对偶矩阵，其中，P_i 表示模板，（e_{1n}，e_{2n}）表示实体对，矩阵值为实体对在相应模板上出现的次数，所产生的语义关系对偶矩阵如表 6-3 所示。矩阵的每一行表示实体对在关系模板空间上的分布，每一列表示模板在实体对空间上的分布。

表 6-3　语义关系的对偶表示

	p_1	p_2	p_3	p_4	……
(e_{11}，e_{21})	0	1	0	1	
(e_{12}，e_{22})	1	0	1	1	
(e_{13}，e_{23})	1	0	1	0	
(e_{14}，e_{24})	1	1	0	0	
⋮					

通过语义关系的对偶表示方法，可以从远程监督实体对齐后所产生的训练句子示例中抽取出关系的句式模板，实现同一关系具有不同表述方式的句子之间互补信息的拼接与汇聚，有效地解决同一个语义关系所包含的多种表达方式和知识内容的关系表示模板库构建的问题。笔者将在远程监督所产生的训练集的基础上基于关系的对偶表示方法构建出关系的模板空间，将拟分类的实体对

关系描述句的模板特征映射为其在模板空间上的分布特征，通过生成该实体对关系的特征向量的方法实现关系的分类。

6.2.3　基于模板空间的语义关系特征向量抽取

关系抽取是对实体之间语义关系的明确界定，其中的关键问题就是要找出合适的特征向量来表示两个实体之间的语义关系特征。通过构建语义关系的句法模板空间，并基于实体对示例在模板空间的分布特征生成实体对关系的特征向量。

根据关系的对偶表示理论，可以将远程监督方法所产生训练语料中表征某一类语义关系的实体对及其对应的关系特征模板表示为一个矩阵，矩阵的每一列就是一个具体的句法模板，所有列组合起来就形成了一个模板空间。矩阵的每一行是实体对在模板空间上的分布，矩阵的行向量可以用来表示实体对所具有的所有反映该关系语义的属性特征，实体对关系特征向量的抽取就是找出实体对句法模板在模板空间上的向量分布。所构建的基于模板空间的特征向量抽取的框架模型如图 6-3 所示。

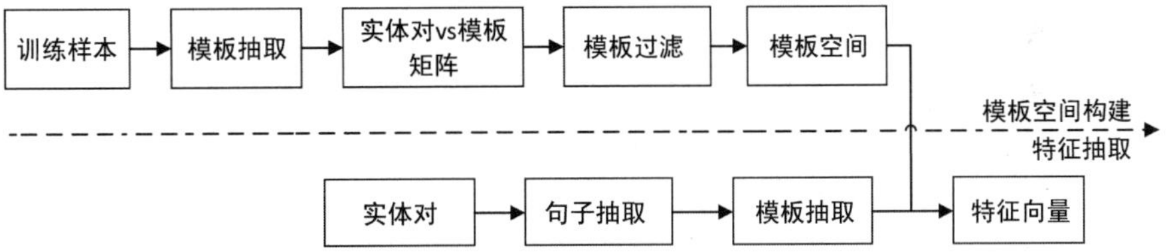

图 6-3　模板空间特征抽取系统模型

所构建的基于模板空间的关系特征抽取系统主要包括两个部分：模板空间构建和特征抽取，模板空间构建的目的是选择高质量的模板，并将这些模板进行组合形成模板空间。特征抽取是输入包含拟分类的知识元实体对关系描述的句子示例，从句子中抽取出表示该实体对关系的句法模板，通过将实体对关系的句法模板映射为模板空间上的分布，从而得到该实体对关系的特征向量。

模板空间构建部分首先从远程监督所产生训练集的句子示例中抽取出具有同一关系的实体对，并从中抽取出不同的关系模板，所有实体对和模板组合起来构成实体对 vs 模板的对偶矩阵。远程监督不可避免会产生回标噪声问题，需要通过一定的模板过滤方法对远程监督所产生的低质量模板进行过滤，过滤后剩余的有效模板就构成该语义关系的模板空间。模板空间中包含模板的个数就是最终特征向量的维数，所以在进行模板抽取的时候模板不能太具体，否则模板太多会造成数据稀疏，同时模板要有足够的区分性，不能太泛化。

特征抽取就是将实体对的关系向量化表示为在模板空间上的分布特征。给定包含一个实体对的所有句子，然后对句子进行模板抽取得到表示该实体对关系的模板，获取该实体对模板在关系模板空间上的分布特征即可实现该实体对关系在某一关系模板空间上的特征向量化表示。为了得到实体对关系在关系模板空间上的分布特征，通常使用模板出现的次数来表示其在模板空间中的分布特征，但这种特征表示方法会产生数据稀疏和空模板的问题，当从测试样本的一个句子示例中提取的模板未在模板空间中出现时，就会导致这个句子所有信息的完全丢失，造成支持分类判断的语义信息的缺失与不足。因此，通过对模板之间的相似性进行度量，基于模板相似度而非模板出现次数来表示实体对关系在模板空间上的分布特征，在解决空模板问题的同时实现对句子之间互补信息的有效利用。

6.3 非遗知识元关系模板抽取与语义关系分类

在基于模板空间的关系特征抽取中，模板设计的科学性与有效性决定了抽取系统的最终性能。模板空间需要在有效地表达出实体对之间的语义关联关系的同时具有简洁的关系模板结构，否则会造成最后得到的特征向量维数过大，模板泛化能力和区分度不足的问题。每一个关系模板所蕴含的语义信息的数量和质量也直接决定了语义关系分类的准确性。本节将对关系模板和模板特征向量抽取的具体实现方法进行研究。

6.3.1 基于最短依存树的关系模板抽取

关系模板的抽取就是从包含实体对的句子中抽取出能有效表达实体间语义关系特征的信息，在对其进行过滤、清洗的基础上进行规范化处理并进行形式化建模的过程。自然语言的句子由词或者短语按照一定的句法结构所组成的，句子中知识元实体之间的语义关系也必须为一定的句法结构所承载和体现。因此，可通过实体对在句子中所承担的句法成分以及对成分之间的语义依存关系的挖掘实现表达实体之间关系特征的目的。

ACE（the automatic content extraction program）定义了两种具有关联关

系的中文实体句法结构模型[①]：Pre-modification 和 Stative Predication 模型。Pre-modification 指关系实体所形成的一种固定的前置修饰结构，其中一个实体为前置修饰词，一个实体为中心词，实体之间搭配构成偏正短语、同位短语、主谓短语结构，如“京剧表演艺术家梅兰芳”中“京剧表演艺术家”作为前置修饰成分是对实体“京剧”与“梅兰芳”之间关系的一种表述。Stative Predication 是对关系实体所形成的主谓宾结构的描述，在中文句子中关系实体通常被一个关系谓词所连接，一个实体处于主语的位置，而另一个处于直接宾语的位置，关系谓词表明了实体对之间的具体关系，如句子“锡伯族西迁节流行于新疆维吾尔自治区”中关系谓词“流行于”描述了“锡伯族西迁节”与“新疆维吾尔自治区”之间所具有的“流传地”的语义关系。

句法结构特征与语义关系之间具有紧密关联关系，本书引入依存句法分析技术开展对远程监督训练集及领域文本中包含实体对关系描述的句子的句法结构特征的抽取。依存句法分析是一种浅层的句法分析技术，通过抽取语句中词语间的依存关系揭示词语间的语义修饰关系，而与词语在句子中的相对距离无关，因此可以利用依存句法分析技术开展知识实体之间依存关系的挖掘并将其作为实体对语义关系的显著标识特征。当两个实体在句子中的相对位置很远，实体之间词语很多，但具有较小的依存距离时，通过句法依存分析能够有效挖掘出实体之间的语义关联关系，同时过滤掉实体上下文中与其语义关系无关的数据的影响，大幅降低关系模板的结构复杂度。

句子成分之间的依存关系可以使用有向弧表示，由支配词指向被支配词。如果将一个句子中所有词语的依存关系以有向边的形式表示出来，就会得到一棵树，称为依存句法树。依存句法树可定义为 $T=(V,A,R)$，其中 V 为结点集合，表示语句中词语；A 为有向弧集合，表示词语间的依存关系，弧的出发端为依存关系的支配词，弧的指向端为依存关系的被支配词；R 为依存树根结点，为语句核心动词。句子“土家族的摆手舞起源于湘西，后逐渐推广到鄂西”的依存句法树如图 6-4 所示。

① Chinese Annotation Guidelines for Relaion Detection and Characterization（RDC）［EB/OL］. https：//www. ldc. uppenn. edu/sites/files/Chinese-rdc-v4. 3. pdf.

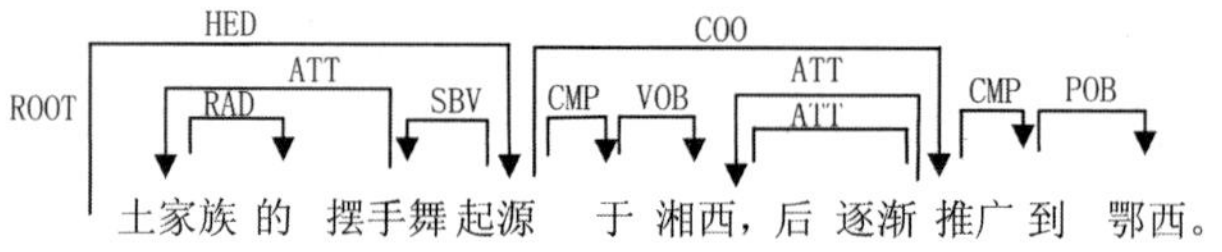

图 6-4　依存句法树实例

为过滤无效信息而提取出句子中的有效信息，实现句子中实体关系的特征挖掘，本书将从一个实体沿着依存弧到另一个实体所经过的最短距离所构成的依存子树定义为实体对的最短依存树，并将最短依存树作为该关系实体的句法特征模板。如图中实体“摆手舞”与“湘西”之间的最短依存树为：

$$X \xleftarrow{\text{SBV}} \text{起源} \xrightarrow{\text{CMP}} \text{于} \xrightarrow{\text{VOB}} X$$

为了使模板具有较好的泛化能力，使用词性标签替换最短依存树上的词，但考虑到句子中的核心动词通常是实体间关系类别的具体定义词，所以为了使模板具有较好的语义分类的表达和区分能力，保留最短依存树上的核心动词不做替换。最后得到的关系模板如下：

$$X \xleftarrow{\text{SBV}} \text{起源} \xrightarrow{\text{CMP}} p \xrightarrow{\text{VOB}} X$$

以上模板用词向量形式可表示为 $P=$（SBV，起源，CMP，p，VOB）。

6.3.2　噪声模板的过滤

模板空间中模板的个数是最终抽取的实体对特征向量的维数，过多的模板不仅会导致计算量的增大，而且会造成特征稀疏。同时，模板空间的质量也取决于模板空间所包含的基模板的质量，如果将缺乏典型代表性和区分度的模板纳入模板空间的基模板之中，就会导致系统整体分类性能的下降。

采用远程监督的方法所产生的训练数据不可避免地存在着回标噪声数据，该类数据并没有真正揭示出远程监督知识库中实体对的关系，只是句子中恰好包含了该实体对从而成为了被错误标注的数据。因此，可以在抽取出关系模板空间之前先对训练数据集进行清洗，以最大程度减少回标噪音数据的影响，提高模板空间的质量。基于 *TF-IDF* 算法的基本原理是对关系分类代表性和显示度高的模板进行过滤与抽取，模板的过滤算法主要基于以下两个假设：

假设 1　在具有同一个关系类别的实体对句子示例中，模板出现的频率越高，那么这个模板对这个分类就越重要；反之，如果模板出现的频率越低，对这类关系重要性就越低。

假设 2　如果某个模板被多个类别所共享，那么该模板被共享的关系类别数量越少，该模板的类别区分度就越好，如果该模板被共享的类别越多，则模板的类别区分度就越差。

基于以上假设，本书提出模板在关系类别中重要性的量化指标 I_{Pi} 来度量模板对关系类别的重要性：

$$I_{pi} = \frac{N_{pi}}{N_p} \cdot \log \frac{|C|}{|j:P_i \in C|} \tag{6-1}$$

式中，I_{pi} 为模板 p_i 对某一分类的重要性权重值，N_{pi} 为模板 p_i 在该类别中的出现次数，N_p 为该类别中存在的模板总数。$|C|$ 为总的分类数，$|j:P_i \in C|$ 为包含模板 P_i 的类别的总数。为过滤掉低质量的噪声模板，可以设置一个模板重要性 I_{pi} 的阈值 φ，在所有关系上模板的重要性权重值低于 φ 的就可以将其作为低质量模板过滤掉。

6.3.3　基于相似性度量的知识元语义关系特征向量生成

在实体对的模板空间特征向量抽取中，如果使用模板出现的次数来表示句式模板在模板空间上的分布，当从一个句子中所提取出的模板未在训练样本中出现，就会出现特征向量为 0 的情况，造成空模板和数据稀疏的问题，从而丢失掉了判断实体对分类的大量语义支持信息。考虑到中文语义关系表达的多元复杂性，同一个关系类型可以通过不同的表达方式表达出来，如“摆手舞起源于湘西”“摆手舞发源自湘西”和“摆手舞在湘西广为流传”3 个句子具有不同的表述词语和句法结构，但其语义知识内涵中都或多或少地包含着〈摆手舞，发源地，湘西〉这一语义关系三元组所表达的语义信息。为避免空模板和数据稀疏的问题，实现对互补信息的充分利用，本书通过计算模板之间的相似度来表示实体对关系模板在模板空间上的分布特征，将模板之间的相似度值作为最终的模板空间特征向量值。

假设 $P_x = X_1X_2\cdots X_m$ 和 $P_y = Y_1Y_2\cdots Y_n$ 表示两个模板，其中，X_i 和 Y_i 表示模板中第 i 个位置的符号，P_x 和 P_y 之间的相似度为：

$$\mathrm{sim}(p_x, p_y) = \begin{cases} 0, & m \neq n \\ \sum_{i=1}^{n} \frac{s(x_i, y_i)}{n}, & m = n \end{cases} \tag{6-2}$$

当两个模板的长度不相等时，相似度为 0。模板长度相等且 X_i 和 Y_i 相等时，$S(X_i, Y_i)=1$，否则 $S(X_i, Y_i)=0$。根据对模板的定义，模板中的动词通常是实体间关系类别的定义词而在模板中予以保留，但中文中同一语义关系标识动词具有多元化的表达形态，如“起源”“发源”“始于”为同义词，表达着完全相同的语义关系。因此，对每一个关系类型构建一个关系同义词库，将所有表征该关系的同义动词收录其中，当参与比较的动词为同义词库中的同义词时即等同于相等，即 $S(X_i, Y_i)=1$。笔者在中文同义词林①的基础上完成关系同义词库的构建。

句子 1“摆手舞起源于湘西”、句子 2“摆手舞出自湘西”和句子 3“摆手舞在湘西广为流传”的句法模板和模板相似度如表 6-4 所示。

表 6-4　模板及模板相似度实例

	模板	相似度		
		句子 1	句子 2	句子 3
句子 1	$X \overset{\text{SBV}}{\leftarrow}$ 起源 $\xrightarrow{\text{CMP}} p \xrightarrow{\text{VOB}} Y$	1	1	2/5
句子 2	$X \overset{\text{SBV}}{\leftarrow}$ 出自 $\xrightarrow{\text{CMP}} p \xrightarrow{\text{VOB}} Y$	1	1	2/5
句子 3	$X \overset{\text{SBV}}{\leftarrow}$ 流传 $\xrightarrow{\text{ADV}} p \xrightarrow{\text{POB}} Y$	2/5	2/5	1

6.3.4　基于模板空间特征向量的非遗知识元语义关系分类

对于在外部知识库中没有定义其语义关系的非遗知识元实体对，利用 6.3.3 节中模板的相似性度量方法计算该实体对的句法模板与语义关系模板空间中每一个基模板的相似性度量值，将该值作为其特征向量中不同维度的取值，最终抽取出表征其在该模板空间中分布特征的 n 维向量，n 对应模板空间中基模板的数量。

模板空间中的每一个基模板可视为判定实体对关系的一条规则公理，当实体对的模板与模板空间中基模板完全相同时，即可视为实体对模板在模板空间的一次命中，可认定其满足判断该实体对关系为正例的一条规则。同时，实体对特征向量不同维度上的相似性度量值可视为对该关系规则公理集的一次整体性匹配，通过特征向量不同维度上不同句式模板之间相似度的互补、汇聚与整合，可

① 梅家驹，等. 同义词词林［M］. 上海：上海辞书出版社，1996.

实现对实体对句子示例所包含的分类互补信息的拼接与汇聚，在此基础上构建出一个完整、丰富的关系分类判断语义知识集，以实现关系的判断与分类。

基于以上分析，通过实体对关系的特征模板与关系模板空间中每一个维度上基模板的相似度值进行计算得到其特征向量，利用余弦相似度算法得到实体对关系特征向量在模板空间最终的整体相似度值，并将其作为该实体对属于该分类的置信度得分 Z_e。设实体对的特征向量为 $\boldsymbol{t}=\{x_1, x_2, \cdots, x_n\}$，其置信度得分的计算方法如下：

$$Z_e = \frac{x_1 + x_2 + \cdots + x_n}{\sqrt{x_1^2 + x_2^2 + \cdots + x_n^2}} \tag{6-3}$$

分类置信度得分 Z_e 可以在有效利用模板空间中每个基模板特性的同时，利用不同基模板之间的互补信息，通过将互补信息拼接、融合之后所产生的集成信息与增益信息作为实体对所属语义关系分类置信度计算的依据，根据置信度得分排序获取其置信度最高的语义关系类型，并通过设置一个分类置信度阈值实现最终的关系分类。本书所提出的方法通过对表达知识元间关系的中文互补语义信息的拼接、融合与利用，提升了面向多元化表达形式和句法结构的中文语义关系分类的准确性。

6.4　非遗知识元的语义关联组织实现

非遗知识元是细粒度非遗知识单元基于非遗知识元描述模型的统一著录与揭示，是非遗领域知识的细粒度、结构化表现形态。通过非遗领域知识元的关联、链接即可形成一幅完整的非遗领域知识地图，实现非遗领域知识的系统性揭示。非遗知识元间多元语义关系的抽取为实现非遗知识元基于语义关系的关联、链接提供了良好的基础，通过非遗知识元间的语义关系可以将不同结构、不同类型、不同来源的多元异构非遗领域知识资源进行有效的关联组织与聚合，实现非遗领域知识的系统揭示、有效组织和深度利用。

6.4.1　基于关联数据的非遗知识元语义组织的实现流程

自互联网之父 Berners-Lee 于 2006 年提出关联数据的概念及理论体系以来，关联数据作为一种用来发布和链接各类数据、信息和知识的规范，以机器可理解的方式实现了离散分布、结构异构知识资源之间基于语义的关联、聚合和共享，获得了快速的发展和广泛的应用。关联数据本质上是一种在万维网上发布资源的规则和方法，在关联数据的理论体系中资源被定义为“任何有URI标识的东西”，包括各类以编码文件形式存在的信息资源，以概念、观念、知识等活态形式存在的知识资源以及人、实物等物质资源。关联数据基于URI协议和RDF描述语言实现了资源内容的在线发布与访问，并实现了数据之间的关联链接，最终构建出一个富含语义、互联互通、机器可理解的知识网络。Berners-Lee提出了关联数据构建与发布需要遵循的4个基本原则：

（1）使用URI作为事物的标识名称。不仅可以用URI标识文档，也可标识任何自然界与人类社会中的资源。

（2）使用HTTP、URI使人们可以参引（dereference）这一全局唯一的名称，使得任何人都可通过HTTP协议连接URI从而找到URI所标识的资源对象。

（3）当有人访问URI时以RDF形式提供有用的信息，即以RDF描述框架实现资源的语义形式化描述。

（4）提供相关的URI链接，以使得人们可以发现更多的相关联的知识信息。

基于关联数据构建与发布的四原则可知，关联数据是万维网、语义网最佳技术实践的集合，它采用RDF语言实现资源知识内容以及资源之间语义关系的形式化著录，利用URI实现数据实体的命名、发布和部署，用户利用HTTP协议访问并获取这些数据并实现基于语义的关联数据。关联数据通过资源标识名称与访问的规范化、资源语义描述格式的标准化，将分布、异构数据以标准、可机读的方式发布，从而实现不同异构数据集的无缝语义互联。利用关联数据技术实现非遗知识元的语义组织与关联链接，在此基础上实现多元异构非遗知识的有机组织与聚合是可行且有效的：首先，利用RDF丰富的语义描述能力，可实现对不同类型非遗知识元以及非遗知识元之间语义关系的形式化描述，为基于语义关联的非遗知识元组织与聚合提供语义组织基础；其次，基于关联数据所采用的HTTP、URI技术可实现非遗知识资源基于成熟的互联网协议的标识、参引与复用，改变非遗资源碎片化、条块分割式分布的现状，通过统一的非遗知识元标识与语义描述规则、知识元访问与响应规则的构建实现非遗知识元基于关联数据的语义组织集成。

基于关联数据构建与发布的四原则并结合国内外相关研究成果，可将基于关联数据的非遗知识元语义化组织方法具体化为3个核心步骤，如图6-5所示。

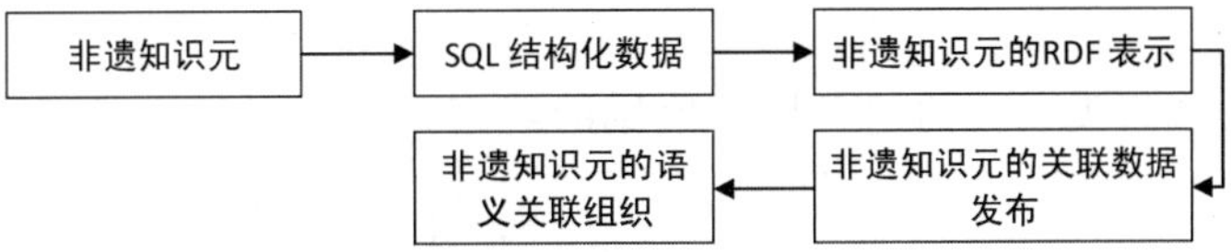

图 6-5　基于关联数据的非遗知识元语义组织的方法流程

基于关联数据的非遗知识元语义组织的方法流程可具体化为 3 个核心步骤：第一步为非遗知识元的基于 SQL 数据库的结构化数据构建，将抽取出来的知识元知识项、知识元间的语义关系转化为 SQL 数据库中的结构化数据表，实现非遗知识内容的结构化存储，便于后续机器处理；第二步是利用 RDF 资源描述框架所提供的一套概念体系实现非遗知识元的语义形式化表达，包括非遗知识元的 URI 命名、非遗知识元内容和知识元语义关系的语义描述与表达，并以 RDF 三元组集的形式进行非遗知识元的形式化存储；第三步为关联数据发布，包括非遗知识元关联关系的搭建、提供基于 SPARQL 语言的非遗知识元的查询接口等。

6.4.2　非遗知识元实例的 RDF 表示

资源描述框架（RDF）语言提供了一套基于三元组图的描述资源的标准和方法。RDF 使用 Web 标识符来标识资源，将实体和资源定义为可拥有 URI 的任何事物，比如“http：//www. whu. edu. cn/rdf”，通过属性和属性值来描述资源的具体知识内容，其中属性是资源的某一维度、分面知识内涵与特征的表述。文献资源的“作者”或“出版机构”，属性值则是属性具体的描述定义内容，比如“David”或“http：//www. whu. edu. cn”。资源、属性和属性值就组合成一个由主语（subject）、谓语（predicate）、宾语（object）所组成的 SPO 三元组，形成了一条符合 RDF 规范的知识陈述句（statement）。

非遗知识元的 RDF 表示就是对非遗知识元及其语义关联关系用 RDF 的三元组的语法形式进行描述并通过 URI 实现知识元的链接关联，在此基础上实现非遗知识基于 RDF 三元组的存储与检索。非遗知识元的 RDF 表示的核心工作是在所定义的非遗领域本体类及属性的基础上利用 RDF 语言规范实现对非遗知识元内涵及外延的描述与表达。

RDF 提供了一套完整的对特定领域对象类和属性进行定义的描述语言框架，通过 rdfs：Class 和 rdf：Propetity 实现对类和属性的申明，通过 subClassOf、subPropertyOf 进行类与属性之间关系的定义，通过 rdfs：domain、rdfs：range 进行类属性的定义域及值域的约束以实现对特定领域知识对象及其语义关系的描述。

基于所定义的非遗本体并复用 foaf 本体，利用 RDF 资源描述框架进行非遗知识元部分核心类及类属性的定义，具体示例如下：

```
@ prefix ich:<http://www.whu.edu.cn/ich>.
@ prefix rdfs:<http://www.w3.org/2000/01/rdf-schema#>.
@ prefix rdf:<http://www.w3.org/1999/02/22-rdf-syntax-ns#>.
@ prefix foaf:<http://xmlns.com/foaf/0.1/>

<http://www.whu.edu.cn/ich#ICH-project>
    a rdfs:class;
    rdfs:comment "非遗项目类";
<http://www.whu.edu.cn/ich#birthday>
    a rdf:Property;
    rdfs:comment "出生日期";
    rdfs:domain<foaf:person>;
    rdfs:range<http://www.w3.org/2001/XML#String>;
<http://www.whu.edu.cn/ich#has inheritor>
    a rdf:Property;
    rdfs:comment "非遗传承人";
    rdfs:domain<http://www.whu.edu.cn/ich#ICH-project>;
    rdfs:range<foaf:person>.
<http://www.whu.edu.cn/ich#田仁信>
    a foaf:person;
    ich:birthday "1933 年 5 月".
<http://www.whu.edu.cn/ich#土家摆手舞>
    a ich:ICH-project;
    ich:inheritor<http://www.whu.edu.cn/ich#田仁信>.
```

在以上非遗知识元基于 RDF 资源描述框架的语义形式化表示示例中，首先进行了命名空间的申明，在此基础上分别定义了非遗知识元类 ICH-project、数据属性 birthday 和对象属性 inheritor，最后描述了两个类实例“田仁信”和“土家摆手舞”。通过 RDF 资源描述框架语言实现了对非遗知识元实例及其语义关系的语义形式化表示。

6.4.3　非遗知识元的关联数据发布

将非遗知识元发布为关联数据不仅可以提供非遗知识元的可视化导航浏览与开放获取，还可以在非遗领域知识与外部数据集之间建立直接的映射关联关系，使其成为开放关联数据的一部分，通过与更大的数据集建立链接促进非遗领域知识的共享与利用，推动领域新知识的产生。非遗知识元的关联数据发布后还可以提供 SPARQL 查询接口供用户检索并下载数据，通过关联数据与各类应用系统的整合实现更为复杂、智能的知识服务功能。

目前已有多种关联数据发布工具被开发出来，这些工具均支持 URI 到 RDF 描述的逆向引用，为数据集提供 SPARQL 访问接口并支持关联数据集的自动发布。这些工具包括 D2R Server、Open Link Virtuoso、Tail Platform 等，其中 D2R Server 在当前主流的关联数据发布工具中因其具有个性化定制功能、操作流程简单、对安装部署硬件要求低等优点成为关联数据发布最为有效的工具之一，D2R Server 系统框图如图 6-6 所示。

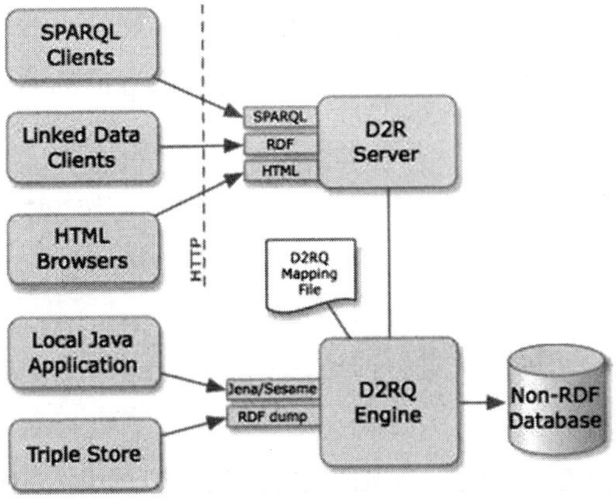

图 6-6　D2R Server 的体系框架图

D2R Server 基于一个可个性化定制的配置文件 D2RQ mapping file 和 D2RQ Engine 将关系型数据库中的非遗知识元及其语义关系映射为 RDF 格式的形式化数据，自动完成从关系型数据向 RDF 格式数据的转化。基于其内置的 Web 服务器 D2R Server 可实现关联数据的自动在线发布，同时提供 RDF 数据的浏览和基于 SPARQL 语言的数据检索功能。

6.5 实验

6.5.1 实验数据集

为了验证所提出的非遗领域知识元语义关系抽取的理论及方法，笔者以第5章实证研究中所抽取出的896个非遗知识元为本章实证研究对象，以非遗知识元标识术语为检索词从百度百科、中国知网、中国非物质文化遗产网、万维网中检索并下载了相关领域文档1 856篇，对其进行格式转换与规范化处理后形成非遗知识元语义关系抽取的领域文档集。

6.5.2 基于远程监督的非遗知识元关系模板空间构建

以百度百科和国家非物质文化遗产网为外部远程监督知识库，分别抽取出非遗知识元实例之间的语义关系，并在非遗领域文档集中进行实体对齐和关系回标。为进一步提高关系回标句子的质量和语义准确性，减少关系模板构建的计算复杂度，笔者在实验中定义了一个回标句子的过滤规则以减少噪声回标句子对系统性能的影响。

回标句子过滤规则：实体对之间依存距离越远，则实体对之间具有语义关系的可能性就越低。实验中将回标句子中知识元实例之间依存距离大于4的作为回标噪声而丢弃。

通过不同关系的回标句子进行非遗知识元间语义关系的模板空间构建。以关系“非遗项目/空间/流传地”为例，所构建的关系模板空间如表6-5所示。

表6-5 关系“非遗项目/空间/流传地”的模板空间

序号	基模板	句子示例
1	$X\xleftarrow{SBV}\text{起源}\xrightarrow{CMP}p\xrightarrow{VOB}X$	摆手舞起源于西水流域。
2	$X\xleftarrow{POB}P\xrightarrow{CMP}\text{发掘}\xrightarrow{VOB}X$	来凤县舍米湖村发掘出了摆手舞。
3	$X\xleftarrow{SBV}\text{分布}\xrightarrow{CMP}P\xrightarrow{POB}n\xrightarrow{ATT}Y$	摆手舞主要分布在武陵山区域。
4	$X\xleftarrow{POB}P\xrightarrow{ADV}\text{为}\xrightarrow{SBV}Y$	摆手舞以湘西自治州永顺县、古丈县为主要传承地。

续表

序号	基模板	句子示例
5	$X\xleftarrow{SBV}\text{是}\xrightarrow{VOB}n\xrightarrow{ATT}v\xrightarrow{VOB}Y$	摆手堂是土家人跳摆手舞的传统场所。
6	$X\xleftarrow{FOB}\text{称为}\xrightarrow{VOB}n\xrightarrow{ATT}Y$	龙山县被称为摆手舞之乡。
7	$X\xleftarrow{SBV}\text{是}\xrightarrow{VOB}n\xrightarrow{ATT}v\xrightarrow{ATT}Y$	摆手舞在湘西各地都有开展。
8	$X\xleftarrow{SBV}\text{是}\xrightarrow{VOB}n\xrightarrow{ATT}v\xrightarrow{ATT}Y$	摆手舞是永顺县土家人生活的一部分。
9	$X\xleftarrow{SBV}\text{蕴含}\xrightarrow{VOB}n\xrightarrow{ATT}Y$	摆手舞蕴含着酉水流域土家族的浓厚的文化。
10	$X\xleftarrow{SBV}\text{跳}\xrightarrow{VOB}Y$	湘西自治州永顺县还在跳摆手舞。
11	$X\xleftarrow{pob}v\xleftarrow{ADV}\text{学习}\xrightarrow{VOB}v\xrightarrow{VOB}Y$	李大方等人到湘西州学习跳摆手舞。
12	$X\xleftarrow{SBV}\text{举办}\xrightarrow{VOB}n\xrightarrow{ATT}Y$	来凤县举办首届土家万人摆手舞大赛。
13	$X\xleftarrow{SBV}\text{是}\xrightarrow{VOB}n\xrightarrow{ATT}Y$	来凤县是传统的摆手舞的故乡。
14	$X\xleftarrow{ATT}Y$	来凤县的摆手舞走向了世界。
15	$X\xleftarrow{ATT}n\xleftarrow{SBV}\text{包括}\xrightarrow{VOB}n\xrightarrow{ATT}Y$	摆手舞的流传地包括来凤县、龙山县等地。

实验中所定义的 30 种非遗知识元间显性关系的模板空间中基础模板的数量分布情况如表 6-6 所示。

表 6-6　非遗知识元语义关系模板空间的模板数量

关系类型	模板数量	关系类型	基模板数量
非遗项目/人物/传承人	8	概念/文献/出处	8
非遗项目/人物/参与者	9	行为/实物/利用	7
非遗项目/实物/利用	11	实物/空间/产地	11
非遗项目/实物/产出	7	实物/人物/制作人	10
非遗项目/行为/包含	13	行为/概念/表现	14
非遗项目/文献/载体	9	事件/行为/包含	12
非遗项目/空间/流传地	15	事件/时段/发生时间	10
非遗项目/时段/发生时间	8	事件/空间/发生地	9
非遗项目/事件/影响	7	时段/时段/包含	8
非遗项目/概念知识/蕴含	12	空间/空间/隶属	6

续表

关系类型	模板数量	关系类型	基模板数量
人物/事件/参与	14	人物/人物/父母孩子	15
人物/行为/开展	11	人物/人物/师徒	12
人物/实物/制造	6	概念/概念/上下位概念	9
人物/空间/居住	12	概念/概念/相关概念	17
概念/人物/角色	10	行为/行为/前继后续	9

6.5.3 非遗知识元语义关系抽取的性能评估

基于非遗知识元不同关系的模板空间，分别获取关系未知的知识元实例的模板空间特征向量并度量其语义关系的置信度。考虑到非遗知识元实例间语义关系的判定依据是根据非遗文献对其语义关系的明确表达，因此，本书采用领域专家结合领域文献人工审核的方式对机器自动关系分类结果进行正确与否的判定，共邀请了 5 位非遗领域专家对可能具有语义关系的知识元实例进行关系判定，超过半数专家通过阅读文献认为某一知识元实例对具有某一明确语义关系的，则认定该对知识元具有该语义关系。

为验证所提出非遗知识元语义关系抽取方法的有效性，实验采用在中文实体关系抽取中得到广泛应用的 PCNN-ATT 模型①作为基准方法与所提出方法进行性能比对。将所有非遗知识元实例对按其置信度得分进行排序，最后分别统计所提出方法和基准方法的 Top N 的准确率曲线，实验结果如图 6-7 所示。

实验结果中，标识为 Ours 的是本书所提出方法的实验结果，PCNN-ATT 是基准方法的实验结果。从图中可以看出，基于深度学习的 PCNN-ATT 方法在 N 比较小时能够有比较高的准确率，但随着 N 的增长准确率开始大幅下降，说明在数量不多的回标训练数据中基于深度学习自动采集的样本特征学习模型难以全面、准确地获取不同关系类别的特征属性，无法较好地满足非遗知识元关系判定的目标。本书所提出的方法随着 N 的增长，准确率呈现平缓下降的态势。在非遗知识元语义关系抽取实验中，所提出的方法平均准确率比基于 PCNN-ATT 的基准方法高出了 16.9%，说明所提出的利用句法依存关系与

① Zhou Y，Pan L，Bai C，et al. Self-selective attention using correlation between instances for distant supervision relation extraction [J] . Neural Networks，2021，142：213-220.

互补信息的非遗知识元语义关系抽取方法能够较好地克服非遗领域文献数量较少的弊端，通过对回标数据中不同的语义关系表达模板中互补信息的拼接、融合与集成利用，实现非遗知识元语义关系准确分类的目标。

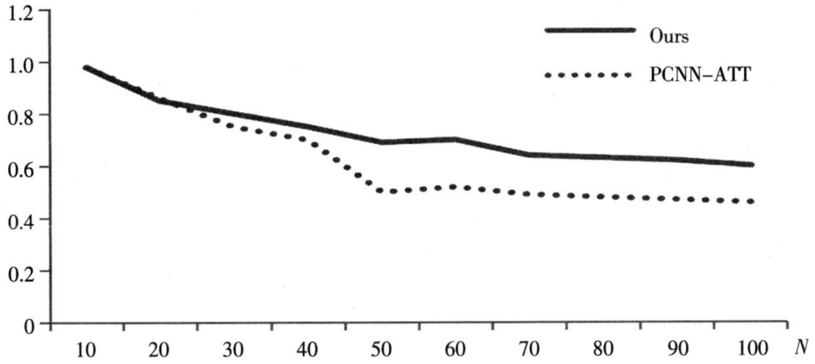

图 6-7　非遗知识元语义关系抽取的 top N 准确率

分别对所定义的非遗知识元间 30 种具体的显性语义关系的抽取性能进行评估，评估结果如表 6-7 所示。

表 6-7　非遗知识不同关系的抽取性能

关系类型	正确率/%	召回率/%	F 值/%
非遗项目/人物/传承人	90.42	87.85	89.12
概念/文献/出处	78.5	76.9.	77.69
非遗项目/人物/参与者	82.75	78.5	80.57
行为/实物/利用	84.2	77.5	80.71
非遗项目/实物/利用	85.75	86.42	86.08
实物/空间/产地	81.4	80.1	80.74
非遗项目/实物/产出	82.42	78.74	80.54
实物/人物/制作人	84.8	74.75	79.46
非遗项目/行为/包含	80.12	78.81	79.46
行为/概念/表现	77.5	76.4	76.95
非遗项目/文献/载体	85.29	84.84	85.06
事件/行为/包含	82.85	74.3	78.34
非遗项目/空间/流传地	78.3	75.85	77.06
事件/时段/发生时间	76.53	72.8	74.62

续表

关系类型	正确率/%	召回率/%	F值/%
非遗项目/时段/发生时间	83.42	79.93	81.64
事件/空间/发生地	87.13	82.84	84.93
非遗项目/事件/影响	82.15	85.43	83.76
时段/时段/包含	74.5	76.4	75.44
非遗项目/概念知识/蕴含	86.74	87.52	87.13
空间/空间/隶属	77.74	80.53	79.11
人物/事件/参与	85.52	88.92	87.19
人物/人物/父母孩子	84.12	83.46	83.79
人物/行为/开展	87.65	84.15	85.86
人物/人物/师徒	82.98	81.43	82.19
人物/实物/制造	83.42	85.47	84.43
概念/概念/上下位概念	81.43	77.59	79.46
人物/空间/居住	82.42	80.47	81.43
概念/概念/相关概念	82.52	79.83	81.15
概念/人物/角色	84.58	76.54	80.36
行为/行为/前继后续	72.48	70.85	71.65

从实验结果可知，笔者所提出的基于远程监督的非遗知识元语义关系的抽取方法在所定义的30种语义关系抽取实验中平均准确率、召回率和F值分别达到82.1%、80.1%和81.19%，在非遗领域文献语料较少的情况下表现出了良好的整体抽取性能。实验结果说明，所提出的非遗知识元语义关系抽取的理论与方法是有效、可行的，能够以较低的计算成本获得良好的抽取性能。实验中有一些语义关系的抽取性能测评指标相对较低，如“行为/行为/前继后续”“时段/时段/包含”等关系，主要原因在于此类关系要么没有固定的句法模板，要么句法表现形式十分丰富，句法模板数量较多，而远程监督所产生的句法模板数量相对有限，造成了这类语义关系抽取的性能评估结果相对较差，可通过进一步扩展包含特定关系的非遗领域文本语料库内容或定向增加远程监督知识库中实例关系数据以保障所有关系抽取的良好性能。

6.5.4　基于关联数据的非遗知识元语义化组织实现

在实验中使用 D2R Server 作为非遗知识元关联数据的发布平台，该平台可直接将关系型数据库中的数据表映射为语义网 RDF 格式并将其发布为开放关联数据。实验中采用 MySQL 数据库抽取出非遗知识元及其语义关系的结构化存储，在 MySQL 数据库中为每个非遗知识元类建立一张数据表，表列对应知识元类属性；为每个非遗知识元间的关系类型建立一张数据表，分别存储具有特定语义关系的知识元对。将抽取出的非遗知识元标识术语与知识项以及具有语义关联关系的非遗知识元分别存入对应关系数据库表结构中。利用 D2RQ Mapping Language 构建映射文件，基于 D2R Server 平台的映射工具实现非遗数据元的关联数据发布。在实验中基于 D2R Server 平台的非遗知识元关联数据发布与知识元关联链接展示如图 6-8 所示。

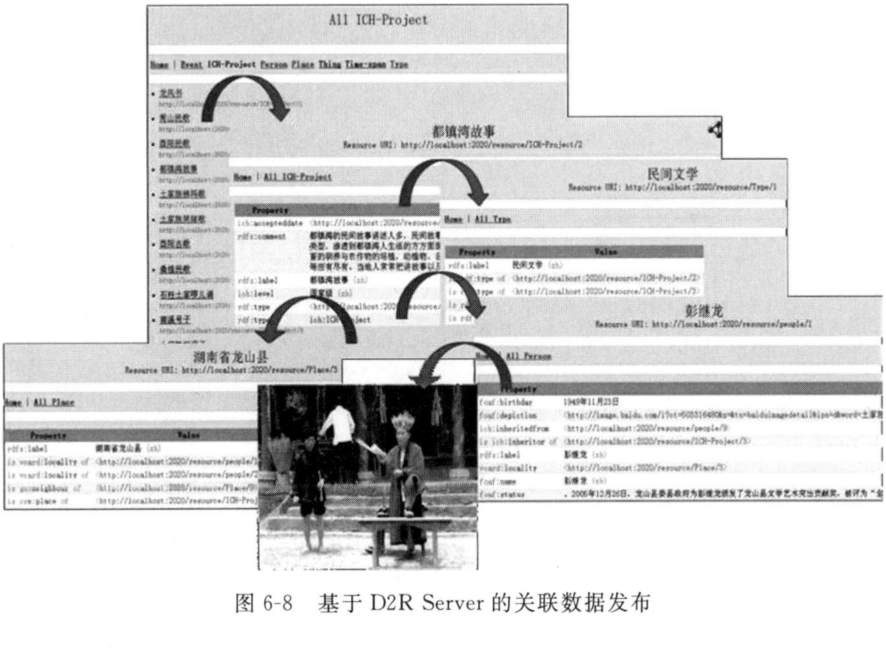

图 6-8　基于 D2R Server 的关联数据发布

访问非遗知识元关联数据展示页面，可通过页面上部知识元分类导航栏浏览相关知识元内容，如点击 ICH-project 标签即可浏览该类别的非遗项目知识元名录，点击名录链接即可进入知识元详情页查看该知识元的具体属性内容，根据知识元间的语义链接关系可直接访问该知识元所关联的具有语义关联关系的知识元，如从非遗项目知识元“都湾镇故事”根据“非遗项目/人物/传承人”语义关联关系可直接链接到人物知识元“彭继龙”以获取非遗项目的传承人信息，也可根据“非遗项目/空间/流传地”关系链接到空间知识元“湖南省龙山县”获取项目的流传地的空间知识。

通过基于关联数据的非遗知识元关联组织，实现了非遗知识元基于语义的组织与序化，用户可以以任一知识元为起点沿着知识元间语义关系所构建的语义链接路径，访问一个与用户自身知识结构相匹配的语义丰富、有序关联的非遗知识元网络。基于动态形成的非遗知识元网络，用户可根据其所关注的知识内容与实际信息需求，在关联语义的指引下准确、快速地访问并获取其实际所需的非遗知识元，有效消除非遗知识获取的专业壁垒，减少非遗领域知识获取成本。

第7章　基于多维关联的非遗知识元组织与聚合实现

知识组织就是按照知识的逻辑联系，把分散的、零碎的知识联系来形成新的增值的知识①。基于知识元的非遗知识组织需要从传统的基于分类的组织模式转化为认知层面面向细粒度知识元的微观知识组织模式，通过对非遗知识元间多维关联模式的挖掘实现以细粒度知识单元为控制对象的知识组织、序化与管理，实现非遗知识的有效揭示与利用。基于知识元的研究视角，在对非遗知识组织与聚合模式进行分析的基础上，研究了非遗知识元多维关联组织与聚合的实现方法，并以湖北省恩施州非物质文化遗产知识库的建设为案例进行实证研究。

7.1　非遗知识元的多维组织与聚合模式

从知识组织的定义可知，知识的有效组织与序化是知识控制的手段，关联知识的聚合是知识组织控制后的效果和目标，二者紧密结合，是同一事物的不同阶段。维度是某种具有共同特征的数据集，不同的维度以某种逻辑进行组织与聚合，数据可以在不同维度中相互交叉与关联，形成一个立体化的知识视图②，实现对离散分布的异构信息资源的汇集、组织、整合和呈现。在信息组织领域中的多维度信息聚合可视为面向用户需求的基于多维关联关系所实施的对信息对象的筛选、组织、排序与呈现。基于以上分析，可以将信息组织中的

① 黄新平．政府网站信息资源多维语义知识融合研究［D］．长春：吉林大学，2017.

② 孙翌，潘卫，马丽华，董珏．基于多维关联的高校机构知识库系统架构设计与实践［J］．图书馆学研究，2021（7）：35-43.

多维关联划分为基于情景、粒度以及关系等的 3 种主要聚合手段①，因此知识的组织与聚合的多维模式主要是以情景、对象粒度、关系中的一种或几种为依据进行的信息的组织、序化与关联聚合。

依据以上理论分析，可以将非遗知识元的组织与聚合模式归纳为基于情景、基于关系以及基于对象粒度 3 种主要的具体实现模式。基于情景的知识元组织与聚合模式是指基于非遗知识元的应用目标、用户需求、实施行为、时间或地点等客观情景因素所进行的非遗知识元的遴选、组织与集成服务，可将其进一步细化为基于用户需求的非遗知识元组织与聚合，基于时空环境的非遗知识元组织与聚合，基于用户检索行为的非遗知识元组织与聚合，基于实物工具、事件等具体应用场景的非遗知识元的组织与聚合等表现形式。基于关系的非遗知识元组织与聚合是根据特定情境下聚合对象知识元之间的多元语义关联关系的聚合，包括基于所定义的各类知识元间语义关系的关联聚合。基于对象粒度的非遗知识元组织与聚合是对非遗领域类知识资源的解构与重组，是对一定粒度体系框架内的信息单元中所包含的多维度分面知识描述片段的组织与集成，在非遗领域内主要包括基于非遗知识元和基于非遗项目两种粒度的知识组织与聚合形式。笔者对现阶段基于知识元的非遗知识多维组织和聚合模式及其具体的表现形式进行梳理，如图 7-1 所示。

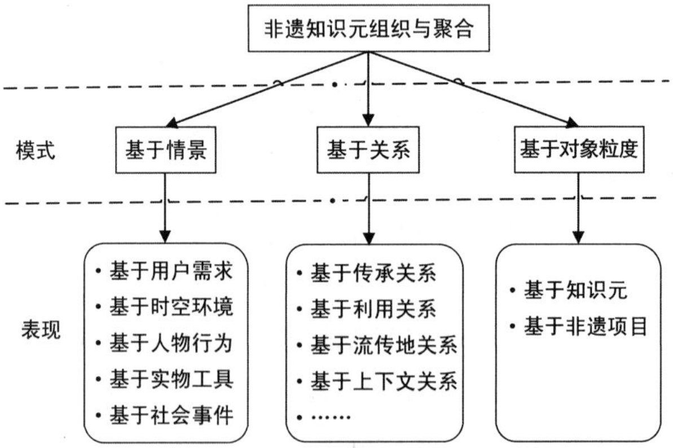

图 7-1　非遗知识的组织与聚合模式与表现形式

非遗资源的 3 种聚合模式并非相互排斥、独立存在，而是不同模式之间互

① 曹树金，马翠嫦．信息聚合概念的构成与聚合模式研究［J］．中国图书馆学报，2016，42（3）：4-19.

相包容、渗透和关联。在情景、关系和对象粒度 3 个聚合模式构成中，情景和聚合对象的粒度是由非遗所处的社会环境、用户需求和组织对象结构特征所决定的，而关系则是聚合情景和聚合对象所包含的多维关系的总和。情景的细化和深入势必带来多种资源聚合模式的综合应用，通过不同关联类型和不同粒度对象与各种情境下用户需求的关联融合可以构建出一个知识单元多维关联、关联路径语义明晰的领域知识地图，满足用户多元复杂的个性化知识需求。

7.2　基于多维关联的非遗知识元组织与聚合实现方法

知识组织的目标是将多源异构的信息资源按照一定的粒度和关系组合为一个整体，通过知识的有机组织与聚合实现满足用户信息需求的目标。在多维关联组织中，本书将非遗项目类知识元和其他类知识元作为两种不同层次与粒度的知识单元和非遗知识聚合的对象，以用户根据其知识检索需求在知识利用过程中的非遗知识元和非遗项目之间的转换为聚合情景，以知识元间的多维关联关系和“非遗项目知识元-项目蕴含知识元”这两种不同层次的知识元间的包含关系为聚合依据，构建出非遗知识聚合的不同实现方法，如图 7-2 所示。

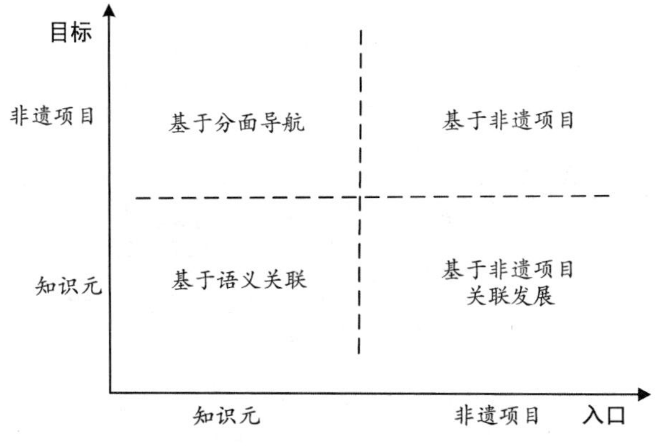

图 7-2　基于知识元多维关联关系的非遗知识聚合方式

图 7-2 中的 4 个象限对应着用户从相应的需求入口（横轴）检索、获取相应的聚合目标知识（纵轴）时，产生并利用到的知识元组织与聚合的具体的实现方法。4 个象限分别对应 4 种具体的实现方法：基于分面导航的非遗知识元组织与聚合方法、基于语义关联的非遗知识元组织与聚合方法、基于非遗项目的知识元组织与聚合方法以及基于非遗项目关联发现的知识元组织与聚合方

法。

7.2.1 基于分面导航的非遗知识元组织与聚合

分面是指事物不同维度的知识属性，如一个非遗项目包含类型、名称、流传地、产生年代等分属于不同分面的知识，每一个分面知识都可视为该事物所蕴含的细粒度的知识单元。因此，可将非遗项目知识元与该项目所包含的其他类型的知识单元视为两个不同层级的知识内容，从某一个细粒度的知识单元查找其所属的非遗项目，并以此为起点进行该非遗项目所包含的其他知识内容的检索是用户最为普遍的检索行为。因此，可以将非遗项目所包含的不同分面的知识内容根据其所属类型特征进行组织与序化，以此实现其所指向的更高层级的非遗项目知识元的有序组织，从而实现从底层分面知识到包含该知识的非遗项目的导航与检索系统的构建。

非遗知识元的分面式导航体系必须充分考虑非遗项目所包含的细粒度知识单元的多样性，这也是保证非遗知识元分面导航系统场景的多样性与功能的有效性的基本保障。本书所构建的基于分面的非遗知识元组织与聚合系统如图7-3所示。

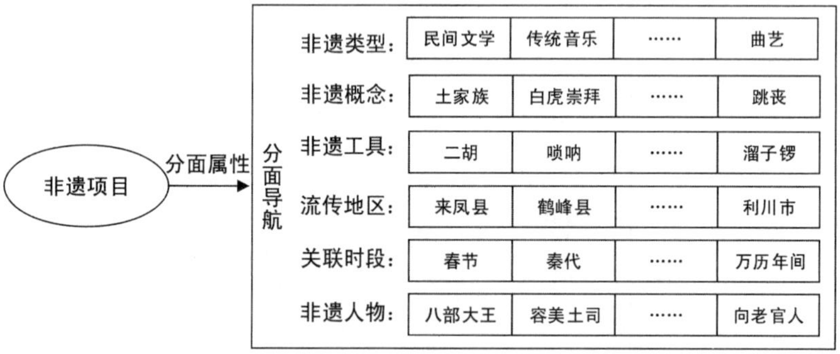

图 7-3 基于分面导航的非遗知识元组织与聚合

引入知识元理论后，可对现有非遗知识元组织系统的导航体系进行分面化改造。首先从所挖掘出的不同类型的非遗知识元中筛选出出现频次高、显示度强、资源定位效果好的知识单元，然后基于非遗项目知识元的属性结构特征设置导航分面，将细粒度的非遗知识单元划分到不同的知识分面中，每个知识元代表着蕴含该知识的非遗项目知识的集合，从而实现将非遗项目知识元进行分面导航聚合的目标。

7.2.2　基于语义关联的非遗知识元组织与聚合

基于语义关联的非遗知识元组织与聚合是根据知识元之间的多元语义关联关系构建起非遗关联知识元体系，从而绘制出一幅以知识元为单元节点、知识元间语义关系为链接枢纽的非遗知识元图谱。当用户浏览与其需求相关的知识元时，与该部分知识元具有明确语义关联关系的关联知识元也成为该知识内容的组成部分，从而实现基于语义关系的非遗知识聚合。

通过最细粒度知识元之间的链接组合可形成粒度更粗，知识内容更为系统、丰富的高层知识单元，更为有效地满足用户的知识需求。系统、完整的知识体系总是基于知识元与其他知识元所形成的多元语义关联结构来表现的，与当前知识元产生语义关联关系的其他知识元也极有可能是用户接下来需要扩展或深入、细化的知识获取目标。因此，对相关知识元按其具体的语义关联关系进行组织与聚合以开展面向用户个性化需求的相关推荐是在用户知识检索场景下，按照用户个性化的知识需求与其对领域知识的认知能力所进行的细粒度非遗知识元的动态组织与聚合的实现方法。

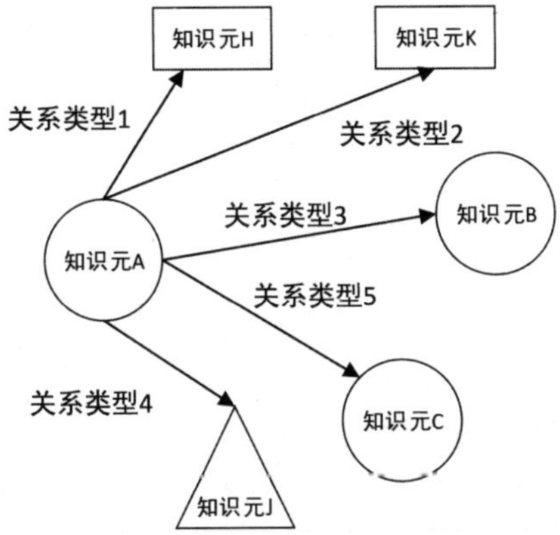

图 7-4　基于语义关联的非遗知识元组织与聚合

如图 7-4 所示，不同的形状表示不同的知识元类型，不同类型的知识元间基于不同的语义关系而相互链接、聚合。通过知识元间的语义关系，可以将与用户入口知识元相关的知识元及其关联关系引入到关联知识推荐中，形成具有明晰语义导航信息的相关知识推荐。该非遗知识元的组织与聚合方法通过语义关系的显性标识可以过滤掉大量与用户需求结构不匹配的无效知识元，通过标识出相关知识元与入口知识元的具体语义关联关系，用户可以有针对性地选择下一步知识搜寻的方向，由此可实现面向用户需求场景且与用户自身知识需求结构相符合的非遗知识的组织与聚合。

7.2.3 基于非遗项目的知识元组织与聚合

基于信息单元粒度的组织与聚合主要是对具有固定知识结构的信息单元中包含的不同分面知识描述内容的定位、抽取与集成，基于知识与某一粒度单元之间所存在的包含关系实现知识的组织与聚合。在非遗领域，非遗项目是非遗知识元最佳的组织与聚合框架，一个非遗项目的知识价值表现为多个知识元的关联组合，用户检索并获取所需非遗知识时，通常会以非遗项目为知识检索与浏览的入口，以其作为非遗知识元的容器与载体开展相关知识内容的检索。基于非遗项目实现非遗知识元的挖掘、组织与聚合是解决非遗知识从隐性向显性、从“碎片化”的无序分布向“单元性”有序组织、从粗粒度的项目管理向精准化知识管理进行转化的有效方法。通过基于非遗项目的知识元组织与聚合，在非遗项目与知识元之间可形成纵横交错的知识关联网络与语义导航系统，为非遗知识的检索与利用提供极大便利。

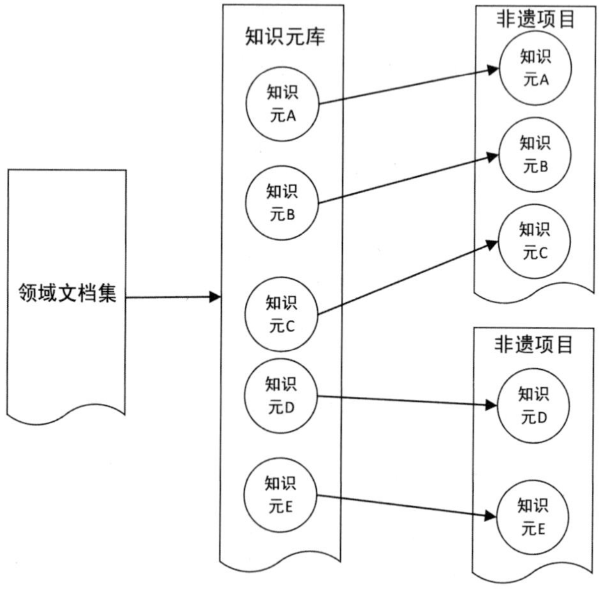

图 7-5　基于非遗项目的知识元组织与聚合

如图 7-5 所示，基于非遗项目的知识元组织与聚合主要包括知识元抽取、构建知识元库与建立知识元与非遗项目之间的映射关系等 3 个步骤，在非遗项目内实现对其所蕴含、关联的知识元的组织与聚合。

7.2.4　基于非遗项目关联发现的知识元组织与聚合

非遗项目是非遗知识的有效载体，非遗项目之间各类隐性关联关系的挖掘与揭示可以满足用户从一个非遗项目向与其具有紧密关联关系的非遗项目进行知识扩展搜索的需求，通过将逻辑上相关但相对独立的非遗知识项目放在一起加以综合考虑，并且能够在对其相关性进行合理解释的时候，可能就会有新的未被发现的非遗领域知识产生。

非遗项目之间关联关系的发现基于其所包含的细粒度知识元间语义关系的抽取。反过来，非遗项目间的关联关系的发现与抽取也会赋予项目所包含的知识元之间更多的关联知识信息，在知识元间新的关联聚合体系结构形成的基础上可以推动一系列新的未知知识的发现。

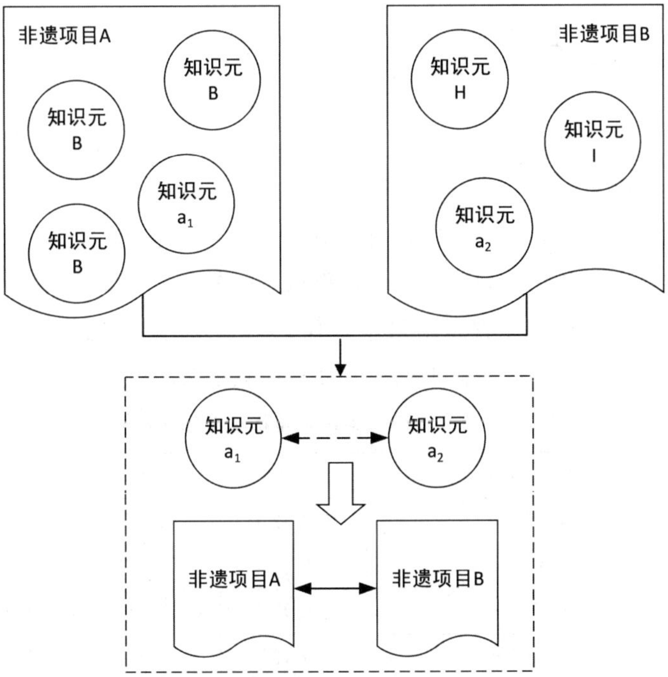

图 7-6　基于隐性关联发现的非遗知识元组织与聚合

非遗项目之间语义关系的发现基于非遗项目所包含的知识元间的语义关系

的抽取，基本思路为如果非遗项目A中出现非遗领域知识元a，非遗项目B中同样出现非遗领域知识元a，则可在A与B之间建立关联关系；如果非遗项目A中出现领域知识元a_1，非遗项目B中出现非遗领域知识元a_2，知识元关联体系中a_1和a_2存在某种语义关系，则可在A与B之间建立关联关系。基于非遗知识元间的语义关系的类型，可将非遗项目的隐性关联定义为实物关联、知识概念关联、人物关联、空间关联、相关关联等5种具体的关联模式。基于非遗项目关联发现的知识元组织与聚合方法如图7-6所示。

基于细粒度知识元间的语义关联关系构建起非遗项目之间的关联关系，可以在表面关联度不高的非遗项目之间建立起直接的关联关系，实现基于领域知识元关联体系的相关非遗项目发现，进而推动新的知识元关联结构的生成并在此基础上实现未知领域知识的发现。

7.3 实验：湖北省恩施州非遗知识元库的建设

7.3.1 湖北省恩施州非遗项目的分布情况

恩施州是湖北省唯一的少数民族自治州，有土家族、苗族、侗族等29个少数民族，历史文化底蕴深厚，各民族之间文化融合关联度高，非遗资源十分丰富。恩施州地处武陵山区腹地，所在地区高山环绕、交通条件恶劣，因其长期偏安一隅，受外来文化冲击较少，使得该州的各类传统非遗资源得到了较好的传承与保护。目前湖北省恩施州总共有16项非遗项目入选了国家级非遗项目名录，覆盖了多个非遗项目类别，其项目信息如表7-1所示。

表7-1 湖北省恩施州国家级非物质文化遗产名录

序号	非遗项目	项目类别	申报时间	申报地区
1	薅草锣鼓	传统音乐	2008	湖北省宣恩县
2	土家族打溜子	传统音乐	2008	湖北省鹤峰县
3	江河号子	传统音乐	2008	湖北省巴东县
4	利川灯歌	传统音乐	2011	湖北省利川市
5	龙舞	传统舞蹈	2011	湖北省来凤县

续表

序号	非遗项目	项目类别	申报时间	申报地区
6	土家族摆手舞	传统舞蹈	2008	湖北省来凤县
7	土家族撒叶儿嗬	传统舞蹈	2014	湖北省巴东县
8	肉连响	传统舞蹈	2008	湖北省利川市
9	灯戏	传统戏剧	2008	湖北省恩施市
10	傩戏（鹤峰）	传统戏剧	2008	湖北省鹤峰县
11	傩戏（恩施）	传统戏剧	2008	湖北省恩施市
12	南剧	传统戏剧	2008	湖北省来凤县
13	恩施扬琴	曲艺	2008	湖北省恩施市
14	三棒鼓	曲艺	2011	湖北省宣恩县
15	绿茶制作技艺	传统技艺	2014	湖北省恩施市
16	土家族吊脚楼营造技艺	传统技艺	2011	湖北省咸丰县

作为湖北省唯一的少数民族聚居地区，湖北省恩施州深厚的民族文化土壤孕育产生了丰富的非遗资源，但受到当地专业技术人才缺乏和基础设施建设落后的影响，该州非遗资源的组织工作尚处于传统手工管理阶段，大量非遗原始资料、非遗研究成果以原始的文档形式碎片化分布于不同管理机构、研究机构的各类信息载体中，缺乏进一步的知识挖掘、整合、共享与利用，大量非遗资源因为长期未得到有效的保护而濒临损毁与消亡，这一现状也严重阻碍了该地区非遗保护工作的进一步开展以及当地对留存的非遗项目的有效传播、传承。

非遗保护工作的基础和前提是具有明晰的保护内容与保护对象并对其进行有效的组织与序化，在此基础上才能制定科学的非遗保护策略与方法。因此非遗保护工作需要深入挖掘、梳理活态表现形式下非遗项目所蕴含的知识内涵及其多元关联关系，在此基础上才能实现非遗领域知识资源的多维组织与聚合。笔者以恩施州国家级非物质文化遗产知识元库的建设为例开展恩施州非遗项目的知识资源抽取、组织与聚合的实证研究，该知识元库主要实现以下 4 个方面功能：

（1）非遗知识元的抽取与揭示。从非结构化的非遗领域文献、结构化的非遗知识库中开展不同类型的非遗知识元所包含的标识术语、短语类知识项与句子类知识项的抽取，实现非遗知识内容的系统性揭示。

(2) 非遗知识元之间语义关系的抽取与揭示。抽取并揭示出非遗领域知识元间的各类显、隐性语义关联关系，用户可根据知识元间语义关系链接所形成的知识网络进行领域知识的横向扩展与纵向深化浏览与检索，帮助用户科学、精准地制定检索策略，使其快速、全面地获取其所需领域知识。

(3) 非遗知识元的组织与聚合。通过基于情景、关系、粒度的非遗知识元多维组织与聚合模式，有效挖掘、揭示出非遗项目与项目、非遗项目与其所包含知识单元以及知识单元之间的多维关联关系，在此基础上实现对非遗领域多元异构知识的有效组织与聚合集成。

(4) 提供用户交互服务系统。为用户提供便捷、人性化的人机交互 UI 系统，通过该系统为用户提供一个多分面的非遗领域知识元导航，以便用户能够准确、快速获取其所需知识元。同时，基于该系统可以准确获取用户检索指令与信息需求，实现面向用户知识需求的个性化知识推荐服务。

7.3.2 湖北省恩施州非遗知识元库的系统架构

基于以上设计思想，笔者构建了湖北省恩施州国家级非物质文化遗产知识元库的系统框架模型，该知识元库的实现涉及 5 个层次的内容，从下到上依次是资源层、抽取层、存储层、服务层和用户层，如图 7-7 所示。

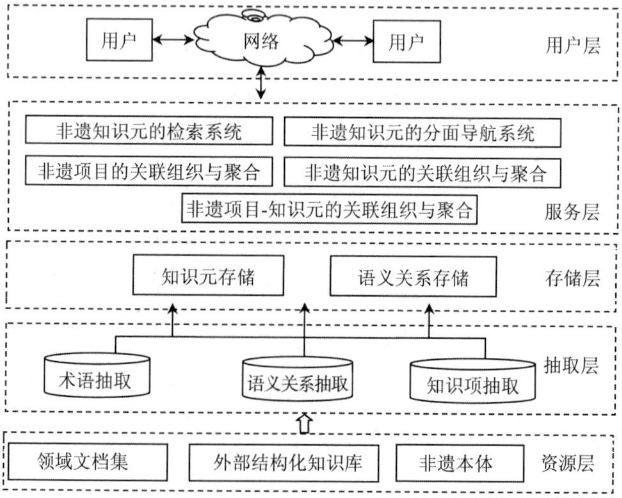

图 7-7　非遗知识元库的系统架构

1. *资源层*

该层主要包含作为非遗知识元及其语义关系抽取来源知识载体的领域文档

集、外部结构化知识库和为非遗知识元及其语义关系的抽取提供语义指引与约束的非遗本体。领域文档集为非结构化的领域文本，包括各类研究和记录非遗知识内容的文本数据资源，主要利用知网中的专业论文和万维网中的各类非遗相关数字网页进行领域文档集的构建。以非遗项目为主题词检索并下载了与恩施州国家级非遗相关的领域文档 1 856 篇，对其进行格式转换与规范化处理后形成领域文档集。结构化知识库主要使用百度百科和中国非物质文化遗产网，将其作为半监督的外部知识库进行非遗实体语义关系三元组的抽取。非遗本体库则使用第 3 章所构建的非遗本体。

2. *抽取层*

抽取层是非遗知识元构建以及知识元之间语义关系抽取的实现层。依据所提出的非遗术语、非遗知识元知识项以及非遗语义关系抽取的方法流程，可将该层划分为非遗术语抽取、非遗知识元知识项抽取与非遗语义关系抽取 3 个子模块。各个模块的逻辑功能采用 Python 语言实现。中文的处理调用 LTP 的 Python 接口工具包实现中文的分词、中文的词性分析以及中文句子的依存关系分析。调用 math 包（mathematical functions）实现本书算法中所有的数学逻辑运算。为了提高处理速度，调用 Python 的 multiprocessing 包进行多线程运算，同时对多个句子进行处理，大幅度提高了系统运行效率。

3. *存储层*

存储层是对底层所抽取出的非遗知识元进行结构化存储的功能实现层。本书使用开源的关系型数据库 mySQL 作为具体的知识元存储数据库。在 mySQL 中每一个知识元类型作为一张数据库表，表中的每一行为一个知识元实例，数据表列对应该类型知识元的不同属性，其中知识元的标识列由数据库自动分配。对每一类语义关系定义一个数据库表，每一行存储具有该类关联关系的实体对标识。

4. *服务层*

服务层是非遗知识元库面向用户需求的知识服务逻辑的具体功能实现层，根据所提出的非遗知识元组织与聚合的实现方法，本层主要包括非遗知识元的多线索检索模块、非遗知识元的导航模块、非遗知识元的关联聚合模块以及非遗项目的关联聚合模块、项目-知识元的关联聚合模块。

5. *用户层*

用户层是面向用户的 UI 交互服务层。本层利用 Python 的标准 GUI 工具包 TKINTER 完成交互 UI 系统的实现。在该层中用户根据其具体的知识需求向非遗知识元库输入其信息检索指令，非遗知识元库根据用户的知识需求从服务层中抽取出与用户信息需求相匹配的非遗知识元并形成面向用户需求的非遗知识元的多维动态关联结构，实现面向用户个性化需求的非遗知识元动态多维关联推荐。

7.3.3 湖北省恩施州非遗知识元库的实现

基于所提出的非遗知识元库的系统架构和实现方法，本书所构建的湖北省恩施州非遗知识元库的原型系统主页如图 7-8 所示。

图 7-8　湖北省恩施州非遗知识元库的分面导航

当用户登录湖北省恩施州国家级非遗知识元库后，系统首页即向用户提供了一套基于知识元类别分面的非遗知识元导航系统，该系统根据非遗知识元所属类别分面实现对非遗项目知识元的分类组织与聚合，同一分面下的非遗知识元按其标识术语的发音音序进行排序，构建了一个基于“非遗类别→非遗项目知识元→项目关联知识元”的多层链接导航系统。基于该导航系统，用户可根据其个性化的知识需求快速、准确地定位并获取其所需知识元。基于类别分面的非遗知识元的导航信息如表 7-2 所示。

表7-2　湖北省恩施州非遗知识元库的类别分面导航

分面类型	知识元数量	分面知识元实例（部分）
非遗项目	16	摆手舞、薅草锣鼓、土家族打溜子、江河号子龙舞、肉连响、三棒鼓
人物	135	容美土司、田信夫、土家梯玛、掌坛师、田好汉、八部大神、傩神爷爷、傩神娘娘、万桃元、彭善尧、杨志清
实物	41	单锣鼓、钲、钹、马锣、夹锣鼓、三弦、月琴、二胡、京胡、鼓、短刀、钢叉、碗琴、月琴、胡琴
概念	218	酉阳古歌、梳头号子、土硪号子、巴地梭、七句半、一字板、正八出、伐青山、架大码、排扇、干栏式建筑、五人溜子、掩音奏法、宫调、皮黄、大摆手、小摆手
事件	13	请神、送神、跳丧、楚汉相争、改土归流、拜山神、祖先祭祀、土家女儿会
时段	26	巴人时期、明代天启年、容美土司时代、清康熙年、清光绪年、春秋战国、唐代、正月初三、春节
空间	36	古丈县、永顺县、摆手堂、酉水流域、舍米湖村、重庆酉阳、武陵山区、咸丰县、湖北天门、沔阳
行为/活动	64	吹锣鼓、穿号子、五人溜子、击锣心、击锣边、猛虎下山、杀青、炒头毛火、揉捻
文献	38	《宣恩县志》《土家族简史》《宋史·河渠志》《湖北省民歌集》《华阳国志巴志》《茶经》《中国名茶志》《永顺府志》《沔阳实录》

从表7-2可见，湖北省恩施州非遗知识元库共抽取出了各类非遗知识元实例587个，基于所提出的非遗知识元抽取理论及方法，非遗非物质表现形态下所蕴含的大量隐性知识元得到了有效的挖掘、抽取以及显性化揭示。对所抽取出的知识元依据其分面类型数量排序，排名前三的分别为概念知识元、人物知识元与行为/活动知识元，该3种类型的知识元数量达到417个，占所抽取出的知识元总数的71%，说明非遗所蕴含的丰富的领域概念知识、人物载体知识以及具体的实现方法知识是非遗知识的主要组成部分，通过系统所构建的非遗知识元的分面导航系统，不同类型的非遗知识元得到了有效的组织与关联聚合。

当用户在非遗知识元库中进行非遗知识元的浏览与检索时，知识元库会自动根据用户的信息检索行为进行不同层次、粒度的非遗知识元的动态多维关联组织，并向用户进行基于多元关联的知识元聚合推荐，用户可在系统所推荐知识元及其语义关系、粒度关系、情景关系的基础上构建与其知识需求最为符合的检索策略，根据用户对系统推荐结果的不断学习、检索策略的优化和知识元库反馈的迭代过程帮助用户准确、系统地获知其潜在的知识需求，准确、完整地获取其所需的细粒度知识单元。

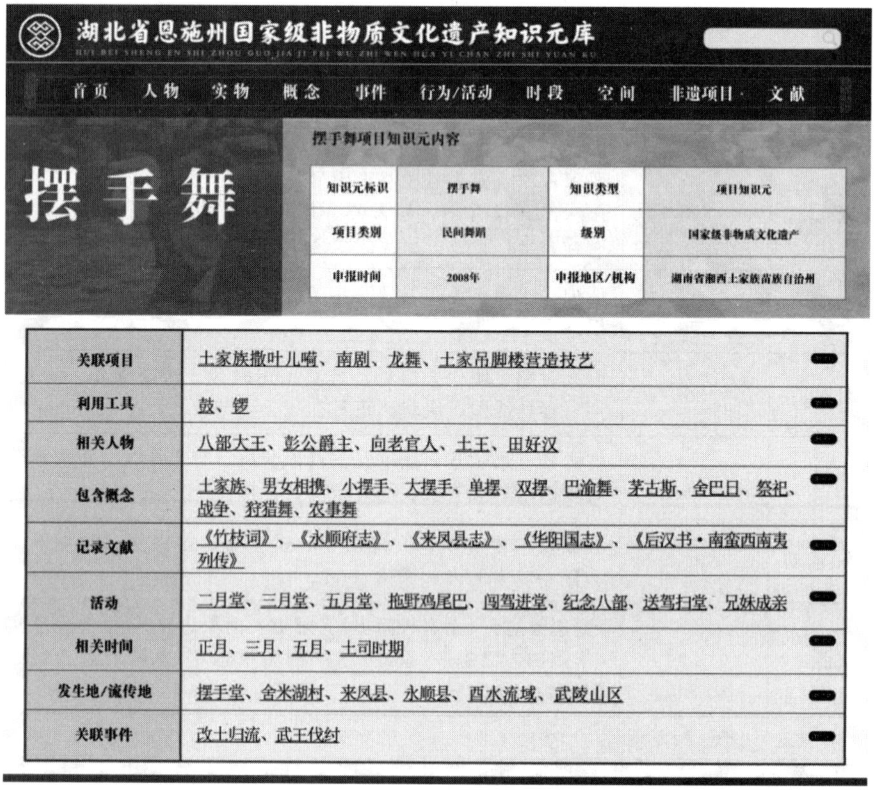

图 7-9　基于“摆手舞”的知识元多维关联组织与聚合

如图 7-9 所示，湖北省恩施州非遗知识元库将非遗项目和其他类知识元分别作为不同粒度的知识单元，当用户选择并点击进入其关注的非遗项目知识元“摆手舞”的知识元页面时，系统除了向用户提供该知识元的基本知识内容描述，如摆手舞的类型、级别、申报时间、申报机构等知识内容之外，还将与“摆手舞”相关联的非遗项目，如“土家族撒叶儿嗬”“南剧”以及其他类别的非遗知识元，如人物类知识元“八部大王”、事件类知识元“改土归流”、空间类知识元“摆手堂”等，以语义关系三元组的形式向用户进行推荐，同时明确揭示并描述了关联知识元与非遗项目知识元“摆手舞”之间具体的关联关系。

最终，动态生成了面向用户知识需求情景的以“摆手舞”为起点的非遗多维关联知识元图谱。

在非遗本体语义描述模型的支持下，湖北省恩施州非遗知识元库以非遗领域所蕴含的细粒度知识元为组织对象，以知识元间的多维关联关系为组织手段，构建了一个关联紧密、语义清晰的非遗知识网络，并以模块化的方式呈现给用户。实现了不同层级、不同类别非遗知识元及其多维关联关系的有效挖掘、揭示与序化组织，减少了非遗知识发现与检索的成本，为非遗研究与保护工作的科学、高效开展提供了内容丰富、组织有序的细粒度领域知识支持。

第 8 章　总结与展望

8.1　研究总结

首先从非物质文化遗产的特征分析入手，开展了非物质文化遗产资源的类型分布特征、空间分布特征的分析，基于非遗资源数量的海量性与结构的多元异构特性，提出了面向用户细粒度、准确性、知识性信息服务需求的非遗资源组织需求，提出了非遗资源的知识体系结构，构建了人物、实物、概念、事件、活动/行为、时段、空间、文献、非遗项目等 9 个非遗领域知识要素。

为实现对细粒度非遗知识要素的著录、组织与利用，本书引入了知识元理论。首先，对知识元的内涵与特征进行了阐述，论述了基于知识元的领域知识组织机理；然后，对当前国内外领域知识元的分类与描述模型进行了梳理与总结，在此基础上提出了一个非遗领域知识元的语义描述模型，基于该模型提出了基于知识元的非遗知识抽取与组织的实现方法；最后，构建了一个基于非遗知识元的非遗领域知识组织系统框架模型。

为实现基于知识元的非遗领域知识抽取与组织的目标，本书将非遗领域知识抽取与组织具体化为非遗资源领域术语的抽取与序化、非遗资源中的知识元知识项的抽取与内容揭示以及非遗知识元语义关系的抽取与关联组织 3 个不同的阶段与分面。将非遗领域术语作为非遗知识资源的标识与向导，将知识元知识项作为非遗知识的具体载体与内容描述，将非遗语义关系作为非遗知识语义化组织的实现手段。

对非遗领域术语进行了基于字长与词长的特征分析并梳理、归纳了领域术语抽取的不同实现模式和方法。基于非遗领域术语特征与术语抽取的模式、方法提出了一个基于 N-gram 模型与混合策略的非遗领域术语抽取方法，实现了非遗知识元标识术语的抽取与组织、序化。

将描述与表达非遗知识具体内容的知识元知识项划分为短语类知识项与句子类知识项，分别提出了基于触发词规则的非遗知识元短语类知识项抽取方法与基于句法依存关系与 LDA 主题模型的句子类知识项的抽取方法，实现了非遗知识内容的系统性完整揭示。

将非遗知识元间语义关系的抽取转化为语义关系的分类问题，构建了一个基于非遗本体的非遗知识元语义关系分类体系。基于非遗知识元关系分类，提出了一个基于远程监督的非遗知识元语义关系抽取模型，该模型基于关系的对偶表示理论构建非遗知识元的语义关系句法模板空间，基于关系模板空间抽取出知识元实例对的关系特征向量并根据特征向量计算其分类置信度得分以实现其语义关系分类判断的目标。

在以上研究的基础上，最后梳理、归纳出基于知识元的非遗领域知识基于场景、关系与粒度的 3 种知识关联组织与聚合的模式，并以湖北省恩施州非遗知识元库为例进行了非遗领域知识多维关联组织与聚合的实现。

8.2　研究展望

非遗资源的海量性、非物质性、活态性与多源异构的特性造成开展对非遗资源的系统性知识挖掘、抽取与组织是一个十分复杂的系统工程，其目标的实现涉及多个学科的知识。除了非遗本体所属人文社会科学领域知识外，还涉及大量计算机领域模式识别、机器学习、知识挖掘以及信息管理领域的知识著录与标引、知识语义组织、知识服务等理论知识支撑。而传统的以非遗项目为控制单元的粗粒度非遗资源分类组织方法，丢弃了大量深层次的、非显性的细粒度非遗知识单元，使其无法被有效地揭示、利用与保护，阻碍了非遗保护工作的进一步深入、科学、高效开展。目前针对非遗资源的深层次、细粒度知识抽取与组织的理论与实践研究还比较缺乏，还没有可以直接借鉴的思路和方案。因此，本书的研究是在现有的国内外文化遗产领域资源组织与服务理论研究与案例实践基础上，结合计算机领域、信息管理领域理论与技术实践所开展的一项跨学科领域的研究，是在数字人文视域下面向非物质文化遗产知识挖掘与保护工作的一次新的实践路径与方法的尝试。非遗资源知识抽取与组织工作的复杂性，造成无法全面、系统地解决这一问题，在研究内容、研究深度上仍然存在欠缺之处。如下所述：

第一，在本书的研究中，对非遗资源对象类型覆盖的广度上仍然存在缺陷。非遗资源可理解为与非遗有关的一切文件、资料、图表和数据等，涉及非遗项目从起源、发展、传承以及演绎过程中所产生、存储、使用的一切信息资源。但本书的重点研究对象仅聚焦于非机构化的文本类和数据库类非遗资源，对大量的音视频类、图片类非遗资源并没有进行针对性的研究，造成在研究对象选取的广度上还存在着不足。

第二，在本书的研究中，在案例与实证研究对象的选取上存在一定的不足。非遗资源数量十分庞大，不同非遗项目之间虽然具有大量相同的知识属性与特征，但不同类别、项目之间也存在着明显的差异性。本书的案例与实证仅选取了部分地区、部分代表性的非遗项目作为案例与实证研究的对象，案例与实证中选取的非遗项目数量占非遗项目总量的比例还比较小，造成了所提出的研究理论、研究方法在所有非遗项目上的代表性、普适性上还需要进一步的证明。

展望未来研究，以上这些方面的局限性和研究不足，也是未来研究中需要深化的方面。后续研究的重点和方向主要包括以下几个方面：

第一，密切跟踪国内外数字人文领域最新的理论与实践进展，不断优化面向非物质文化遗产的知识挖掘与组织的理论与技术。非遗是一个国家、民族的文化传统和民族气质和特征的重要组成部分，数字人文视域下面向文化遗产的知识挖掘与组织的理论与技术研究同样适用于非物质文化遗产，同时非遗的抽取与组织又能进一步丰富、推进文化遗产数字化保护的理论与实践开展。

第二，进一步丰富非遗资源研究对象。将非遗知识抽取资源对象进一步扩展到音视频、图片等类型，开展覆盖多种类型非遗资源的抽取理论与实践研究，丰富非遗知识抽取与组织的理论体系，构建出一个资源类型全覆盖的非遗知识抽取系统，以实现全面、系统的非遗知识的抽取、组织与深度共享、利用的目标。

第三，优化非遗知识抽取与组织的实证研究过程。实证研究是理论与方法的验证，同时也是进一步完善、优化理论与方法的重要依据。未来需要进一步完善和优化非遗知识抽取与组织的实证研究内容以及开展的流程、方法，使其在更为准确、完整地揭示非遗资源特征的同时，推动非遗知识抽取理论与方法的完善。

参考文献

[1] 中华人民共和国国务院办公厅．国务院办公厅关于加强我国非物质文化遗产保护工作的意见［EB/OL］．http：//www. gov. cn/zhengce/concent/2008-03/28/content _ 5937. htm.

[2] 管丹平．对非物质文化遗产保护与展示的思考——以安徽博物院系列实践为例［J］．中国民族博览，2018（1）：30-32.

[3] 李娜．面向方志类古籍的多类型命名实体联合自动识别模型构建［J］．图书馆论坛，2021，41（12）：113-123.

[4] 中华人民共和国非物质文化遗产法［EB/OL］．https：//baike. baidu. com.

[5] 中国非物质文化遗产网［EB/OL］．http：//www. ihchina. cn/.

[6] 游毅．“美国记忆”与我国历史文化资源建设的比较与启示［J］．情报资料工作，2008（5）：56-59.

[7] 赵跃，周耀林．国际非物质文化遗产数字化保护研究综述［J］．图书馆，2017（8）：59-68.

[8] 胡昌平．信息资源管理研究进展［D］．武汉：武汉大学出版社，2010.

[9] 李思经．从信息管理到知识管理的发展［J］．情报学报，2001（6）：744-749.

[10] 曹意．信息管理与知识管理的比较［J］．情报探索，2015（6）：19-21.

[11] 张文亮，郭金婷．近 5 年我国知识组织研究综述［J］．图书馆学研究，2012（2）：2-5，11.

[12] 李锐，王泰森．基于知识元的知识组织与知识服务．图书馆学研究，2008（8）：84-86，23

[13] 滕广青，毕强．知识组织体系的演进路径及相关研究的发展趋势探析．中国图书馆学报，2010（5）：49-53
[14] 周义刚，姜赢．语义网下动态知识组织模型构建研究［J］．图书馆理论与实践，2019（9）：84-90.
[15] 王勋．基于深度学习的数字图书馆网络知识发现研究［J］．图书馆学刊，2018，40（7）：116-120.
[16] 陈晓华．基于关联聚合与关联分析的数字图书馆知识发现服务研究[J]．图书馆学刊，2017，39（12）：77-80.
[17] 杜君．学术大数据环境下高校图书馆馆藏资源的知识发现研究［J］．图书馆学刊，2019，41（3）：63-66.
[18] 盛明科．中国政府绩效管理的研究热点与前沿解析——基于科学知识图谱的方法［J］．行政论坛，2017，24（2）：47-55.
[19] 王幸福．国内外关于政府知识管理的电子政务研究综述［J］．办公自动化，2019，24（6）：56-59，55.
[20] 夏登友，胡人元，朱毅，辛晶，李丞曜．基于知识三元组的危化品储罐区火灾情景构建［J］．安全与环境学报，2020，20（3）：938-945.
[21] 张玲．“图书馆与数字人文”国际研讨会综述［J］．大学图书馆学报，2018，36（2）：5-10.
[22] 赵宇翔，练靖雯．数字人文视域下文化遗产众包研究综述［J］．数据分析与知识发现，2021，5（1）：36-55.
[23] 曾子明，周知，蒋琳．基于关联数据的数字人文视觉资源知识组织研究［J］．情报资料工作，2018（6）：6-12.
[24] 赵浩亦．基于数字图像处理技术的唐代敦煌壁画女性服饰色彩研究[D]．杭州：浙江理工大学，2020.
[25] 王晓光，徐雷，李纲．敦煌壁画数字图像语义描述方法研究［J］．中国图书馆学报，2014，40（1）：50-59.
[26] 夏翠娟．中国历史地理数据在图书馆数字人文项目中的开放应用研究［J］．中国图书馆学报，2017，43（2）：40-53.
[27] 姚天泓，陈艳梅，刘革，鲁超．基于 CIDOC-CRM 的数字人文史料资源语义化知识组织研究——以张学良史料资源为例［J］．图书馆学刊，2019，41（7）：35-43.

[28] 孙鸣蕾，房小可，陈忻．图书情报档案领域数字人文研究综述［J］．兰台世界，2021 (4)：117-121，125.
[29] 周莉娜，洪亮，高子阳．唐诗知识图谱的构建及其智能知识服务设计［J］．图书情报工作，2019，63 (2)：24-33.
[30] 周知，曾子明．数字人文视觉资源语义知识层次化聚合服务研究［J］．情报资料工作，2018 (6)：13-20.
[31] 安楠，祝忠明．智库信息组织策略及其在大数据环境下的挑战［J］．智库理论与实践，2017，2 (3)：25-35，50.
[32] 谈国新，张立龙．非物质文化遗产文化空间的时空数据模型构建［J］．图书情报工作，2018，62 (15)：102-111.
[33] 程齐凯，周耀林，戴旸．论基于本体的非物质文化遗产分类组织方法［J］．信息资源管理学报，2011，1 (3)：78-83.
[34] 苗靖坤．“鼓龙鼓虎”长衫龙非遗民族文化的挖掘与传承研究［J］．体育科技文献通报，2020，28 (6)：129-130，158.
[35] 地方性知识与非遗的整体性保护——基于广东勒流“扒龙舟”的考察［J］．民族艺术，2020 (3)：114-121.
[36]“非遗”背景下秦腔民间口述剧本的整理与挖掘［J］．中国艺术时空，2018 (4)：114-120.
[37] 敖森．铜梁“火龙”非物质文化遗产挖掘与整理研究［D］．成都：四川师范大学，2019.
[38] 万翔，江赟．非物质文化遗产传南昌县锣鼓十八番民间文化价值的挖掘实践思考［J］．北方音乐，2018，38 (21)：34-35.
[39] 表演者语境下“非物质文化遗产”的知识生产——以湘西苗族鼓舞为例［J］．中南民族大学学报（人文社会科学版），2015，35 (1)：41-45.
[40] 孙发成．非遗保护背景下民间传统手工艺知识体系的构建［J］．非物质文化遗产研究集刊，2014 (0)：267-276.
[41] 马思根，赵小明，吴勇．贵州非物质文化遗产的数据挖掘与分析［J］．计算机时代，2020 (5)：41-45，49.
[42] 程秀峰，毕崇武，李成龙．基于 SNA 的舞蹈类非物质文化遗产隐性知识关联研究［J］．图书情报工作，2016，60 (2)：30-36.
[43] 韦波．我国非遗研究的知识图谱构建与分析［D］．上海：上海师范大

学，2020.

[44] 吴群，沈珂琦，吕波芳，况宇翔．基于知识图谱的非遗研究热点和前沿演进分析［J］．浙江理工大学学报（社会科学版），2020，44（1）：42-51.

[45] 方兴林．徽州非物质文化遗产研究热点与发展趋势的知识图谱研究[J]．淮南师范学院学报，2019，21（4）：63-69.

[46] 中国人大网．非物质文化遗产保护［EB/OL］．http：//www. npc. gov. cn/huiyi/lfzt/fwzwhycbhf/node _ 7734. htm.

[47] 王燕妮．中国民俗类非物质文化遗产分类研究［J］．湖北民族学院学报（哲学社会科学版），2017，35（2）：115-120.

[48] 詹一虹，周雨城．中国民间音乐类非物质文化遗产分类研究［J］．湖北民族学院学报（哲学社会科学版），2014，32（3）：24-27，57.

[49] 姚伟钧，于洪铃．中国传统技艺类非物质文化遗产的分类研究［J］．三峡论坛（三峡文学．理论版），2013（6）：69-72.

[50] 王伟杰．中国传统医药类非物质文化遗产分类研究［J］．江西社会科学，2013，33（11）：206-211.

[51] 禹梅．基于 DC 元数据的宁夏非物质文化遗产数字资源描述研究［J］．图书馆理论与实践，2019（12）：109-112.

[52] 许鑫，张悦悦．非遗数字资源的元数据规范与应用研究［J］．图书情报工作，2014，58（21）：13-20，34.

[53] 蔡璐，熊拥军，刘灿姣．基于本体和元数据的非遗资源知识组织体系构建［J］．图书馆理论与实践，2016（3）：39-43.

[54] 余飞扬．非物质文化遗产中的元数据应用研究［D］．武汉：湖北美术学院，2017.

[55] 翟姗姗．基于关联数据的非物质文化遗产资源聚合研究［M］．北京：科学出版社，2015.

[56] 黄永，陆伟，程齐凯，邓胜利．非物质文化遗产知识本体构建系统的设计与实现——以西藏“锅庄”“堆谐”为例［J］．西藏民族大学学报（哲学社会科学版），2016，37（1）：20-26，154.

[57] 董坤．非物质文化遗产本体构建与语义化组织研究［J］．数字图书馆论坛，2014（10）：40-45.

[58] 郝挺雷．传统节日知识本体的构建及表示方法研究［D］．武汉：华中师

范大学，2011.
[59] 胡骏．语义网环境下非物质文化遗产本体设计及应用研究［D］．广州：暨南大学，2016.
[60] 浙江非遗网［EB/OL］．http：//www. zjfeiyi. cn/.
[61] 云南非物质文化遗产网［EB/OL］．http：//www. ynich. cn/.
[62] 湖北非物质文化遗产网［EB/OL］．http：//www. ihhubei. com/.
[63] 王蒙，许鑫．主题图技术在非物质文化遗产信息资源组织中的应用研究——以京剧、昆曲为例［J］．图书情报工作，2015 (14)：15-21.
[64] 夏立新，白阳，孙晶琼．基于关联标签的非遗图片资源主题发现研究［J］．图书情报工作，2016 (2)：22-29.
[65] 姜楠．基于 SOLOMO 的非物质文化遗产信息推送研究［D］．武汉：华中师范大学，2015.
[66] 周耀林，赵跃，孙晶琼．非物质文化遗产信息资源组织与检索研究路径——基于本体方法的考察与设计［J］．情报杂志，2017，36 (8)：166-174.
[67] 孙发成．非遗保护背景下民间传统手工艺知识体系的构建［J］．非物质文化遗产研究集刊，2014 (0)：267-276.
[68] 张红．非物质文化遗产分类体系研究［J］．佛山科学技术学院学报（社会科学版)，2018，36 (1)：86-92.
[69] 国家级非物质文化遗产代表作申报评定暂行办法［EB/OL］．http：//www. ihchina. cn/zhengce _ details/11571.
[70] 曼弗雷德 M.，费希尔．空间数据分析模型、方法与技术［D］．北京：中国人民大学出版社，2018.
[71] 孙水华．中医针灸领域信息抽取关键技术研究［D］．大连：大连理工大学，2019.
[72] 傅柱．语义标注研究综述［J］．图书馆学研究，2016 (4)：10-17.
[73] 毕强，牟冬梅，韩毅．下一代图书馆知识组织［M］．长春：吉林教育出版社，2019.
[74] 侯西龙，谈国新，庄文杰，唐铭．非物质文化遗产视频语义标注方法研究［J］．情报科学，2018，36 (11)：88-94.
[75] 郝挺雷．传统节日知识本体的构建及表示方法研究［D］．武汉：华中师范大学，2011.

[76] 蔡璐，熊拥军，刘灿姣．基于本体和元数据的非遗资源知识组织体系构建［J］．图书馆理论与实，2016，(3)：39-43.
[77] 杨佳颖，许鑫．民国报纸广告图像资源的语义标注——以《新闻报》所刊的越剧广告为例［J］．图书馆杂志，2021，40（3）：96-102.
[78] 熊拥军，陈湘，彭维．非物质文化遗产相关资源元数据标准比较研究［J］．图书馆，2016（2）：33-37.
[79] 任飞亮，沈继坤，孙宾宾，朱靖波．从文本中构建领域本体技术综述［J］．计算机学报，2019，42（3）：654-676.
[80] 蔡璐，熊拥军，刘灿姣．基于本体和元数据的非遗资源知识组织体系构建［J］．图书馆理论与实践，2016（3）：39-43.
[81] 郑柳青，陈兴中．物质文化遗产的非物质性与非物质文化遗产的物质性认同［J］．安徽农业科学，2009（18）．
[82] 李晓瑛，李军莲，邓盼盼，等．医学知识组织系统构建研究与应用实践［J］．数字图书馆论坛，2020（7）：30-35.
[83] 戎军涛．学术文献内容知识元语义描述模型研究［J］．情报科学，2019，37（7）：30-35.
[84] 温有奎，徐国华．知识元链接理论［J］情报学报，2003，22（6）：665-670.
[85] 吴林静，刘清堂，黄景修等．面向 e-Learning 的概念知识元表征模型研究［J］．电化教育研究，2015，36（4）：44-49.
[86] 毕崇武，王忠义，宋红文．基于知识元的数字图书馆多粒度集成知识服务研究［J］．图书情报工作，2017，61（4）：115-122.
[87] 王丽丽，于淼．结论型知识元语义描述模型探析［J］．图书情报导刊，2020，5（10）：40-45.
[88] 石义金，王忠义，沈雪莹，郑鑫．基于序列模式的科技文献中知识元抽取研究［J］．情报理论与实践，2020，43（11）：144-149.
[89] 谢庆球，秦春秀，杨智娟，杨璐．知识元层次结构表示方法研究［J］．情报理论与实践，2017，40（4）：26-31.
[90] 伍伟鑫．支持查询的大规模 RDF 数据压缩方法研究［D］．南京：南京邮电大学，2020.
[91] 索传军，盖双双．知识元的内涵、结构与描述模型研究［J］．中国图书馆学报，2018，44（4）：54-72.

[92] 汪沛．基于本体的领域知识元构建研究［D］．武汉：华中师范大学，2014.
[93] 秦春秀，杨智娟，赵捧未，刘杰．面向科技文献知识表示的知识元本体模型［J］．图书情报工作，2018，62（3）：94-103.
[94] 丽欣，刘文云．国内外领域本体构建方法的比较研究［J］．情报理论与实践，2016，39（8）：119-125.
[95] 侯西龙．非物质文化遗产视频资源语义组织研究［D］．武汉：华中师范大学，2018.
[96] 石泽顺，肖明．基于网络叙词表的图情学科 SKOS 构建与可视化研究［J］．情报学报，2018，37（3）：274-284.
[97] 侯西龙．非物质文化遗产视频资源语义组织研究［D］．武汉：华中师范大学，2018.
[98] 姜永常．基于知识元语义链接的知识网络构建［J］．情报理论与实践，2011，34（5）：50-53，45.
[99] 蔡丰明．非物质文化遗产图谱编制理论与方法［M］．上海：上海社会科学出版社，2020：15-18.
[100] 蒋玲．面向学科的知识元标引关键技术研究［D］．武汉：华中师范大学，2011.
[101] 宋培杰．现代汉语名—名复合词研究［D］．武汉：华中科技大学，2014.
[102] 语言云（语言技术平台云 LTP-Cloud）［EB/OL］．http：//www.ltp-cloud.com/.
[103] 王学奎．基于煤矿科学知识图谱的智能问答技术研究［D］．徐州：中国矿业大学，2019.
[104] 杨文．基于百度百科的知识图谱构建方法研究［D］．武汉：华中师范大学，2019.
[105] 李文忠．基于百度百科的人物新闻本体自动构建研究与实现［D］．武汉：武汉理工大学，2017.
[106] 陈永龄．民族词典［M］．上海：上海辞书出版社，1987.
[107] 高文德．民族史人物词典［M］．北京：中国社会科学出版社，2015.
[108] 王梅文．药学本体构建实践［J］．电脑知识与技术（学术交流），2017

(12)：1520-1522.

[109] 中国非物质文化遗产网·中国非物质文化遗产数字博物馆[EB/OL]. http：//www. ihchina. cn/.

[110] 任秋彤，王昊，熊欣，范涛. 融合 GCN 远距离约束的非遗戏剧术语抽取模型构建及其应用研究 [J]. 数据分析与知识发现，2021，5 (12)：123-126.

[111] 熊欣，王昊，邓三鸿. 面向方志知识图谱的术语抽取模型迁移学习研究 [J]. 情报理论与实践，2021，44 (4)：176-184.

[112] 季培培，鄢小燕，岑咏华. 面向领域中文文本信息处理的术语识别与抽取研究综述 [J]. 图书情报工作，2010 (16)：124-129.

[113] 人民日报标注语料库 [EB/OL]. http：//www. icl. pku. edu. cn/icl _ res/.

[114] 王忠义，沈雪莹，黄京. 科技文献资源中方法知识元的抽取研究 [J]. 情报科学，2021，39 (1)：13-20.

[115] 邱科达，马建玲. 机器学习在术语抽取研究中的文献计量分析 [J]. 图书情报工作，2020，64 (14)：94-103.

[116] 张雪，孙宏宇，辛东兴，李翠平，陈红. 自动术语抽取研究综述 [J]. 软件学报，2020，31 (7)：2062-2094.

[117] 俞琰，陈磊，姜金德，赵乃瑄. 基于依存句法分析的中文专利候选术语选取研究 [J]. 图书情报工作，2019，63 (18)：109-118.

[118] 樊梦佳，段东圣，杜翠兰，张仰森，佟玲玲. 统计与规则相融合的领域术语抽取算法 [J]. 计算机应用研究，2016，33 (8)：2282-2285，2306.

[119] 熊李艳，谭龙，钟茂生. 基于有效词频的改进 C-value 自动术语抽取方法 [J]. 现代图书情报技术，2013 (9)：54-59.

[120] 冯嘉康. 基于 *N*-gram 与混合策略的新词识别研究与实现 [D]. 南京：东南大学，2018.

[121] 唐晓波，谭明亮，李诗轩，顾娜. 基于风险短语挖掘的知识聚合模型研究 [J]. 情报理论与实践，2020，43 (8)：152-158，139.

[122] 段宇锋，鞠菲. 基于 *N*-gram 的专业领域中文新词识别研究 [J]. 现代图书情报技术，2012 (2)：41-47.

[123] 张祥，李星明．基于文化认同的旅游地文化空间再生产研究——以湖北来凤舍米湖村摆手舞文化空间再生产为例［J］．华中师范大学学报（人文社会科学版），2020，59（2）：85-92.
[124] 都菁．基于论坛语料的未登录词自动识别新方法［D］．重庆：西南大学，2010.
[125] 化柏林．国内外知识抽取研究进展综述［J］．情报杂志，2008（2）：60-62.
[126] 毕崇武，王忠义，宋红文．基于知识元的数字图书馆多粒度集成知识服务研究［J］．图书情报工作，2017（4）．
[127] 石湘，刘萍．基于知识元语义描述模型的领域知识抽取与表示研究——以信息检索领域为例［J］．数据分析与知识发现，2021，5（4）：123-133.
[128] 董坤．基于知识元的非物质文化遗产知识抽取与组织研究［J］．情报理论与实践，2021，44（9）：155-160，148.
[129] 非遗百科［EB/OL］．https：//baike. baidu. com/feiyi？ fr＝dhlfeiyi.
[130] 杨文．基于百度百科的知识图谱构建方法研究［D］．武汉：华中师范大学，2019.
[131] 王忠义，沈雪莹，黄京．科技文献资源中方法知识元的抽取研究［J］．情报科学，2021，39（1）：13-20.
[132] 索传军，赖海媚．学术论文问题知识元的类型与描述规则［J］．中国图书馆学报，2021，47（2）：95-109.
[133] 哈工大同义词林扩展版［EB/OL］．https：//download. csdn. net/download/harrisonlove/12761700..
[134] 杨文．基于百度百科的知识图谱构建方法研究［D］．武汉：华中师范大学，2019.
[135] 张春云．实体关系抽取算法研究［D］．北京：北京邮电大学，2015.
[136] 化柏林．学术论文中方法知识元的类型与描述规则研究［J］．中国图书馆学报，2016，42（1）：30-40.
[137] 朱臻，孙媛．基于 SVM 和泛化模板协作的藏语人物属性抽取［J］．中文信息学报，2015，29（6）：220-227.
[138] 双哲，孙蕾．基于改进的隐马尔可夫模型在网页信息抽取中的研究与应用［J］．计算机应用与软件，2017，34（2）：42-47.

[139] 俞琰，陈磊，姜金德，赵乃瑄．基于依存句法分析的中文专利候选术语选取研究［J］．图书情报工作，2019，63（18）：109-118.
[140] 语言云（语言技术平台云 LTP-Cloud）［EB/OL］．http：//www.ltp-cloud.com/，2021-07-10.
[141] 李勇男．基于频繁序列模式挖掘的反恐情报关联分析［J］．情报理论与实践，2018，41（10）：100-104，46.
[142] 唐晓波，顾娜，谭明亮．基于句子主题发现的中文多文档自动摘要研究［J］．情报科学，2020，38（3）：11-16，28.
[143] 周健，张杰，屈冉，闫石．基于LDA的国内外区块链主题挖掘与演化分析［J］．情报杂志，2021，40（9）：161-169.
[144] 吕亿林，田宏韬，高建伟，万怀宇．结合百科知识与句子语义特征的关系抽取方法［J］．计算机科学，2020，47（S1）：40-44，65.
[145] 甘丽新．基于句法和语义分析的中文实体关系抽取［D］．南昌：江西财经大学，2017.
[146] 谢明鸿，冉强，王红斌．基于同义词词林和规则的中文远程监督人物关系抽取方法［J］．计算机工程与科学，2021，43（9）：1660-1667.
[147] 刘辉，江千军，桂前进，张祺，王梓豫，王磊，王京景．实体关系抽取技术研究进展综述［J］．计算机应用研究，2020，37（S2）：1-5.
[148] 周鹏．面向非结构化文本的知识抽取关键技术研究［D］．北京：中国科学院大学，2018.
[149] 束定芳，田臻．语义学十讲［M］．上海：上海外语教育出版社，2019.
[150] 曾道建．面向非结构化文本的关系抽取关键技术研究［D］．北京：中国科学院大学，2015.
[151] 黄新平．政府网站信息资源多维语义知识融合研究［D］．长春：吉林大学，2017.
[152] 孙翌，潘卫，马丽华，董珏．基于多维关联的高校机构知识库系统架构设计与实践［J］．图书馆学研究，2021（7）：35-43.
[153] 曹树金，马翠嫦．信息聚合概念的构成与聚合模式研究［J］．中国图书馆学报，2016，42（3）：4-19.
[154] Text of the Convention for the Safeguarding of the Intangible Cultural Heritage［EB/OL］．https：//ich.unesco.org/en/convention.

[155] UNESCO [EB/OL] . https: //en. unesco. org.

[156] Shenoi Samuel J, Ly Vi, Soni Sarvesh, Roberts Kirk. Developing a Search Engine for Precision Medicine [C] //AMIA Joint Summits on Translational Science proceedings, 2020.

[157] DSpace 6. X Documentation [EB/OL] . https: //wiki. lyrasis. org/display/DSDOC6x/Introduction.

[158] Europeana Pro [EB/OL] . https: //pro. europeana. eu/what-we-do/cultural-heritage-institutions.

[159] Pradani W, Hasibuan Z A. A Proposed Crowdsourcing Engine for Indonesian Cultural Heritage [C] //Proceedings of the 3rd International Conference on Informatics and Computing (ICIC), Palembang, Indonesia. 2018: 1-6.

[160] Patru S I, PascuM, Burgi M. Exploring Tangible and Intangible Heritage and its Resilience as a Basis to Understand the Cultural Landscapes of Saxon Communities in Southern Transylvania (Romania) [J] . FN Clarivate Analytics Web of Science, 2019, 11 (11): 1-18.

[161] Cang V. Japan's Washoku as Intangible Heritage: The Role of National Food Traditions in UNESCO's Cultural Heritage Scheme [J] . International Journal of Cultural Property, 2018, 25 (4): 491-513.

[162] Da S, Alene C, Custodio, E S, Silva F, Eugenia da L. Intangible cultural heritage and religiosity: Celebrations in the Mazagao Velho, in the state of Amapa [J] . Estudos Teologicos, 2015 (2) .

[163] Cozzani G, Pozzi F, Dagnino F M, et al. Innovative technologies for intangible cultural heritage education and preservation: the case of i-Treasures [J] . Personal and Ubiquitous Computing, 2017, 21 (2): 253-265.

[164] Bakalos N, Rallis N, Doulamis A, Voulodimos V V. Motion Primitives Classification Using Deep Learning Models for Serious Game Platforms [J] . IEEE Computer Graphics and Applications, 2020, 40 (4): 26-38.

[165] Belabbes S, et al. Query Answering from Traditional Dance Videos: Case Study of Zapin Dances [C] //2019 IEEE 31st International Confer-

ence on Tools with Artificial Intelligence (ICTAI), Portland, OR, USA, 2019: 1638-1642.

[166] Isa W M W, Zin N A M, Rosdi F, Sarim H M, Saad S. Ontology Modeling of Intangible Cultural Heritage Terengganu Brassware Craft [C] //2019 International Conference on Electrical Engineering and Informatics (ICEEI), Bandung, Indonesia, 2019: 1-6.

[167] 文化庁. 文化財の保護 [EB/OL]. http: //www. bunka. go. ja/bunkazai/.

[168] Korea. net: The official website of the Republic of Korea [EB/OL]. http: //www. korea. net/detail. do? guid=28247.

[169] Department of Sustainability, Environment, Water, Population and Communities, Australian Government: State of the Environment 2011 (SoE 2011) [DB/OL]. http: //www. environment. gov. au/soe/2011/report/heritage/index. html.

[170] Crofts N, Doerr M, Gill T, Stead S, Stiff M. Definition of the CIDOC Conceptual Reference Model [M]. ICOM/CIDOC CRM Special Interest Group, 2003.

[171] Art&Architecture Thesaurus Online [EB/OL]. http: //www. getty. edu/research/tools/vocabularies/aat/about. html.

[172] Categories for Description of Works of Art [EB/OL]. http: //www. getty. edu/research/publications/electronic _ publications/cdwa.

[173] Amin R, et al. Transforming Model to Meta Model for Knowledge Repository of Malay Intangible Culture Heritage of Malaysia [J]. International Journal of Electrical and Computer Engineering (IJECE), 2011, 2 (2).

[174] Stanley R, Astudillo H. Ontology and semantic wiki for an Intangible Cultural Heritage inventory [C] //Computing Conference. IEEE, 2013: 16-25.

[175] Kambau R A, Hasibuan Z A. Concept-based Multimedia Information Retrieval System using ontology search in Cultural heritage [C] //2017 Second International Conference on Informatics and Computing (ICIC), Jayapura, 2017: 1-6.

[176] Mallik A, Chaudhury S, Ghosh H. Nrityakosha: Preserving theintan-

gible heritage of Indian classical dance [J] . Journal on Com-puting & Cultural Heritage, 2011, 4 (3): 436-440.

[177] Isaac A. Europeana data model primer [EB/OL] . http: //travesia. mcu. es/portalnb/jspui/bitstream/10421/5981/1/EDM _ primer. pdf.

[178] Launch of "Dive into ICH" project [EB/OL] . https: //ich. unesco. org/en/launch-of-dive-into-ICH-project-01032.

[179] Hyvönen E. et al. CultureSampo: A National Publication System of Cultural Heritage on the Semantic Web 2. 0. [C] //The Semantic Web: Research and Applications. ESWC 2009. Lecture Notes in Computer Science, 2009: 5554.

[180] Kim S, Ahn, J, Suh J, Kim H, Kim J. Towards a semantic data infrastructure for heterogeneous Cultural Heritage data -challenges of Korean Cultural Heritage Data Model (KCHDM) [C] //2015 Digital Heritage, Granada, 2015: 275-282.

[181] Damiano R, Lieto A, Lombardo V. Ontology-Based Visualisation of Cultural Heritage [C] //Proceedings-2014 8th International Conference on Complex, IEEE, 2014: 558-563.

[182] Severo M, Venturini T. Intangible cultural heritage webs: comparing national networks with digital methods [J] . New Media & Society, 2016 (8): 1616-1635.

[183] Kolar E B, Cobovic M V, Galzina V. Center For Conservation Of The Intangible Cultural Heritage In Slavonia, Baranya And Syrmia [J] . Economy of Eastern Croatia Yesterday, Today, Tomorrow, 2016, 4: 144-152.

[184] Hisatomi K, Tomiyama K, Katayama M, et al. Method of 3D reconstruction using graph cuts, and its application to preserving intangible cultural heritage [C] //International Conference on Computer Vision Workshops. IEEE, 2010: 923-930.

[185] Ott M, Dagnino F M, Pozzi F. Intangible Cultural Heritage: Towards collaborative planning of educational interventions [J] . Computers in Human Behavior, 2015, 51: 1314-1319.

[186] Hastuti K, Salam A, Handoko L B, et al. Prototype of Information System of Tangible Cultural Heritage Documents Management [J] . International Journal of Advanced Research in Computer Science, 2014, 5 (7) .

[187] Categories for the Description of Works of Art [EB/OL] . http: //metadata. teldap. tw/standard/CDWA/Element. List. htm.

[188] VRA Core 4. 0 Element Description [EB/OL] . http: //www. loc. gov/standards/vracore/VRA _ Core4 _ Element _ Descri ption. pdf.

[189] Jordan M, Adam J S. The knowledge construction network of engagement research: Examining scholars' star collaborators, embeddedness, and influence [J] . Public Relations Review, 2020, 46 (3) .

[190] Akshi K. Leveraging crowd knowledge to curate documentation for agile software industry using deep learning and expert ranking [J] . Multimedia Systems, 2021 (2): 1-15.

[191] Cho S et al. Automated analysis of lexical features in frontotemporal degeneration [J] . Cortex, 2021, 137: 215-231.

[192] Ali A, Hamid M, Wajdi D. Data linking over RDF knowledge graphs: A surve [J] . Concurrency and Computation: Practice and Experience, 2020, 32 (19) .

[193] Haidar M A, O'Shaughnessy D. Novel topic *N*-gram count LM incorporating document-based topic distributions and *N*-gram counts [C] // 2014 22nd European Signal Processing Conference (EUSIPCO), Lisbon, 2014: 2310-2314.

[194] GENIA Project [EB/OL] . http: //www. geniaproject. org/.

[195] ACL Anthology [EB/OL] . https: //www. aclweb. org/anthology/W14-4807/

[196] Tanya K, Samuel B. Supervised Machine Learning: Optimization Framework and Applications with SAS and R [M] . 2020.

[197] Augustyniak L, Kajdanowicz T, Kazienko P. Comprehensive Analysis of Aspect Term Extraction Methods using Various Text Embeddings [J] . Computer Speech & Language, 2021, 69 (2): 101217.

[198] Montgomery D C, Runger G C. Applied Statistics and Probability for Engineers. 7th ed [M] . New Jersey: Wiley, 2002: 208-211.

[199] Church K, Gale W, Hanks P, Hindle D. Using statistics in lexical analysis. In: Uri Z, ed. Lexical Acquisition: Exploiting On-line Resources to Build up a Lexicon [M]. Hillsdale: Lawrence Erlbaum Associates, 1991: 115-164.

[200] Pearson K X. On the criterion that a given system of deviations from the probable in the case of a correlated system of variables is such that it can be reasonably supposed to have arisen from random sampling [J]. The London, Edinburgh, and Dublin Philosophical Magazine and Journal of Science, 2009, 50 (302): 157-175.

[201] Church K W, Hanks P. Word association norms, mutual information, and lexicography [J]. Computational Linguistics, 1990, 16 (1): 22-29.

[202] Li W J, Li Y. Entropy, mutual information, and systematic measures of structured spiking neural networks [J]. Journal of Theoretical Biology, 2020, 501 (3): 110310.

[203] Sarkar K. Using Character *N*-gram Features and Multinomial Naïve Bayes for Sentiment Polarity Detection in Bengali Tweets [C] //2018 Fifth International Conference on Emerging Applications of Information Technology (EAIT), Kolkata, 2018: 1-4.

[204] Xie H Y. Research and Case Analysis of Apriori Algorithm Based on Mining Frequent Item-Sets [J]. Open Journal of Social Sciences, 2021, 09 (4): 458-468.

[205] Information Technology -Data Mining; New Findings from Yantai Nanshan University in the Area of Data Mining Described (Research on Network Security of Prefixspan Algorithm for Data Mining) [J]. Information Technology Newsweekly, 2018: 335.

[206] Ian P, David N, Alexander I, Arthur A, Padhraic S, Max W. Fast collapsed gibbs sampling for latent dirichlet allocation [C] //InProceeding of the 14th ACM SIGKDD inter-national conference on Knowledge discovery and data mining. New York, 2008: 569-577.

[207] Studer M, et al. Validating Sequence Analysis Typologies Using Parametric Bootstrap [J]. Sociological Methodology, 2021, 51 (2): 290-318.

[208] Freebase [EB/OL] . http: //wvw. Freebase. com.

[209] DBpedia [EB/OL] . http: //dbpedia. org.

[210] Thomas G D, Richard H L, Tomfis L P. Solving the multiple-instance problem with axis-parallel rectangles [J] . Journal of Artificial intelligence, 1997, 89 (1): 31-71.

[211] Chinese Annotation Guidelines for Relaion Detection and Characterization (RDC) [EB/OL] . https: //www. ldc. uppenn. edu/sites/files/Chinese-rdc-v4. 3. pdf.

[212] Mei J j, Zhu Y m, Gao Y q. TongYiCi CiLin [M] . Shanghai: Shanghai Lexicographical Publishing House, 1996.

[213] Zhou Y, Pan L, Bai C, et al. Self-selective attention using correlation between instances for distant supervision relation extraction [J] . Neural Networks, 2021, 142: 213-220.

[214] Doerr M. The CIDOC Conceptual Reference Module: An Ontological Approach to Semantic Interoperability ontological Approach to Semantic Interoperability of Metadata [J] . Ai Magazine, 2003, 24 (3): 75-92.

[215] FOAF vocabulary specification 0. 99 [EB/OL] . http: //xmlns. com/foaf/spec/.

[216] W3C. SKOS simple knowledge organization system [EB/OL] . https: //www. w3. org/2004/02/skos/.

[217] Edmundson H P, Wyllys R E. Automatic abstracting and indexing- survey and recommendations [J] . Communications of the ACM, 1961, 4 (5): 226-234.

后 记

十年前，我有幸成为胡昌平教授的学生，开始了武汉大学信息管理学院博士研究生的研学之路。在学习期间，胡老师始终给予了我极大的自由空间，让我可以自主选择感兴趣的领域和方向。作为从湖北省恩施土家族苗族自治州这一民族文化底蕴丰厚的土壤里所培育出的学子，对中华优秀传统文化的热爱让我毅然决定将非物质文化遗产作为自己的研究课题。对于我的选择胡老师给予了大力的支持和帮助，从相关前沿理论的研究，到研究框架的制定，再到各章节研究方法的选择，胡老师给予了许许多多独到的建议和意见，本书的完成凝结了胡老师大量的心血。

本书的顺利完成还要感谢武汉大学信息管理学院的各位老师，感谢邓胜利教授、曾子明教授、胡吉明教授、严炜炜教授的教诲和指导，还要感谢湖北大学赵学芹教授的关心和无私帮助。也要感谢和我一起在武汉大学共同开展信息资源管理与服务相关课题研究的师兄师弟、师姐师妹们。感谢华中师范大学的林鑫副教授，湖北大学曾刚老师、曹鹏老师、石宇老师、查梦娟老师在本书的研究与写作过程中给予的诚挚关心和热情帮助。

从将非物质文化遗产作为自己的研究领域开始，对非物质文化遗产中的知识抽取与组织开展了一系列的研究工作，并取得了大量研究成果。因工作的原因，一直没有抽出时间对成果进行系统性的整理、修改与出版，而今得以成书离不开中南民族大学中华优秀传统文化数字人文研究中心、南方少数民族研究中心和国家民委人文社科重点研究基地民族地区数字化发展与治理研究中心的资助，离不开湘潭大学出版社编辑的辛勤工作，在此一并感谢。

由于现代信息管理理论与技术的快速发展，加之本人能力、精力有限，本书不足之处，在所难免，敬请读者批评指正。

董　坤

2023 年 10 月 7 日

撰于武昌南湖之滨

图书在版编目（CIP）数据

基于知识元的非物质文化遗产知识抽取与组织研究 / 董坤著. -- 湘潭 : 湘潭大学出版社, 2024.1
ISBN 978-7-5687-1335-1

Ⅰ. ①基… Ⅱ. ①董… Ⅲ. ①非物质文化遗产－知识体系－研究－中国 Ⅳ. ①G122

中国国家版本馆 CIP 数据核字（2024）第 003261 号

基于知识元的非物质文化遗产知识抽取与组织研究

JIYU ZHISHIYUAN DE FEIWUZHI WENHUA YICHAN ZHISHI CHOUQU YU ZUZHI YANJIU

董坤 著

责任编辑： 王亚兰
封面设计： 李 平
出版发行： 湘潭大学出版社
社　　址： 湖南省湘潭大学工程训练大楼
电　　话： 0731-58298960 0731-58298966（传真）
邮　　编： 411105
网　　址： http://press.xtu.edu.cn/
印　　刷： 长沙印通印刷有限公司
经　　销： 湖南省新华书店
开　　本： 787 mm×1092 mm 1/16
印　　张： 13.25
字　　数： 245 千字
版　　次： 2024 年 1 月第 1 版
印　　次： 2024 年 1 月第 1 次印刷
书　　号： ISBN 978-7-5687-1335-1
定　　价： 68.00 元